Tanja Heber

Die Bibliothek als Speichersystem des kulturellen Gedächtnisses

Tanja Heber

Die Bibliothek als Speichersystem des kulturellen Gedächtnisses

Tectum Verlag

Tanja Heber

Die Bibliothek als Speichersystem des kulturellen Gedächtnisses
Zugl.: LMU München, Univ. Diss. 2009

ISBN: 978-3-8288-2049-4

Umschlagabbildung: Fotografie von David Iliff. Für Lizenzbedingungen siehe http://de.wikipedia.org/w/index.php?title=Datei:NYC_Public_Library_Research_Room_Jan_2006.jpg&filetimestamp=20090510201333

Besuchen Sie uns im Internet
www.tectum-verlag.de

Bibliografische Informationen der Deutschen Nationalbibliothek
Die Deutsche Nationalbibliothek verzeichnet diese Publikation in der Deutschen Nationalbibliografie; detaillierte bibliografische Angaben sind im Internet über http://dnb.ddb.de abrufbar.

Inhaltsverzeichnis

Danksagung

Diese Arbeit entstand im Rahmen des Promotionsstudienganges Literaturwissenschaft an der Ludwig-Maximilians-Universität München und wurde im Wintersemester 2008/2009 als Dissertation angenommen.

Mein allerherzlichster Dank gilt Prof. Dr. Georg Jäger, der mir eine wertvolle Betreuung schenkte. Für seine unverzichtbare fachliche Unterstützung bin ich ihm besonders verbunden.

Bei Prof. Dr. Christine Haug möchte ich mich für ihr Engagement als Zweitgutachterin und ihre interessanten Anregungen bedanken. Ebenso danke ich PD Dr. Sven Hanuschek für die Betreuung während der Disputationsvorbereitung.

Besondere Erwähnung verdienen die Badische Landesbibliothek Karlsruhe und die Bayerische Staatsbibliothek München, deren Dienstleistungsangebote meine größte Wertschätzung erfahren.

Für ihre kompetente Hilfsbereitschaft und den bedingungslosen Beistand danke ich Sarah Meixner und Michael Günther ganz besonders.

Meinen Eltern Linka und Michael Heber bin ich zutiefst dankbar. Sie haben mir meine Hochschulausbildung ermöglicht, mir in jeder Hinsicht ausnahmslos Rückhalt gegeben und mich in meinen Zielen immer bekräftigt. Ich widme ihnen dieses Buch.

München 2009

1 Einleitung

„Was mir allein schwerfällt zu verlassen,
ist meine eigene oder die öffentliche Bibliothek.
Ohne Bücher auf der Welt wäre ich längst verzweifelt."[1]

Wenn die Welt ohne Bücher auskommen müsste, wäre alles anders. Es gäbe keine Überlieferung von Geschichte, keinen Wissensfundus, aus dessen Erkenntnissen sich schöpfen ließe - kein Erinnern durch das Eintauchen in die Welt, die sich hinter einem Buchdeckel verbirgt.

In Erinnerungen schwelgen ist das, was unseren subjektiven Erfahrungen Bestand verleiht. In diesem Sinne neigt der Mensch dazu sich von Erinnerungen zu nähren.

Doch woraus setzt sich die Erinnerung einer Gesellschaft zusammen? Sicher ist es die Geschichte, die einen Aufschluss darüber gibt, wodurch die gegenwärtige Gesellschaft ihren Status quo erreicht hat. Doch ist Geschichte nicht Erinnerung, sondern eine Tatsachenbeschreibung, die anhand von Daten eine Rekonstruktion der Ereignisse möglich macht. Man spricht von der Kultur einer Gesellschaft. Doch wie wird Kultur über Generationen hinweg aufrechterhalten und weiter tradiert? Durch welchen Mechanismus ist eine Tradierung von Wissen und Erkenntnissen möglich? Wir alle brauchen unser Gedächtnis ständig um an unsere Handlungen und Erlebnisse anknüpfen zu können. Es muss also auch auf gesellschaftlicher Ebene ein Gedächtnis existieren, das Ereignisse anschlussfähig hält. Was ist das Gedächtnis unserer Gesellschaft, das Wissen, Erkenntnisse und Werte weiter zu vermitteln vermag und durch welche Organisation wird es strukturiert?

In den vergangenen Jahrzehnten ist in den unterschiedlichsten wissenschaftlichen Diskursen immer wieder von einem Phänomen die Rede, das so interdisziplinär wie kaum ein anderes wirkt: Das Gedächtnis. Als gesamtgesellschaftliches Phänomen ist ‚Gedächtnis' nicht nur zu einem

---

1 Arthur Schopenhauer zitiert nach Hübscher [1949] S. 106.

Leitbegriff der Kulturwissenschaften[2] geworden, sondern auch in soziologischen Diskursen präsent. Definitorisch begreifen unterschiedliche Theorien das Gedächtnis als Konzept, als Instrument oder als Instanz und ermöglichen damit einen Dialog zwischen den Disziplinen.

Die vorliegende Arbeit behandelt den Gegenstand der Bibliothek als ein Speichersystem des kulturellen Gedächtnisses. Dabei sollen nachfolgende Fragen im Mittelpunkt stehen.

Ist die Bibliothek ein Speichersystem, das die Funktion übernimmt die Vergangenheit mit der Zukunft zu koppeln, indem sie die gesellschaftliche Kommunikation anschlussfähig hält? Oder ist die Bibliothek ein Ort des kulturellen Gedächtnisses, weil sie Erinnerungen einer Gemeinschaft konserviert? Ist sie ein System, das tradiertes Wissen speichert, einen Erinnerungsraum erschafft und damit sozialisierend und identitätsstiftend wirkt?

Die zwei Begriffe Gedächtnis und System, die im Zuge einer kultursoziologischen Untersuchung der Bibliothek die zentrale Rolle spielen, verknüpfen die soziologische Systemtheorie Niklas Luhmanns mit der kulturwissenschaftlichen Gedächtnistheorie von Aleida und Jan Assmann und ermöglichen damit einerseits einen makrosoziologischen Blick auf die Bibliothek als moderne Dienstleistungseinrichtung und andererseits eine historische Perspektive auf ihre gesellschaftlich-kulturelle Funktion.

Dabei sind zwei Untersuchungsfelder von Bedeutung: Es ist erstens zu klären, wie die Bibliothek als System in unserer Gesellschaft situiert ist und aus welchen Umweltbedingungen sie hervorgegangen ist. Das zweite Feld ergibt sich aus der Frage, was das kulturelle Gedächtnis überhaupt ist und in welcher konnotativen Bedeutung es sich auf die Bibliothek bezieht.

Das Bibliothekswesen ist ein komplexes Gefüge, das sich aus unterschiedlichen sozialen, historischen und medialen Komponenten zusammensetzt. Gerade aus diesem Aspekt heraus erweist sich die methodische Herangehensweise mit der Systemtheorie Niklas Luhmanns als sinnvoll.

---

2 Siehe dazu Assmann [2002]

Sein Ansatz wurde für das vorliegende Forschungsprojekt als Leittheorie gewählt, weil sie als umfassende und systematisch aufgebaute Theorie interdisziplinär anwendbar ist. Luhmann baut seine Wissenschaft auf einer Trias aus Sachbezug, Zeitbezug und Sozialbezug auf und vereint damit drei klassische Theorierichtungen: Systemtheorie, Evolutionstheorie und Kommunikationstheorie. Die Verbindung der zwei heterogenen Konzepte, der Systemtheorie und der kulturwissenschaftlichen Gedächtnistheorie, die mit unterschiedlichen Ansätzen einen Begriffsgegenstand, in diesem Falle den des Gedächtnisses fassen, ermöglicht eine diskursive interkontextuelle Herangehensweise an das Untersuchen der Bibliothek.

Die Leithypothese der vorliegenden Arbeit geht von der Prämisse aus, dass im Verlauf gesellschaftlicher Evolution zwischen Differenzierungsformen der Gesellschaft und den Kommunikationsprozessen dieser Gesellschaft eine stete Wechselwirkung herrscht. Bibliotheken transformieren diese reziproken Prozesse, indem sie Kommunikationsmedien speichern und zirkulierfähig halten. Die Beobachtung der Bibliothek als Speichersystem des kulturellen Gedächtnisses muss also von einer Korrelation zwischen gesellschaftlicher Differenzierungsform und deren Kommunikationsprozessen ausgehen.

Ausgangspunkt der Überlegungen ist die Darstellung des deutschen Bibliothekswesens und die Aufgliederung der Bibliotheken in Typen. Es wird also zunächst ein Überblick über das Strukturgefüge des deutschen Bibliothekssystems gegeben, bevor der Blick auf die organisatorischen Grundlagen bibliothekarischer Arbeit erfolgt. Kapitel 3 steigt dann in die Thematik der Bibliothek als Gegenstand soziologischer Systemtheorie ein. Zunächst soll die Bibliothek als soziales System in ihrer Umwelt analysiert und dargestellt werden, bevor die historischen Entwicklungsschritte anhand der gesellschaftlichen Differenzierungsformen erläutert werden. Der Weg zum heutigen Bibliothekssystem gliedert sich im Kontext dieser Überlegungen in drei Abschnitte: Die Bibliothek als Einzelphänomen, im segmentär differenzierten System und schließlich im funktional differenzierten Bibliothekssystem, das eine Ausdifferenzierung der Bibliothek zur Organisation bedingt hat.

Im Anschluss daran werden die Auswirkungen der Medienevolution untersucht und zwar unter besonderer Berücksichtigung der gedächtnisbildenden Wirkung von Medien. Obwohl eine Korrelation zwischen der jeweiligen gesellschaftlichen Differenzierungsform und den medientechnologischen Entwicklungen besteht, soll die Bedeutung der Medienevolution für Bibliotheken gesondert betrachtet werden und einen Kontext zur gedächtnistheoretischen Untersuchungsperspektive herstellen. Im Zuge dessen beschäftigt sich das vierte Kapitel supplementär mit der medialen Ordnung des Wissens und der Ausdifferenzierung der Bibliothek von der klassischen Büchersammlung zur modernen Dienstleistungseinrichtung.

Kapitel 5 thematisiert dann den Gedächtnis-Begriff, sowohl aus systemtheoretischer Sicht als auch aus kulturwissenschaftlicher Perspektive. Ein Vergleich der Ansätze von Niklas Luhmann und Aleida und Jan Assmann überführt schließlich die vorangegangenen Feststellungen und Zusammenhänge in eine Konklusion, worin Aspekte behandelt werden, die es erlauben, die Bibliothek als ein Speichersystem des kulturellen Gedächtnisses zu konzipieren. Aufgrund der methodisch sowie semiotisch unterschiedlichen Herangehensweisen der beiden Theoriekonzepte finden sich in Kapitel 8 die wichtigsten Definitionen der in dieser Arbeit verwendeten Begrifflichkeiten.

Die Bibliothek konstituiert einen Ort, in dem sich Kommunikationsmedien aller Art überlagern und steht deshalb sinnbildlich für unsere schriftbasierte Kultur. Obwohl die Formen der Medien von Texten in Buchform, Zeitschriften über elektronische Datenformate, auditiven Datenträgern bis hin zu digitalen Informationspools wie dem Internet reichen und die Entwicklungen wie beispielsweise in Anwendungen wie Web 2.0 ihre Fortentwicklung finden, soll in den vorliegenden Ausführungen kein Ausblick in die Zukunft auf die möglichen Konsequenzen für Bibliotheken gegeben werden.

Das Erkenntnisinteresse dieser Arbeit liegt in der Auseinandersetzung mit gesellschaftlich sozialen Aspekten wie es die soziologische Systemtheorie zu beleuchten vermag in Kombination mit einer kulturwissenschaftlich historisch motivierten Beobachtungsperspektive. Die Formen der Kodierung, Speicherung und Prozessierung von kulturellem Sinn bilden sich in Bibliotheken ab und zwar durch das Zusammenspiel von Raum und Zeit, in deren Kopplung sich Erinnerungen und Wertbindungen über Texte und über deren Lektüre ausbilden.

> „Bibliotheken vibrieren vom Atem der Lesenden, sind schwer vom Gewicht ihrer Körper, leicht von ihren Träumen.“[3]

3 Roudaut [2001] S. 302.

2 Das deutsche Bibliothekswesen

2.1 Bibliothekstypologie

Die Bibliothek im klassischen Sinne ist ein Gebäude an einem bestimmten Ort, der Räumlichkeiten zur Verfügung stellt, die die Sammlung und Erschließung von Büchern und anderen Medien erlauben. Der Zweck einer Bibliothek ist nicht durch ihre Existenz definiert, sondern richtet sich nach ihren Trägern und Unterstützern sowie deren zentralen Funktionen. Bibliotheken gliedern sich in die Gesellschaftsstruktur ein, indem sie einerseits Subsysteme ihrer Trägerinstitutionen bilden und andererseits in ihrer Gesamtheit ein organisiertes System der Wissensspeicherung und Informationsvermittlung begründen. Bibliotheken sammeln, erschließen und vermitteln Wissen in Form von Verbreitungsmedien und leisten damit einen wichtigen Beitrag zum gesellschaftlichen Kommunikationsprozess.

Der Aufbau von Staat und Verwaltung bildet die Grundlage für die Organisation bibliothekarischer Arbeit. Deutschland ist durch die selbstständigen Gebietskörperschaften der Gemeinden, Länder und des Bundes strukturiert, die jeweils eigene Hoheitsrechte innehaben. Die Länderverfassungen regeln die Befugnisse des jeweiligen Landes, während Gemeindeverordnungen, die von den Ländern erlassen werden, die Aufgaben der Kommunen festschreiben. Aufgrund der Kulturhoheit eines jeden Bundeslandes sind diese auch für kulturelle Angelegenheiten zuständig und regeln Bereiche der Wissenschaft, Kunst, Kultur sowie des Unterrichts- und eben auch des Bibliothekswesens. Die meisten großen Wissenschaftlichen Bibliotheken, wie Hochschulbibliotheken oder Landesbibliotheken, sind Einrichtungen der Länder. Das gleiche gilt auch für Kommunen, die im Rahmen der kommunalen Selbstverwaltung eigene Aufgaben und Befugnisse haben. Hierzu gehören beispielsweise die Unterhaltung von Gemeinde- oder Stadtbibliotheken, Theatern und Museen. Gleichwohl ist auch der Bund für einige Aufgaben im kulturellen Bereich verantwortlich.

Betrachtet man die oberste Ebene der Gebietskörperschaften, so ist der Bund als Bibliotheksträger nur in wenigen Fällen zu nennen. Die Deutsche Nationalbibliothek steht unter der Trägerschaft des Bundes, ebenso wie die Bibliothek des Deutschen Bundestages, alle Bibliotheken der Bundesministerien und der obersten Bundesbehörden, Bundesgerichte und Forschungsanstalten. Zudem zählen auch die Bibliotheken der Bundeswehr-Universitäten zu der Zuständigkeit des Bundes. Finanziell ist der Bund am Unterhalt der Stiftung Preußischer Kulturbesitz mit der Staatsbibliothek zu Berlin sowie an einigen weiteren Einrichtungen beteiligt, auf die hier jedoch nicht weiter eingegangen werden soll.

Die wichtigsten Träger Wissenschaftlicher Bibliotheken sind die Länder, unter deren Zuständigkeit alle Hochschul- und Landesbibliotheken und außerdem die Staatsbibliotheken fallen. Zur Kulturhoheit der Länder gehört es auch, die Staatlichen Fachstellen für das Öffentliche Bibliothekswesen zu unterhalten.

Die Träger Öffentlicher Bibliotheken sind aufgrund der kommunalen Selbstverwaltung die Gemeinden. Einige wenige Städte führen eigenständige Wissenschaftliche Bibliotheken, die meistens an das Gesamtsystem der Öffentlichen Bibliotheken angeschlossen sind.[4]

Zusätzlich zu Bund, Ländern und Kommunen gibt es noch einige andere Trägerschaften, auf die aber im Speziellen nicht näher eingegangen werden soll. Hierzu zählen zum Beispiel öffentlich-rechtliche Stiftungen wie die Stiftung Preußischer Kulturbesitz, die Stiftung Weimarer Klassik, die Franckeschen Stiftungen in Halle an der Saale oder auch die Stiftung Germanisches Nationalmuseum in Nürnberg. Kirchliche Körperschaften und Organisationen gehören ebenfalls zu den Förderern und Unterstützern der hauptsächlich wissenschaftlichen Spezialbibliotheken oder sind als Kirchengemeinde für kleinere Öffentliche Bibliotheken verantwortlich.

Als privatrechtliche Träger von Bibliotheken kommen Firmen oder Vereine sowie Privatpersonen in Frage. Die meisten großen Wirtschaftsun-

---

4 Vgl. Busse [1999] S. 28.

ternehmen betreiben eine eigene Bibliothek oder Informationseinrichtung, die in den meisten Fällen nur Mitarbeitern zugänglich ist und auf hohem Aktualitäts- und Qualitätsstandards arbeitet.

Organisierte Bibliotheksförderung aus privater oder wirtschaftlicher Hand ist erst in den letzten Jahren in Deutschland populär geworden. Dazu zählen Fördervereine, Sponsoring oder Fundraisingverträge zwischen ortsansässigen Unternehmen und einer Bibliothek.

Um die einzelnen Bibliothekstypen klar unterscheiden und untergliedern zu können, wurden Kriterien entwickelt, die Bibliotheken sowohl nach ihrem Auftrag als auch nach ihrer Funktionsweise klassifizieren. Es handelt sich um den Umfang und die Art der Bestände, den Versorgungsbereich, der in Zusammenhang mit der Trägerschaft steht und die Zielgruppe definiert, und außerdem die Rechtsform, die ebenfalls abhängig von der Trägerinstitution einer Bibliothek ist. Dabei lassen sich zwei grundlegende Bibliothekstypen voneinander unterscheiden: Wissenschaftliche Bibliotheken sind für die Literatur- und Medienversorgung für wissenschaftliche Zwecke zuständig, im Gegensatz dazu sind Öffentliche Bibliotheken in ihren Beständen auf eine heterogene Leserschaft ausgerichtet, die die allgemeine Öffentlichkeit meint. Mit dem Bibliotheksplan `73 und dem Nachfolgemodell Bibliotheken `93 sind Bibliotheken ihrer Zugehörigkeit nach in Funktionsstufen einzuteilen.

Demnach umfasst eine Bibliothek der Funktionsstufe 1 den Grundbedarf und befindet sich auf kommunaler Ebene in Form von Öffentlichen Bibliotheken, die Informationen und Medien für das öffentliche Leben, Schulen, berufliche Weiterbildung, Freizeitliteratur usw. bereitstellen. Diese Bibliotheken werden als Klein- oder Unterzentrum bezeichnet und werden meist von einer Bibliothek mit Mittelzentrums-Funktion gesteuert.

Diese Funktionsstufe 2 umfasst den gehobenen Bedarf. Bibliotheken dieser Funktionsstufe gelten als oberzentrisch und versorgen mit ihrem Medienangebot wissenschaftliche Interessen als auch verschiedene andere Interessengruppen, wie beispielsweise große städtische Zentralbibliotheken, deren Bestände sich teilweise mit denen Wissenschaftlicher Bibliotheken überschneiden.

Auf Landesebene agierende Bibliotheken zählen zu der Funktionsstufe 3, sie decken den spezialisierten Bedarf ab. Dazu gehören Hochschul- und Landesbibliotheken als auch Spezialbibliotheken. Sie sorgen dafür, dass Informationen und Medien für Forschung und Lehre, Bildung im Allgemeinen, aber auch im Speziellen, bereitgehalten werden.

Auf der Ebene der Funktionsstufe 4 wird der hochspezialisierte Bedarf durch die deutschen Staatsbibliotheken, Zentralen Fachbibliotheken, Sondersammelgebietsbibliotheken und große Spezialbibliotheken gedeckt, die auch zu den wenigen Fällen zählen, in denen der Bund als Bibliotheksträger auftritt.[5] Die Hauptfunktionen der einzelnen Bibliotheken statuieren die unterscheidenden Merkmale, die eine Typologisierung schematisch darzustellen vermögen. Im Folgenden soll ein Überblick über die Bibliothekstypologie in Deutschland gegeben werden, anhand derer danach die strukturellen Rahmenbedingungen der bibliothekarischen Arbeit näher bestimmt werden sollen.

2.1.1 Die Deutsche Nationalbibliothek und Bibliotheken von nationaler Bedeutung

Die Deutsche Nationalbibliothek - Staatsbibliothek zu Berlin (Preußischer Kulturbesitz) - Bayerische Staatsbibliothek

Eine Nationalbibliothek, wie es sie in anderen europäischen Staaten gibt, hat sich in Deutschland aufgrund der politischen Entwicklungen nicht herausbilden können. 1912 wurde auf Initiative des Börsenvereins der Deutschen Buchhändler, der Unterstützung der Stadt Leipzig und des Königreichs Sachsens die Deutsche Bücherei in Leipzig gegründet. Mit der deutschen Teilung verlor sie ihre nationale Funktionalität, zudem wurde in Frankfurt am Main die Deutsche Bibliothek gegründet. Erst mit der Vereinigung Deutschlands wurden die beiden Institutionen rechtsverbindlich zusammengeführt und bilden seither Die Deutsche Bibliothek, die die Aufgaben einer Nationalbibliothek erfüllt und seit dem Jahr

---

5 BDB (Bundesvereinigung Deutscher Bibliotheksverbände) (Hrsg.): Bibliotheken `93. Strukturen, Aufgaben, Positionen, Berlin, 1994. Im Folgenden BDB [1993] genannt.

2006 Deutsche Nationalbibliothek heißt. Nach dem international anerkannten Standard der UNESCO-Kriterien[6] sammelt, erschließt und archiviert sie nationales Schrifttum, Tonträger und Musikalien seit 1913 in ihrer Vollständigkeit und macht diese Bestände für die Öffentlichkeit in den Häusern der Deutschen Bücherei in Leipzig und der Deutschen Bibliothek in Frankfurt am Main sowie im Deutschen Musikarchiv in Berlin zugänglich.[7] Ihr gesetzlich verankerter Auftrag erweiterte sich in den letzten Jahren von der Sammlung, Archivierung und bibliographischen Verzeichnung der in Deutschland verlegten und gedruckten Publikationen, im Ausland verlegten deutschsprachigen Veröffentlichungen, der im Ausland verlegten Übersetzungen deutschsprachiger Veröffentlichungen in andere Sprachen, der Germanica sowie der Exilliteratur von 1933 bis 1945 um elektronische und Netzpublikationen.[8] Die Deutsche Nationalbibliothek erfüllt außerdem ihren Auftrag nationalbibliografisches und nationales musikbibliografisches Zentrum zu sein, indem sie die Deutsche Nationalbibliographie herausgibt.

Staatsbibliothek zu Berlin - Preußischer Kulturbesitz

Die Staatsbibliothek zu Berlin ging aus der ehemaligen Königlichen Bibliothek zu Berlin (gegründet 1661) und der späteren Preußischen Staatsbibliothek hervor. Durch den Zweiten Weltkrieg und die Teilung Deutschlands mussten die Bestände extreme Verluste erleiden. Seit 1992 sind die Häuser Unter den Linden und Potsdamer Straße organisatorisch zusammengeführt. Der Staatsbibliothek zu Berlin obliegt der Auftrag einer nationalen Universalbibliothek, die auch wissenschaftliches und fremdsprachiges Schrifttum sammelt, archiviert und zudem am Sondersammelgebietsprogramm der Deutschen Forschungsgemeinschaft teilnimmt, das unter anderem Rechtswissenschaften, Orientalistik und Kar-

---

6 UNESCO-Handbuch [1996]

7 Dass sich Die Deutsche Nationalbibliothek im Wesentlichen auf deutschsprachige Literatur beschränkt, hängt mit ihrer Gründungsgeschichte zusammen, die nicht von staatlicher Seite initiiert wurde, sondern durch den Börsenverein zustande kam. Folglich Busse [1999] S. 64.

8 www.d-nb.de/wir/ueber_dnb/geschichte.htm

tografisches Schrifttum umfasst. [9] Sie erfüllt damit auch Aufgaben einer Nationalbibliothek und übt neben den regionalen auch nationale Funktionen aus.

Bayerische Staatsbibliothek

Im Jahre 1558 wurde die Herzogliche Hofbibliothek gegründet, aus der sich die Königliche Hofbibliothek entwickelte, bevor sie 1918/19 ihren heutigen Namen erlangte: die Bayerische Staatsbibliothek in München. Ebenso wie die Staatsbibliothek zu Berlin definiert sie sich mit ihrem Auftrag als eine wissenschaftliche Universalbibliothek, in der alle Wissensgebiete, Sprachen und Kulturen gesammelt werden. Durch das Sondersammelgebietsprogramm der Deutschen Forschungsgemeinschaft fallen zahlreiche geistes- und sozialwissenschaftliche Fachgebiete in ihren Zuständigkeitsbereich. Genau wie die Staatsbibliothek zu Berlin gehört die Bayerische Staatsbibliothek der Funktionsstufe 4 an, die mit ihren umfassenden Medienbeständen und Sammlungen einen hochspezialisierten Bedarf deckt.

2.1.2 Landes- und Regionalbibliotheken

Die Regional- und Landesbibliotheken behandeln im Wesentlichen die gleichen Aufgaben wie die Staatsbibliotheken, jedoch auf regionaler Landesebene. Sie sammeln und archivieren Literatur aller Disziplinen, Literatur über die Region und aus der Region, machen diese interessierten Nutzern zugänglich und erschließen sie in einer Bibliographie. Unterschiedliche Entwicklungen in der Territorialpolitik haben in manchen Ländern mehrere Landesbibliotheken entstehen lassen, wie beispielsweise in Baden-Württemberg. Ebenso wie es das Pflichtexemplarrecht für die Deutsche Nationalbibliothek gibt, wird das erscheinende Schrifttum mittels des landesgesetzlichen Pflichtexemplarrechts eingefordert. In diesem Zusammenhang ist wichtig zu erwähnen, dass Landesbibliotheken im Gegensatz zur Nationalbibliothek auch solche Publikationen sammeln, die nicht über den Buchhandel erscheinen und deshalb eine Art Ergänzungsfunktion zur Nationalbibliothek erfüllen.

---

9 Plassmann [2006] S. 73.

Einige Bibliotheken haben sich zu Forschungsbibliotheken[10] weiterentwickelt, die nur noch auf ausgewählte Bestände spezialisiert arbeiten – beispielsweise die Herzog-August-Bibliothek in Wolfenbüttel, die auf das Gebiet der Frühen Neuzeit festgelegt ist, oder die Herzogin-Anna-Amalia Bibliothek in Weimar, die auf die Deutsche Klassik ausgerichtet ist. Andere Bibliotheken, die dem Typus der Regionalbibliotheken angehören, sind einige Universitätsbibliotheken, die neben ihrer Literatur- und Medienversorgung einer Hochschule auch noch Aufgaben erfüllen, die sich mit Aufgaben einer Landesbibliothek überschneiden. Bibliotheken dieser Art gehören der Funktionsstufe 3 an und sorgen für die Bereitstellung eines spezialisierten Bedarfs, indem sie organisierte Verbünde bilden, die der Arbeitsteilung und Erleichterung dienen, beispielsweise durch Fremddatenübernahme in der Verbundskatalogisierung.

2.1.3 Hochschulbibliotheken

Der Typus der Hochschulbibliotheken lässt sich grob in die zwei Formen einteilen: das einschichtige und das zweischichtige Bibliothekssystem.[11] In erster Linie dienen all jene Bibliotheken der Literatur- und Medienversorgung einer Hochschule und ihren Angehörigen. In den meisten Fällen sind die Bestände aber auch außerhochschulischen Interessenten zugänglich.

Das einschichtige Bibliothekssystem ist vorwiegend in den östlichen Bundesländern oder in den später gegründeten Universitäten in den westlichen Bundesländern vorzufinden. Solche Bibliotheken zeichnen sich durch ihre zentralisierte Struktur aus, die sowohl die Zentralbibliothek als auch die Institutsbibliotheken einheitlich verwaltet. Ein weiteres Merkmal solcher einschichtigen Bibliothekssysteme sind die vorwiegend in Freihandbereichen aufgestellten Bestände.

---

10 Siehe dazu ausführlicher Knoche [1993]

11 Siehe dazu ausführlicher Wang [1990] und Busse [1999] S. 107. Busse bevorzugt den Begriff des „mehrgliedrigen“ oder „mehrteiligen“ Bibliothekssystems. Im Kontext dieser Arbeit ist vom ein- oder zweischichtigen Bibliothekssystem die Rede.

In zweischichtigen Bibliothekssystemen ist die Universitätsbibliothek samt Magazin- und Ausleihbibliothek eine Einheit, die sich von den Seminar-, Instituts- und Fakultätsbibliotheken differenziert. Meist sind letztere Präsenzbibliotheken mit systematischer Freihandaufstellung und hochspezialisierten Fachbeständen, während die Universitätsbibliothek eher auf allgemeinen und fächerübergreifenden Bestandserwerb ausgerichtet ist.

Fachhochschulbibliotheken stellen wiederum einen eigenen Typus im Bereich der Hochschulbibliotheken dar. Sie beschränken sich in der Regel auf den Literatur- und Medienbedarf der Lehrgebiete für Professoren und Studierende, anstatt wie Universitätsbibliotheken über den internen Wirkungskreis hinaus zu gehen. Aufgrund ihrer Spezialisierung sind Fachhochschulbibliotheken und Bibliotheken von Kunst- und Musikhochschulen mit dem Typus der Spezialbibliothek zu vergleichen, zählen aber eindeutig zu den Hochschulbibliotheken, da sie Anteil an entsprechenden staatlichen Förderprogrammen haben.[12]

2.1.4 Spezial- und Fachbibliotheken

Der Typus der Spezialbibliotheken bildet die größte Gruppe im Rahmen der Wissenschaftlichen Bibliotheken. Sie zeichnen sich durch ihre klar definierte Ausrichtung auf ein Wissensgebiet aus, stehen in sehr enger Verbindung zu ihrem Träger und sind oftmals nicht der breiten Öffentlichkeit zugänglich. Zu den Spezialbibliotheken zählen die Bibliotheken der Forschungsinstitute der Länder und des Bundes sowie Parlaments-, Behörden- oder Gerichtsbibliotheken, aber auch an Museen, Klöstern, öffentliche Einrichtungen, Unternehmen, Vereine oder Gesellschaften angegliederte Bibliotheken. Ihre Bestände konzentrieren sich auf einen speziellen Sammelauftrag und unterscheiden sich auch in ihrer intensiveren inhaltlichen Erschließung von anderen Bibliotheken. Die Archivierung alter Bestände spielt hier keine so große Rolle wie der Erwerb aktuell relevanter Literatur.

---

12 Vgl. Plassmann [2006] S. 79.

Die Zentralen Fachbibliotheken gehören der Funktionsstufe 4 an und sind demnach für eine hochspezialisierte Bedarfsdeckung zuständig. Es sind dies die Deutsche Zentralbibliothek für Medizin in Köln (ZB Med), die Technische Informationsbibliothek (TIB) in Hannover und die Bibliothek des Instituts für Weltwirtschaft an der Universität Kiel/Deutsche Zentralbibliothek der Wirtschaftswissenschaften. Sie erfüllen nationale Aufgaben, indem sie in ihrem Fachgebiet auf Vollständigkeit hinarbeiten und dabei auch nichtkonventionelle Literatur sammeln und so die Tätigkeiten der Deutschen Nationalbibliothek, Staatsbibliothek zu Berlin und der Bayerischen Staatsbibliothek ergänzen. Die Träger der Zentralen Fachbibliotheken setzen sich aus Bund und Ländern in der Wissenschaftsgemeinschaft Gottfried Wilhelm Leibniz, zusammen.

2.1.5 Öffentliche Bibliotheken und Staatliche Fachstellen

Der Typus der Öffentlichen Bibliothek ist der in Deutschland am häufigsten vertretene Bibliothekstyp und zugleich auch der mit der vielschichtigsten Zielgruppe. Das Netz der Öffentlichen Bibliotheken reicht von der städtischen Großstadtbibliothek der Funktionsstufe 3 bis in ländliche Regionen, die den Grundbedarf der Funktionsstufe 1 decken. Die Funktion Öffentlicher Bibliotheken liegt in der Grundversorgung aller Bevölkerungsschichten mit Literatur und Medien, die sowohl für die berufliche Aus-, Fort- und Weiterbildung informationsbildend sein sollen, als auch in Aspekten der Freizeitgestaltung und Leseförderung. Die im Grundgesetz verankerte Möglichkeit, „sich aus allgemein zugänglichen Quellen ungehindert zu unterrichten“[13] wird durch den vielfältigen Bestand, der zudem in Freihandaufstellung organisiert ist, gewährleistet. Der Bestand setzt sich aus Sachbüchern aus allen Wissensbereichen, Nachschlagewerken, Zeitschriften und Zeitungen sowie belletristischen und der Unterhaltung dienenden Literatur und Medienangeboten zusammen. Die an-

[13] GG Art. 5 [Recht der freien Meinungsäußerung] (1) Jeder hat das Recht, seine Meinung in Wort, Schrift und Bild frei zu äußern und zu verbreiten und sich aus allgemein zugänglichen Quellen ungehindert zu unterrichten. Die Pressefreiheit und die Freiheit der Berichterstattung durch Rundfunk und Film werden gewährleistet. Eine Zensur findet nicht statt.

gestrebte Bestandsgröße wird anhand der Einwohnerzahl errechnet und beläuft sich, zumindest theoretisch, auf die Richtgröße von zwei Medieneinheiten pro Einwohner. Besondere Benutzergruppen werden zudem in Kindern und Jugendlichen gesehen, für die in größeren Städten eigene Zweigbibliotheken eingerichtet sind. In entlegenen Gebieten, in denen keine ortsfeste Bibliothek angesiedelt ist, sorgen Fahrbüchereien für die Literaturversorgung. Die Träger Öffentlicher Bibliotheken sind die Gemeinden. Weit über die Hälfte der deutschen Gemeinden ist jedoch auf eine Trägerschaft der nicht-kommunalen Art angewiesen, wie beispielsweise kirchliche Fachstellen. Seit einigen Jahren haben sich bei Bibliotheksneugründungen, vor allem in kleineren Orten, auch Mediotheken als Einrichtungstypus etabliert, die sich von Bibliotheken in der hohen Anzahl ihrer neuen Medien unterscheiden.

Die Staatlichen Fachstellen[14] sind Einrichtungen auf Länderebene, die die Weiterentwicklung und den Ausbau verschiedener Förder- und Dienstleistungen im öffentlichen Bibliothekswesen koordinieren und mitgestalten sollen, wie es durch das Gesetz zur Förderung der Weiterbildung und des Bibliothekswesens geregelt ist.[15] Staatliche Richtlinien und Fördergrundsätze definieren die Funktion und Stellung der Fachstelle in der Öffentlichen Verwaltung des Landes und weisen ihr Zuständigkeitsbereiche im Bibliotheksnetz des Landes zu. Staatliche Fachstellen sind nicht-kommerzielle Einrichtungen, die Öffentliche Bibliotheken in ihrem Dienstleistungsangebot beraten und unterstützen. Außerdem werden hier Schulungen für Bibliotheksmitarbeiter organisiert. Die Träger von

---

14 Das Lexikon Buch, Bibliothek, Neue Medien verweist auf andere Bezeichnungen wie Staatliche Büchereifachstelle, Landesbüchereistelle, Büchereizentrale, Landesfachstelle. Strauch [2007] S. 403. Im Folgenden wird die Bezeichnung Staatliche Fachstelle verwendet.

15 WBilFöG § 12 [Staatliche Fachstellen für das öffentliche Bibliothekswesen] (1) Die staatlichen Fachstellen für das öffentliche Bibliothekswesen beraten und unterstützen die Träger öffentlicher Bibliotheken beim Aufbau normengerechter Bibliotheken und bei der Entwicklung leistungsfähiger Bibliothekssysteme. (2) Sie beraten die zuständigen staatlichen Behörden in Fragen des öffentlichen Bibliothekswesens und wirken bei der bibliothekarischen Planung mit.

Fachstellen können einzelne Bundesländer oder kommunale Verbände, die in deren Auftrag arbeiten, sein.

Des Weiteren sind an dieser Stelle noch die kirchlich öffentlichen Bibliotheken, sowie die Kirchlichen Fachstellen zu erwähnen, auf die aber nicht weiter eingegangen werden soll.[16]

2.2 Grundlagen der Bibliotheksorganisation

Wie bereits ausgeführt wurde, ist das deutsche Bibliothekswesen dezentral strukturiert und untersteht weder in Bezug auf die Unterhaltsträger noch hinsichtlich der politisch-administrativen Rahmenbedingungen einer gesamtstaatlichen Steuerungsinstanz.

Die Bildungsexpansion in den 1960er Jahren und die folgende Bildungsreform in den 1970er Jahren gaben den Anstoß dafür, Planungen und Konzepte zu entwickeln, die auf gesamtstaatlicher Ebene im Bibliothekswesen umgesetzt werden sollten. So wurde beim ersten Bibliothekskongress der Dachorganisation der öffentlichen und wissenschaftlichen Bibliothek, der Deutschen Bibliothekskonferenz, 1973 ein Strukturplan entworfen. Ziel des Konzepts von Bibliotheken `73 sollte die Planung für ein Bibliotheksnetz sein, das alle Typen des deutschen Bibliothekssystems miteinbezieht und übergreifende Aufgaben sowie deren Realisierungswege formuliert. Aus diesem Strukturplan stammt auch die Aufteilung in vier Funktionsstufen. Allerdings erforderte die Integration des ostdeutschen Bibliothekswesens eine Überarbeitung, so dass das Positionspapier Bibliotheken `93 von da an die grundlegenden Planungspunkte und Aufgaben bereitstellt, die bis heute Gültigkeit haben.

Die Unterscheidung in verschiedene Typen hat eine grobe Darstellung der Funktionsweisen und Leistungsanforderungen aufgezeigt. Um die grundlegenden Kriterien bibliothekarischer Arbeit beschreiben zu können, soll eine Aufgliederung der Organisation ihrer Leistungen vorgenommen werden, die sich in folgenden Punkten aufschlüsseln lassen:

---

16 Siehe hierzu Busse [1999] ab S. 165-171.

- Allgemeine Verwaltung: Erwerbungsabteilung, Katalogisierung, formale und inhaltliche Erschließung, Benutzung/Ausleihe, Öffentlichkeitsarbeit, Bestandskonzept, Systematik.
- Dienstleistungen: Öffnungszeiten, Auskunftsdienst, Lesesaal, Leihverkehr, Dokumentenlieferdienst, Medienpräsentation, Kataloge.

Die hierarchische Gliederung der Dienststellen in Direktion, Sekretariat (Personalverwaltung, Haushalt und Kassenwesen, Veranstaltungsorganisation, Hausverwaltung), Erwerbung, Bestandserschließung, Benutzung, EDV-Abteilung, technische Abteilung, Sonderabteilugen wie beispielsweise Handschriften und Inkunabeln gewährleistet das strukturelle Zusammenwirken der einzelnen Funktionsbereiche. Das Verwaltungsgerüst der bibliothekarischen Tätigkeitsbereiche besteht aus drei wesentlichen Säulen: 1. dem Bestandsaufbau, 2. der Bestandserschließung und 3. der Bestandsvermittlung.

Die Grundsätze des Bestandsaufbaus richten sich nach den allgemeinen Beschaffungsrichtlinien, die anhand der Zweckbestimmung einer Bibliothek festgelegt sind und das Bestandskonzept definieren. Die Bestandsrichtlinien legen fest, nach welchen Kriterien aus dem Publikationsaufkommen selektiert wird. Bei Wissenschaftlichen Bibliotheken spricht man eher von einem Erwerbungsprofil oder den Erwerbungsrichtlinien, die sich aus den Funktionen erklären, die die Trägerschaft der Bibliothek abverlangt. Die Auswahl und Medienselektion wird in Wissenschaftlichen wie großen Öffentlichen Bibliotheken durch die Fachreferenten der Ebene des höheren Dienstes vorgenommen. Oft stehen die Erwerbungsabteilung einer Universitätsbibliothek, bzw. die zuständigen Fachreferenten, mit den einzelnen Fakultätsprofessoren in Kontakt, um über die Anschaffung neuer Literatur zu verhandeln. Besonders enge Austauschverhältnisse bestehen zwischen Institutsbibliotheken und dem wissenschaftlichen Personal des Instituts, um Anschaffungsabsprachen zu treffen. Zudem existieren Erwerbungsabsprachen, sowohl auf regionaler und nationaler Ebene als auch zwischen Bibliotheken mit ähnlichen Sammelaufträgen. Die Erwerbungsarten variieren zwischen Kauf, Tausch, Geschenken oder Pflichtexemplarablieferung.

Im nächsten Schritt des bibliothekarischen Geschäftsganges steht die Bestandserschließung, die sich wiederum in zwei Unterpunkte gliedert. Die Formalerschließung ist darauf ausgerichtet, anhand formalalphabetischer Eintragungen die Katalogisierung vorzunehmen. Dabei richtet man sich nach dafür eigens konzipierten Regelwerken, die die Einheitlichkeit der Eintragungen garantieren sollen.[17] Darauf folgt die Sacherschließung, auch inhaltliche Erschließung genannt, die die Verschlagwortung vornimmt, Verweise vergibt und den Standort des Mediums bestimmt, also die Signatur festlegt. Für die klassifikatorische Erschließung dienen ebenfalls Regelwerke und Systematikübersichten zur Unterstützung und Vereinheitlichung.

Diese beiden Arbeitsschritte bedingen und erzeugen den Bibliothekskatalog, vielmehr die Kataloge. Zu unterscheiden sind der alphabetische Katalog, der Schlagwortkatalog oder auch Sachkatalog, der Standortkatalog und der systematische Katalog. Auf der Ebene der einzelnen Verbünde (bundeslandbezogen) haben sich ebenfalls Kataloge etabliert, die der Erschließung der teilnehmenden Verbundsbibliotheken verpflichtet sind und auf nationaler Ebene im Karlsruher Virtuellen Katalog (KVK) meta-ebnisch erschlossen sind. Dieser Katalog ist ein Metasuchsystem, das alle deutschen Verbundskataloge online durchsucht und auf eine Suchanfrage auswertet. Hier lässt sich von einer „virtuellen Bibliothek" sprechen, die standortungebunden Suchergebnisse liefert.

Die Bestandsvermittlung als dritter wesentlicher Arbeitsschritt im Geschäftsgang der Bibliothek schließt die Recherchemöglichkeiten für die Benutzer, den Leihverkehr, die Dokumentenlieferdienste, die Benutzungsordnung, die Aufstellung des Bestandes und die Benutzungseinrichtungen in der Bibliothek sowie die Öffentlichkeitsarbeit der Bibliothek mit ein.

Die OPAC-Recherche (Online Public Access Catalogue) rekurriert auf die verschiedenen Katalogtypen und lässt formalalphabetische Suche,

---

17 RAK: Regeln für die alphabetische Katalogisierung, Standard in je einer Variante für Wissenschaftliche und für Öffentliche Bibliotheken im deutschsprachigen Raum. Plassmann [2006] S. 158-163.

Schlagwortretrieval, Stichwortsuche und Signatursuche zu. Außerdem ist auch über den Katalog die Bestellung von Medien geregelt, die sich in Magazinbeständen oder noch in der Ausleihe befinden und auf diesem Weg vorgemerkt werden können. Auch die Verbuchung ist über den Katalog geschaltet, optioniert die Verlängerung und gewährt dem Benutzer Einblick in sein Benutzerkonto.

Im Rahmen der Benutzungsordnung sind Zweck und Aufgaben der Bibliothek formuliert und liefern dem Leser Informationen zu Benutzungs-, Ausleih- und Gebührenregelungen. Die Benutzungsordnung kann deshalb als eine Art Selbstbeschreibung und Definition der Bibliothek angesehen werden, auf die sie sich stets berufen kann.

Die Aufstellung der Bestände dient nicht allein der Unterbringung der Medien, sondern verrät zudem viel über den Bibliothekstyp. Im Falle Öffentlicher Bibliotheken stützt sich mit Ausnahmen und Abänderungen die Standard-Aufstellungssystematik auf die Allgemeine Systematik für Öffentliche Bibliotheken (ASB), die sowohl die Katalogisierungsregeln als auch die Aufstellung im Freihandbereich modifiziert.[18] In Wissenschaftlichen Bibliotheken erfährt der Bestand eine Aufteilung in Magazinbestand und Freihandbestand, der oft auch den Lesesaalbestand miteinschließt. Die Regensburger Verbundklassifikation (RVK) stellt das Pendant zur ASB im wissenschaftlichen Bibliothekswesen dar und ermöglicht das Klassifizieren der Bestände nach einheitlichen Gesichtpunkten. Während in Öffentlichen Bibliotheken die benutzerfreundliche Aufstellung nach Interessenkreisen und die ansprechende Präsentation der Medien die größte Rolle spielt, ist der Aspekt des Raum- und Platzmangels in Wissenschaftlichen Bibliotheken ausschlaggebend. Die Aufstellung nach Eingangsdatum (Numerus currens) ist für Magazinbestände obligatorisch. Freihand- und Lesesaalbestände hingegen werden oft systematisch nach Wissensgebieten zugänglich gemacht, um dem Benutzer die Orientierung zu erleichtern.

Die Benutzungseinrichtungen innerhalb einer Bibliothek haben sich im Zuge der Dienstleistungsorientierung stark segmentiert und beschränken

---

[18] Siehe dazu im Speziellen Ceynowa [1994]

sich nicht mehr auf die klassische Leihstelle, die Lesesäle und die Informationstheke. So zählen PC-Arbeitsplätze mit Internetzugang, Kopierdienste, DVD- und Videoabspielgeräte und eine Online-Auskunft zu der Standardausstattung einer zeitgemäßen Bibliothek.

Zuletzt sei noch die Öffentlichkeitsarbeit genannt, die ein nicht unwesentliches Aufgabenspektrum zu erfüllen hat. Hierzu zählen die Organisation von Benutzereinführungen und Bibliotheksführungen, die Koordination von Ausstellungen und anderen kulturellen Veranstaltungen, Pflege des Bibliotheks-Leitbildes in der Öffentlichkeit, Werbemaßnahmen, Kontaktarbeit zu Kooperationspartnern wie Schulen oder Museen sowie die Interaktion mit externen Verwaltungspartnern wie den Trägerinstitutionen.

Kooperationen zwischen Bibliotheken und anderen Organisationen

Die steigenden Erwartungen und Anforderungen an den Benutzungsdienst der Bibliotheken erfordern erstens die Rationalisierung bibliotheksinterner Arbeitsgänge, zweitens aber die Bildung besonders kooperativer Zusammenschlüsse zwischen verschiedenen Bibliotheken. Entscheidende Bedeutung kommt solchen Gemeinschaftsprojekten in der Verbundskatalogisierung, dem Bestandsaufbau und im Leihverkehr zu. Die Wissenschaftlichen Bibliotheken arbeiten beispielsweise im Bereich des Bestandsaufbaus zusammen, insbesondere im Rahmen des Sondersammelgebietsplans der Deutschen Forschungsgemeinschaft. Dabei sind 40 Staats-, Universitäts- und Spezialbibliotheken mit rund 120 Sammelschwerpunkten unterschiedlicher Kategorien betraut und nähern sich damit dem Ziel des Sammelns auf Vollständigkeit.[19] In Öffentlichen Bibliotheken ist in Form der Lektoratskooperation ein Organisationsgebilde entwickelt worden, das die Sichtung und Begutachtung neuer Titel zentral koordiniert. Eine Vereinbarung aus dem Jahr 1976 zwischen dem Deutsche Bibliotheksverband, dem damaligen Verein der Bibliothekare an Öffentlichen Bibliotheken (heute Berufsverband Information Bibliothek e.V.) und der ekz.bibliotheksservice GmbH ist ein Informations-

19 Vgl. Frankenberger [2004] S. 28.

dienst entwickelt worden, der Öffentlichen Bibliotheken die Sichtung der rund 96000 Neuerscheinungen[20] in Deutschland erleichtert.

Ein weiteres Beispiel für die produktive Zusammenarbeit von Bibliotheken ist der kooperative Einkauf von Nutzungsrechten für Datenbanken und Lizenzen elektronischer Zeitschriften und anderen Dienstleistungsangeboten. So können digitale Publikationen und kostenintensive Spezialangebote trotz hoher Etatkürzungen angeboten werden.

Die in den 1970er Jahren entstandenen Verbundsysteme[21] ermöglichen bei der Katalogisierung die Übernahme von Fremddaten und erreichen damit eine zeitliche Ersparnis bei der Bucheinarbeitung. Ergänzt werden sie von Nachweisdatenbanken, die für den Leihverkehr Wissenschaftlicher Bibliotheken mittlerweile unersetzlich geworden sind. Diese Zusammenarbeit ist aufgrund der Inanspruchnahme derselben Regelwerke (den Regeln für die alphabetische Katalogisierung RAK und den Regeln für den Schlagwortkatalog RSWK) möglich. Das von der Deutschen Nationalbibliothek entwickelte Maschinelle Austauschformat für Bibliotheken (MAB 2) liefert Bibliotheken die Möglichkeit, maschinenlesbare Katalogdaten anderer Bibliotheken zu nutzen und zu übernehmen.

Im Leihverkehr zeichnet sich eine Zunahme des direkten Kommunikationswegs zwischen Bibliothek und Benutzer, anstelle zwischen Bibliothek und Bibliothek, ab. Die Fernleihe findet seit dem Jahr 2000 zudem in dem Projekt SUBITO große Unterstützung und Förderung. SUBITO ist ein Bei-

---

20 Zahl der Neuerscheinungen im Jahr 2007 http://www.boersenverein.de/de/158446/Wirtschaftszahlen/158286.

21 Die Verbundszentralen entstanden zunächst, um die Formalkatalogisierung auf regionaler Ebene zu rationalisieren und ein elektronisches System für bibliographische Nachweise zu gründen. Mittlerweile sind die Verbundsysteme länderübergreifend aktiv und an der Entwicklung innovativer Dienstleistungsangebote, wie dem Aufbau digitaler Bibliotheken, beteiligt. Derzeit existieren sechs regionale Verbundsysteme in Deutschland: Gemeinsamer Bibliotheksverbund (GBV), Kooperativer Bibliotheksverbund Berlin-Brandenburg (KOBV), Bibliotheksverbund Bayern (BVB), Hessischer Bibliotheksverbund (HEBIS), Nordrhein-Westfälischer Bibliotheksverbund (HBZ), Südwestdeutscher Bibliotheksverbund (SWB). Ausführlicher hierzu Busse [1999] S. 219-224, und Braun [1993].

spiel für die kooperative Zusammenarbeit zwischen Bibliotheken und wirtschaftlich operierenden Unternehmen.

Die neuesten Weiterentwicklungen gründen auf der Herausforderung, die das Internet und die digitalen Medien an die bibliothekarische Arbeit stellen. Virtuelle Fachbibliotheken bieten in Form einer virtuellen Bibliothek einen einheitlichen Zugang zur Recherche und Bereitstellung von Informationen. Die Bayerische Staatsbibliothek beispielsweise, digitalisiert in den nächsten Jahren im Rahmen einer Public-Private-Partnership[22] ihren gesamten urheberrechtsfreien historischen Bestand an Druckwerken. In diesem Rahmen werden voraussichtlich über eine Million Titel eingescannt werden und über den OPAC der Bayerischen Staatsbibliothek verfügbar sein.

Das Internetportal vascoda[23] bietet seit 2003 den Zugang zu den Virtuellen Fachbibliotheken, verschiedenen Informationsverbünden und der Elektronischen Zeitschriftenbibliothek. Dieser Aufbau von virtuellen Fachbibliotheken wird von der Deutschen Forschungsgemeinschaft unterstützt.

Die Entwicklungen, die sich in den letzten Jahrzehnten im deutschen Bibliothekswesen vollzogen haben, zeigen deutlich, dass Veränderungen und Neuerungen in der Kommunikationstechnologie maßgeblich dazu beigetragen haben, dass die Bibliothek nicht mehr nur ein Ort der Büchersammlung ist. Die Bedeutung des Begriffs ‚Bibliothek' hat sich insoweit erweitert, dass aus einem Ort, an dem Bücher gesammelt und aufbewahrt werden, eine Dienstleistungseinrichtung geworden ist, die mit den aktuellen Mitteln der Technik Information und Wissen in jeglicher medialen Form sammelt, systematisiert und für einen optimalen Rezeptionszugang sorgt.

Hiermit sollen die einführenden Darstellungen zum aktuellen Stand der Organisationsgrundlagen des Bibliothekswesens in Deutschland abge-

---

22 Massendigitalisierung im Rahmen einer Public-Private-Partnership zwischen der Bayerischen Staatsbibliothek und Google. www.bsb-muenchen.de/Massendigita lisierung-im-Rahme.1842.0.html.

23 www.vascoda.de

schlossen sein. Im Folgenden Kapitel wird auf die erwähnten Beispiele Bezug genommen, wenn die Bibliothek als soziales System untersucht wird. Sie soll dabei gleichermaßen von ‚innen' wie von ‚außen' analysiert werden, um den Einfluss der Umwelt auf ihre strukturellen Entwicklungen beurteilen zu können. Denn die Bibliothek ist ein dynamisches System, das sich sowohl an seine Umwelt anpassen als auch von ihr differenzieren muss - und dies geschieht seit Jahrtausenden unter wechselnden Bedingungen.

3 Die Bibliothek als Speichersystem

3.1 Bibliotheken als Gegenstand soziologischer Systemtheorie

Bibliotheken als Gegenstand soziologischer Systemtheorie zu betrachten, ist seit den 1980er Jahren keine ungewöhnliche Untersuchungsmethode. Es hat hierzu in den vergangenen Jahrzehnten bereits einige Arbeiten gegeben.[24] Anders als in dieser Arbeit stand dabei in den meisten Fällen die betriebswirtschaftliche Perspektive der Bibliothek als wirtschaftlicher Betrieb im Vordergrund, wobei das Hauptaugenmerk somit auf den innerbetrieblichen Strukturen der Bibliothek lag. Auch für diese Arbeit sind die inneren Strukturen einer Bibliothek von Belang, jedoch spielen die Beziehungen, die eine Bibliothek zu ihrer Umwelt unterhält eine mindestens ebenbürtige Rolle. Denn Bibliotheken stehen seit jeher in Bezug zur Gesellschaft und ihren Teilsystemen, Körperschaften und soziodemografischen Gruppen und sind deshalb auch fester Bestandteil unseres Kultur-Begriffs.

Dass sich Bibliotheken in unserer heutigen Gesellschaft nicht mehr nur auf Bücher fokussieren, sondern auch auf die so genannten Neuen Medien, ist eine der augenscheinlichsten Entwicklungen der letzten Jahrzehnte. Zurückzuführen ist diese Entwicklung auf den enormen Fortschritt der Kommunikationstechnologien sowie ihre Verbreitung und Anwendung in der Gesellschaft. Eine Analyse der Bibliothek in unserer Gesellschaft wäre also unvollständig, würde sie die gesellschaftlichen Umstände, die sie umgeben, ausklammern. Aus diesem Grund ist eine Untersuchung der Bibliothek und ihres Wirkungsfeldes nicht ohne eine gesellschaftstheoretische Perspektivierung möglich.

Eine wissenschaftliche Standortbestimmung der Bibliothek galt aufgrund einer fehlenden Bibliothekstheorie[25] lange als nicht durchführbar. Erst

---

24 Siehe hierzu Wang [1989], Karstedt [1965], Smith [1980], Heidtmann [1973]

25 Siehe hierzu Limburg [1977], Plassmann [1978], Limburg [1979], Koch [1976]

seit den 1970er Jahren als die Kommunikationswissenschaft erstmals an Bedeutung gewinnt, bezieht man sich in der Entwicklung einer eigenständigen Bibliothekswissenschaft auf sie. Doch die Bibliothek bleibt, trotz ihres eindeutig bestimmten Auftrages ein gesellschaftliches Phänomen, das nicht mittels einer einzigen Theorie untersucht werden kann. Aus der Bandbreite an wissenschaftlichen Disziplinen ist es kaum möglich, eine einheitlich fundierte Bibliothekstheorie zu entwickeln, wenn die Untersuchungen einen makro- und mikrosoziologischen Blick auf das Bibliothekswesen erlauben sollen.

Das einführende Kapitel 2 hat einen groben Überblick über die strukturelle Komplexität des Bibliothekswesens gegeben. Dieses oberflächliche Gerüst soll nun mit der Hilfe und Methodik der Luhmannschen Systemtheorie ausgefüllt werden.

Die Systemtheorie[26] Niklas Luhmanns wurde für die folgende Untersuchung der Bibliothek gewählt, weil sie als umfassende und systematisch aufgebaute Theorie auf den interdisziplinären Gegenstandsbereich der Bibliotheksforschung anwendbar ist. Außerdem ist Luhmanns 'operati-

---

[26] Die Systemtheorie kann nicht als einheitlicher Ansatz verstanden werden, sondern ist vielmehr als interdisziplinäres Theorieprogramm zu verstehen, das Phänomene aller Art anhand von Systemmodellen analysierbar macht. Die Systemtheorie ist somit keine eigenständige Disziplin, sondern ein Instrument für einen interdisziplinären Diskurs, der den Begriff ‚System' als Grundkonzept führt und von gegliederten wechselseitigen Wirkungsverhältnissen ausgeht. Deshalb gibt es innerhalb der Systemtheorie mehrere Theorien und unterschiedliche Definitionen. Als Teil der Soziologie hat die soziologische Systemtheorie den Anspruch eine Universaltheorie der Gesellschaft zu sein, die sich selbst als Gegenstand mit einbezieht. In der soziologischen Systemtheorie unterscheiden sich drei Hauptansätze in ‚Strukturfunktionalismus', ‚Funktionalstrukturalismus' und ‚Autopoiese'. Als wichtigste Vertreter gelten Talcott Parsons, auf den der soziologische Systembegriff zurückgeht, und Niklas Luhmann und seine kommunikationstheoretische Systemtheorie. Während Parsons Handlungen als konstitutive Elemente sozialer Systeme betrachtet, geht Luhmann von der Kommunikation als systembildendes Element aus. Luhmann entwirft sein Denkmodell des ‚Funktionalstrukturalismus' aufgrund seiner Kritik an Parsons struktur-funktionalem Ansatz und arbeitet dieses später, nach Humberto R. Maturana und Francisco J. Varela kognitionswissenschaftlichen Errungenschaften, zur autopoietischen Systemtheorie aus. Wenn im Folgenden der Begriff Systemtheorie verwendet wird, bezieht er sich auf Luhmanns Denkmodell. Treibel [2006] S. 31 und Endruweit/Trommsdorff [2002] S. 587ff.

ves Systemmodell' eher zeitlich als räumlich geprägt und erlaubt somit einen historisch-systematischen Untersuchungsaufbau, der maßgeblich für die Darstellung der Entwicklungen im Bibliothekswesen ist. Das Untersuchungsinstrument der Systemtheorie erlaubt es, den Gegenstandsbereich der Bibliothek sowohl auf die inneren Strukturen als auch auf die externen Beziehungen hin methodisch zu betrachten und somit den Funktionsscharakter der Bibliothek innerhalb unserer Gesellschaft zu analysieren.

Es sind also zwei Seiten zu berücksichtigen: Einerseits die Beziehungen und Strukturen innerhalb des Systems der Bibliothek und andererseits diejenigen zwischen der Bibliothek und ihrer Umwelt, der Gesellschaft. Da das gesellschaftliche System in der Entwicklung der Kommunikationsformen immer komplexer zu werden scheint, erfahren auch Bibliotheken zunehmend eine tiefere Differenzierung. Es ist die kontinuierliche Steigerung dieses reziproken Verhältnisses, das es zu beobachten gilt.

In unserer heutigen modernen Gesellschaft verfügen Bibliotheken über einen organisierten und sozialen Charakter. Das ist das bisherige Ergebnis der Differenzierung unserer Gesellschaft. Wie aber sahen die gesellschaftlichen Bedingungen aus, als Bibliotheken entstanden und warum wurden sie überhaupt benötigt? In welchen gesellschaftlichen Subsystemen begann eine Ausdifferenzierung und konnte so überhaupt erst zur Bildung eines Bibliothekssystems führen? Diese Fragen sollen in Laufe des Kapitels 3 erörtert werden.

Zunächst soll ein Einblick in die Luhmannsche Theorie erfolgen und zur Thematik hinführt.

Mit seinem Werk *Soziale Systeme. Grundriß einer allgemeinen Theorie* von 1984 begründete Luhmann einen bedeutenden Einschnitt innerhalb seiner Theorieentwicklung. Seine Auseinandersetzung mit der soziologischen Systemtheorie von Talcott Parsons bot ihm dabei den Ausgangspunkt zu seinen eigenen Überlegungen. Sein funktional-struktureller Ansatz geht davon aus, dass soziale Systeme nicht durch kollektive Wert- und Strukturmuster definiert werden, sondern anhand sinnhaft aufeinander bezogener Handlungen erklärt werden können. Handlungen, die dementsprechend in ihrer Funktion von dem jeweiligen Sinn abweichen, werden automatisch zur Umwelt des sozialen Systems erklärt. Der Begriff ‚System' konstituiert sich also durch eine Grenze, und zwar der Differenz zwischen System und Umwelt.

Der entscheidende Paradigmenwechsel folgt jedoch erst mit der Theorieentwicklung von Maturana und Varela[27] und ihrem Konzept der Autopoiesis. Luhmann überträgt diesen Kunstbegriff in die Soziologie und in seine Systemtheorie. Er geht nun von der Grundidee aus, dass ein System allein aus sich selbst heraus existiert. Ein autopoietisches System ist demnach eine Einheit, die sich selbst erzeugt und erhält, indem sie die Elemente, aus denen sie besteht, in einem rekursiven Prozess selbst produziert. Die Unterscheidung von System und Umwelt dient dem System als Leitinstrument bezüglich der systemeigenen Leistungen und seiner Autopoiesis. Das bedeutet auch, dass autopoietische Systeme von Umwelteinflüssen nur irritiert und nicht determiniert werden können und „die konkreten Systemzustände somit nicht von der Umwelt, sondern vom System selbst bestimmt [werden]."[28] Andererseits heißt das nicht, dass ein System ohne jeden Beitrag aus seiner Umwelt existieren kann. Es entsteht also nicht aus dem Nichts, als creatio ex nihilo, heraus.[29]

Sein Ansatz der Theorie autopoietischer Systeme legt einen neuen Kommunikationsbegriff zugrunde. Er geht davon aus, dass soziale Systeme Komplexität in Form von Sinn verarbeiten, deren kleinstes nicht weiter auflösbares Element die Kommunikation ist. Kommunikation ist gesellschaftskonstitutiv und stützt sich auf semantische Themenvorräte, wie in Sprache, Schrift, Buchdruck, Verbreitungsmedien und Massenmedien. Ein System ist also autopoietisch, wenn es die Elemente, also Kommunikationen, aus denen es besteht, selbst produziert. Das bedeutet, dass es seine eigenen Zustände reflektieren können muss. Dabei ist „Kommunikation auch als selbstbeobachtende Operation"[30] zu betrachten und nicht als Mitteilung eines Senders zum Empfänger zu verstehen. Die drei Se-

27 Siehe dazu Maturana [1982]

28 Kneer [2000] S. 56.

29 Kneer [2000] S. 60.

30 Luhmann [2006] S. 300.

lektionen Information, Mitteilung und Verstehen verbinden sich zu einer emergenten Einheit und schaffen Anschlussmöglichkeiten für die folgende Kommunikation.

Der Begriff des Systems ist von grundlegender Bedeutung in der Soziologie und hält so viele Definitionen bereit, dass keineswegs von einem einheitlichen Bedeutungsinhalt gesprochen werden kann. Luhmann unterscheidet drei Systemtypen: biologische Systeme, psychische Systeme und soziale Systeme. Jeder Systemtyp hat eine eigene charakteristisch konstitutive Operationsweise, die ihn von anderen Systemtypen unterscheidet. Dabei operieren biologische Systeme in Form von Leben, psychische Systeme in Form von Bewusstseinsprozessen und soziale Systeme in Form von Kommunikation. Jeder Systemtyp existiert aus seiner spezifischen Operationsweise heraus und erzeugt damit eine Differenz zur Umwelt.

Soziale Systeme gibt es wiederum in drei Formen: Interaktionen (soziale Kontakte), Organisationen und Gesellschaften. Soziale Systeme bestehen also aus „Kommunikationen und aus deren Zurechnung als Handlung."[31] Alle drei Systemtypen haben eine Gemeinsamkeit: Sie operieren und erzeugen dadurch eine „System/Umwelt-Differenz" und sind autopoietisch, das heißt, sie erzeugen und erhalten sich selbst. Das gilt sowohl für die Gesellschaft als soziales System, als auch im Speziellen für die Bibliothek als soziales System.

Die Gesellschaft ist das umfassende System, das alle sozialen Beziehungen, Prozesse, Handlungen und Kommunikationen miteinschließt. Unsere Gesellschaft hat sich im Laufe ihrer Evolution differenziert und ist komplexer geworden, das heißt, es haben sich Subsysteme ausgebildet, die bestimmte Funktionen übernehmen, um die entstandene Komplexität verarbeiten und weiterentwickeln zu können.[32] All diese Teilsysteme existieren aus Interaktionen heraus und bestehen schließlich aus Kommunikation.

---

31 Luhmann [1984] S. 240 f.

32 Luhmann [1984] S. 555.

> „Der Bezug des einzelnen Systems auf die Gesamtgesellschaft wird »Funktion« genannt; der Bezug auf andere Subsysteme »Leistung« und schließlich der Bezug auf sich selbst »Selbstreferenz«, wobei die Funktion dem Subsystem seine spezifische Prägung verleiht."[33]

Funktionen bilden demnach die Teilsystemgrenzen und sind gegenseitig nicht ersetzbar. Die Besonderheit funktionaler Teilsysteme ist, dass sie mit Hilfe von binären Kodes Unterscheidungen erzeugen, die zwischen einem positiven und einem negativen Wert unterscheiden. So ist es beispielsweise für das Wirtschaftssystem entscheidend, ob gezahlt wird oder nicht.

> „Die Kommunikationen der Wirtschaft müssen sich als wirtschaftlich ausweisen, damit man sie nicht falsch interpretiert; sie müssen [...] immer auch das Wirtschaftssystem selbst reproduzieren."[34]

Die binären Kodierungen konstituieren die Funktionssysteme. Vorgegeben werden die binären Kodierungen von symbolisch generalisierten Kommunikationsmedien (wie zum Beispiel Geld im Wirtschaftssystem), die den Subsystemen zur Abwicklung ihrer spezifischen Kommunikationen zur Verfügung stehen. Die Leitdifferenz eines binären Kodes wirkt nach „außen selektiv" und nach „innen hin informativ."[35] Symbolisch generalisierte Kommunikationsmedien sind Katalysatoren für die Ausdifferenzierung von Funktionssystemen. Sie geben den an der Kommunikation beteiligten Personen Orientierung, da sie Kommunikationspartner voraussetzen, die unter dem gleichen Kode selegieren. Programme (wie etwa Theorien im Wissenschaftssystem) enthalten wiederum Ausführungsbestimmungen für die Anwendung des Kodes:

---

33 Jahraus [2004] S. 315f.

34 Luhmann [1988] S. 15.

35 Luhmann [1995a] S. 302, S. 328.

> „Mit Bezug auf diese Programme kann an den verschiedenen »Stellen« im System und an seinen Grenzen »entschieden« werden, was dem System und was der Umwelt zuzurechnen ist."[36]

Subsysteme bilden sich aus, wenn innerhalb eines Funktionssystems die Erbringung einer spezifischen Leistung erforderlich ist, zu deren Erfüllung bisher kein eindeutiger Zuständigkeitsbereich verantwortlich war. Soziale Systeme gleichen sich somit hinsichtlich ihrer konstitutiven Elemente - der Kommunikationen - unterscheiden sich jedoch hinsichtlich ihrer Programmierungen.

Im Fokus der weiteren Ausführungen soll die Bibliothek als soziales System stehen. Da der Einfluss der Trägerschaften auf Bibliotheken unter speziellen Bedingungen steht, gilt es diesen Beziehungen besondere Aufmerksamkeit zu widmen.

In den folgenden Kapiteln soll die Entstehung und Ausdifferenzierung des Bibliothekssystems wie es sich heute konstituiert, beobachtet werden, bevor der Blick auf die inneren Strukturen der Bibliothek als Organisationssystem gerichtet wird.

3.1.1 Bibliotheken als soziale Systeme in ihrer Umwelt

Die bisherigen Feststellungen führen nun zu der Frage, wie sich Bibliotheken konstituieren und welche Beziehungen sie zu ihrer Umwelt unterhalten. Einleitend soll eine Klärung des Begriffs ‚Bibliothek' an die Analyse heranführen.

Der Begriff Bibliothek hat ebenso wie die Einrichtung selbst eine Ausdifferenzierung hinter sich und geht ursprünglich aus der griechischen Antike hervor. Die Begriffsbedeutung bezeichnete nicht von Anfang an einen Aufbewahrungsort („théke"), an dem Schriftstücke („bíblos"/„biblíon") gelagert werden.[37] Das Wort Bibliothek stammt aus dem Griechischen und bezeichnete ursprünglich nur die Behältnisse, in denen Papy-

---

36 www.michael-giesecke.de/theorie/dokumente/06_systeme/exzerpt/06_exc_grundlagen_systemtheorie.htm#f.

37 Plassmann [2006] S. 8.

rusblätter und Rollen aufbewahrt wurden. In der Antike wurde es dann für die Bezeichnung der Räumlichkeiten oder des Gebäudes benutzt, die zur Aufbewahrung der Behältnisse dienten. Im späteren Altertum und Mittelalter kam das Wort Bibliotheca für die Sammlung heiliger Schriften und die Bibel (bibliotheca sacra) in Gebrauch. Außerdem wurde es, wie Ewert ausführt, „als Titelwort solcher Werke, in denen profane Schriftsteller das für ihre Zeit Wissenswerte aus der älteren Literatur zusammengestellt hatten"[38] verwendet. Der Schrank, in dem die Bücher lagerten, wurde Armarium genannt. In der Neuzeit nutzte der Buchhandel das Wort Bibliothek für periodisch erscheinende Publikationen.[39] In Verlegerserien, wie der Bibliothek Suhrkamp oder der Reihe der Süddeutschen Zeitung lebt diese Tradition bis heute fort.

Die Schriftstücke in der Antike bestanden hauptsächlich aus Papyrusrollen, später auch aus Pergament. Das Buch etablierte sich erst im Mittelalter und wurde zum Synonymbegriff für das gesammelte Gut von Bibliotheken. Seitdem sich das Spektrum der Speicher- und Verbreitungsmedien im 20. Jahrhundert rasant erweitert hat, finden sich neben Büchern, Zeitschriften auch Mikrofilme, Mikrofiches, Tonkassetten, Videokassetten und digitale Medien, wie etwa CD-Roms, DVDs und Computer als Speichereinheiten für Kataloge oder für die Bereitstellung für das Internet in Bibliotheken wieder. Eine Bibliothek darf heutzutage also fälschlicherweise nicht mehr als Büchersammlung bezeichnet werden. Zudem bezeichnet ‚Bibliothek' nicht nur eine Sammlung von publizierten Speichermedien, sondern auch das Gebäude selbst, das für einen geordneten und benutzbaren Zugang zur Sammlung sorgt. Die UNESCO spricht in ihrer Definition von einer Bibliothek, wenn zu der geordneten Sammlung von veröffentlichten Speichermedien „Dienstleistungen eines Mitarbeiterstabes, der für die bequeme Nutzung der Materialien sorgt"[40] hinzu kommen.

---

[38] Ewert [1999] S. 6.

[39] Bis 1790 enthielten rund 130 Zeitschriften das Wort Bibliothek im Titel. Folglich Ewert [1999].

[40] Empfehlung [1971] S. 596.

Die Abgrenzung des Begriffs ‚Bibliothek' setzt sich heute also aus folgenden Bedeutungskomponenten zusammen: Den sachlichen Inhalten, den gesammelten Speicher- und Verbreitungsmedien, den modernen Kommunikationstechnologien, die den Zugang zu den gesammelten Medien ermöglichen und außerdem aus Interaktionen, den sozialen und fachlichen Dienstleistungen des Bibliothekspersonals.

Aber wie gliedert sich eine Bibliothek in die gesellschaftliche Ordnung ein? Ewert definiert die moderne Bibliothek als „eine Einrichtung, die unter archivarischen, ökonomischen und synoptischen Gesichtspunkten publizierte Information für die Benutzer sammelt, ordnet und verfügbar macht."[41]

Ewert begründet diese Definition mit dem Verweis auf die Unterhaltsträger einer Bibliothek, die sich im Laufe der Ausdifferenzierung des Bibliotheksystems geändert haben. Das ist wiederum auf die Ausdifferenzierung zwischen Archiven, Museen und Bibliotheken zurückzuführen. Eine Bibliothek hängt also von Faktoren außerhalb ihrer selbst ab. Deshalb ist eine Untersuchung der Bibliothek als soziales System nur im Kontext ihrer Umwelt sinnvoll.

Für Luhmann geht eine systemtheoretische Analyse davon aus, dass die Funktion eines Systems überhaupt erst dann begreifbar und analysierbar wird, wenn die Relevanz der Umwelt und die stattfindenden Wechselwirkungen zwischen System und Umwelt der Untersuchung zugrunde gelegt werden.[42] Kurz gesagt, „ein System »ist« die Differenz zwischen System und Umwelt."[43]

Die Umwelt ist die Außenseite des Systems und somit ist „die Einheit der Umwelt durch das System konstituiert."[44]

Unter dem Begriff der Bibliotheksumwelt sind alle Operationen, Ereignisse und Handlungen zu verstehen, die außerhalb des bibliothekari-

---

41 Ewert [1997] S. 13.

42 Luhmann [2006] S. 67.

43 Luhmann [2006] S. 66.

44 Luhmann [1984] S. 249, Luhmann [1995] S. 27.

schen Operationsfeldes liegen. Das sind Operationen, die Einfluss auf einzelne Tätigkeiten oder das gesamte Tätigkeitsfeld der Bibliothek besitzen oder wiederum durch Operationen seitens der Bibliothek beeinflusst werden. Die Umwelt der Bibliothek ist also nur systemrelativ unterscheidbar. Das heißt, die Bibliothek unterscheidet sich von ihrer Umwelt insofern, dass die sie konstituierenden Elemente von keinem anderen System ersetzt werden können, sie aber „keine unabhängige Existenz"[45] haben. Schließlich erfüllt jede Bibliothek ein Programm mit einem spezifischen Sammelauftrag und unterscheidet sich dadurch von ihrer Umwelt, denn die Umwelt „ist einfach ‚alles andere'."[46]

Die bibliothekarischen Handlungen erzeugen „eine Differenz von System und Umwelt. Sie erzeugen eine Form, die zwei Seiten hat, nämlich eine Innenseite - das ist das System - und eine Außenseite, die Umwelt."[47]

Die Umwelt der Bibliotheken lässt sich durch zwei Felder beschreiben, die die bibliothekarische Arbeit grundlegend beeinflussen und bedingen: Die Träger und die Nutzer.

Die Träger sind in die gesellschaftlichen Funktionssysteme integriert, wie in Kapitel 2 anhand des politischen Systems[48] dargestellt wurde. Davon ausgehend soll die Frage analysiert werden, von welchem gesellschaftlichen Funktionssystem Bibliotheken besonders abhängig sind. Es sollen drei Funktionssysteme in die Untersuchung einbezogen werden: Das Wissenschaftssystem, das Wirtschaftssystem und das politische System.

Wie im Kapitel 2 gezeigt wurde, zeichnet sich das deutsche Bibliothekssystem durch seine dezentrale Struktur aus. Der Aufbau von Staat und Verwaltung gliedert das Bibliothekswesen in drei wesentliche Ebenen

---

45 Luhmann [1998] S. 65.

46 Luhmann [1984] S. 249.

47 Luhmann [1995] S. 27.

48 Luhmanns Funktionsbestimmung des politischen Systems setzt sich aus dem gesellschaftlichen Bedarf an kollektiv verbindlichen Entscheidungen zusammen. Die Verwaltung des politischen Systems ist dabei dasjenige Teilsystem, „das mit der Herstellung kollektiv bindender Entscheidungen befasst ist [und] ist ihrerseits differenziert in die Teilsysteme Parlamente, Regierungen und Verwaltungsbürokratien." Krause [2005] S. 236.

bezüglich seiner Träger in Bund, Länder und Kommunen. Hinzu kommen privat-rechtliche Träger, die eine vierte besondere Ebene bilden. Da die Funktion und der jeweilige Zweck einer Bibliothek durch ihre Trägerschaft begründet sind, gliedern sich einzelne Bibliotheken als Subsysteme ihres Trägers in die Gesamtstruktur der Gesellschaft ein. Die meisten Bibliotheken in Deutschland unterstehen der Öffentlichen Verwaltung und den Entscheidungen politischer Instanzen. Daraus lässt sich schließen, dass Bibliotheken, die ihre Trägerschaft in der Öffentlichen Verwaltung verorten, in einer engen Beziehung zum politischen System stehen müssen. Der Zusammenhang liegt vor allem darin, dass Bibliotheken Aufgaben erfüllen, die zum kollektiven Interessenbereich der Gesellschaft gehören. Die Literatur- und Informationsversorgung der Gesellschaft ist seit dem 19. Jahrhundert eine gesellschaftspolitische Aufgabe und gehört somit zur Pflicht des Staates, der die Voraussetzungen und Mittel bereitzustellen hat. Man kann hier von einem Konditionalprogramm sprechen und „in der Form eines Input/Output-Modells herausarbeiten, wie die Funktionssysteme durch Kommunikation miteinander verknüpft sind [...]."[49]

Bibliotheken haben verschiedene Unterhaltsträger, jeweils eine bestimmte zielgruppenorientierte Bestandspolitik und einen besonderen institutionellen Rahmen, in dem sie agieren. Trotzdem sind strukturelle Kopplungen zwischen Bibliotheken und Funktionssystemen nicht einfach nach der bibliothekarischen Bestandspolitik zu definieren und schon gar nicht singulär zuzuweisen.

Es muss eine Unterscheidung der Bibliotheken nach Trägern geleistet werden, da sowohl die Rechtsform, als auch die Finanzierung in der Regel von der Trägerschaft abhängig sind. Als Beispiel seien an dieser Stelle die heterogene Gruppe der Spezialbibliotheken angeführt. Es gehören sowohl staatliche als auch kommunale oder kirchliche Bibliotheken dazu sowie Bibliotheken mit privater Trägerschaft oder Bibliotheken in wirtschaftlichen Unternehmen. Ihre Gemeinsamkeit definiert sich in einem

---

[49] Luhmann [1990] S. 637. Wobei das Bibliothekssystem kein Funktionssystem ist. Es handelt sich hierbei um die kommunikativen Verknüpfungen zwischen gesellschaftlichen Funktionssystemen und Bibliotheken als Organisationen.

jeweils speziellen eng umrissenen Sammelgebiet. Oft überschneiden sich die klassischen Grenzen zum Archiv oder zu Dokumentationsstellen.

Die drei Zentralen Fachbibliotheken zählen zum Bereich des politischen Systems, da sie eindeutig nationale Aufgaben in Ergänzung zur Staatsbibliothek zu Berlin und der Bayerischen Staatsbibliothek München übernehmen, zudem werden sie von Bund und Ländern getragen. Sie sind dennoch Spezialbibliotheken, die jeweils mit einem anderen Funktionssystem, das ihr Profil definiert, gekoppelt sind. Vergleichbar ist damit die Gruppe der Öffentlichen Bibliotheken, deren Zugehörigkeit zu Funktionssystemen mitunter zwischen dem Bildungssystem und dem politischen System oszilliert, da sie vereinzelt einen wissenschaftlichen Anspruch verfolgen.

Der Träger einer Bibliothek sorgt für die Bereitstellung von Ressourcen, die für die Funktionserfüllung benötigt werden. Solche Ressourcen fließen als Input in die Verwaltung der Bibliothek. Der finanzielle Input wird in Leistungen definiert und erzeugt einen Output. Die Leistungen, die Bibliotheken aus den Inputs transformieren, stellen für ihre aufgabenbezogene Umwelt ihrerseits wiederum Input dar.

> „Die Umwelt bedeutet für die Bibliothek daher nicht nur eine Ressourcenquelle, sondern auch eine Informationsquelle."[50]

Dieser wechselwirkende Prozess soll am Beispiel des politischen Systems gezeigt werden.

Das politische System stellt einen wichtigen Beziehungspartner des Bibliothekswesens dar. Das Funktionssystem der Politik hat demnach für die Mittel und Ressourcen zu sorgen, um der Bevölkerung den Zugang zu Information und Wissen zu ermöglichen, schließlich ist es grundgesetzlich geregelt, dass jedes Gesellschaftsmitglied die Möglichkeit der Meinungsbildung über Medien erhalten muss.[51] Das bedeutet für solche Bibliotheken einerseits eine Abhängigkeit von ihrem Träger, aber andererseits auch eine Versorgung des Trägers mit Information, auf die dieser

---

50 Wang [1989] S. 191.

51 GG Art.5 (1)

wiederum angewiesen ist. Bibliotheken, die von der Öffentlichen Verwaltung getragen werden, sind also vom politischen System abhängig. Sie sind gerade deshalb in der Lage „durch die Offenheit und die Umweltabhängigkeit [...]" den „Unterschied zur Umwelt zu verstärken."[52] Allerdings haben sie auch eine politische Funktion, indem sie zur politischen Meinungsbildung der Bürger beitragen und staatlichen Instanzen ebenso wie den Gesellschaftsmitgliedern Zugang zu Information und Wissen ermöglichen. Die strukturelle Kopplung zwischen Bibliotheken und dem politischen System zeichnet sich durch Mittelvergabe und Informationsversorgung aus und ist so fundamental, dass man hier von einer Interpenetrationszone sprechen kann.

Die Beziehung einer Bibliothek zu ihrem Träger charakterisiert sich also insbesondere durch einen Input-Output-Charakter. Der Träger stellt Mittel zur Verfügung, konditioniert damit ein Programm, mit dem einerseits die Funktion der Bibliothek gesteuert wird und andererseits die Bibliothek in der Lage ist, die Leistungen zu organisieren, die für das Erzielen eines Outputs notwendig sind, um die Interessen des Träger zu befriedigen.

> „Wenn die Umweltlage des Systems eine solche Asymmetrisierung stützt, wenn sie die Ergebniserwartungen honoriert und die Bedingungen liefert, kann das System durch Handeln eine Umsetzung von Input in Output vollziehen."[53]

Dies geschieht mit Hilfe von Programmierungen, die dem Handeln Richtlinien voranstellen. Damit wird zweierlei erreicht: Einerseits ist eine Bibliothek von ihrem Träger und dessen Eigenschaften sehr abhängig, „nämlich solchen, die für den Input oder für die Aufnahme des Output relevant sind."[54] Andererseits erreicht sie damit in Bezug zu anderen Umweltaspekten eine größere Unabhängigkeit. Die Bibliothek „kann (in

---

[52] Luhmann [1998] S. 64.

[53] Luhmann [1984] S. 278.

[54] Luhmann [1984] S. 279.

begrenztem Maße) [ihren] Output variieren je nachdem, was als Input zur Verfügung steht."[55]

Daraus lassen sich drei wesentliche Faktoren ermitteln, die für die Leistungserbringung einer Bibliothek bedeutend sind:

1. Der Bestandsaufbau (bzw. das Erwerbungsprofil), das Auskunft über das Programm einer Bibliothek gibt,
2. die Bestandserschließung, die als Skript[56] betrachtet werden kann und
3. die Bestandsvermittlung, die den Input letztlich als Output transformiert zur Verfügung stellt.

Es besteht also eine strukturelle Kopplung zwischen dem politisch-administrativen System als Trägerschaft und den Bibliotheken. Diese gegenseitige Abhängigkeit stellt den Träger natürlich insofern in die Pflicht, die Funktion der Bibliothek auf Dauer sicherzustellen, indem die finanziellen Mittel und personellen Ressourcen, die zur Erfüllung der Leistungen benötigt werden, berechenbar gehalten werden müssen. An dieser Stelle ist vor allem die Deutschen Nationalbibliothek zu nennen, zu deren Leistung es zählt, die Archivierung des nationalen Schrifttums zu sichern. Diese Leistungserbringung kann sie nur unter Bedingungen erfüllen, die eine dauerhafte Beständigkeit der Trägerschaft voraussetzt. Es geht dabei um die konstante Aufrechterhaltung der gesellschaftlichen Infrastruktur, zu der auch das Bibliothekswesen gehört.[57]

Neben der finanziellen Grundausstattung gehört auch die Vorgabe rechtlicher Richtlinien in den Aufgabenbereich des politischen Systems gegenüber dem Bibliothekswesen. Juristisch betrachtet, sind Bibliotheken „Anstalten öffentlichen Rechts."[58] Entsprechend des KGSt-Gutachtens[59] von

---

55 Ebd.

56 Krause beschreibt Skripts als „schematisierte Formen der eher festen Kopplung als zeitlich aufeinanderfolgend stereotypisierter Ereignisse: Skripten als Teile von Systemgedächtnissen sind bewährte Schemata mit eingebauten Handlungsanweisungen." Krause [2005] S. 224.

57 Vgl. Wang [1989] S. 158.

58 Pflug [1969] S. 245-262.

1973 wird die Öffentliche Bibliothek als „eine unselbstständige Organisationseinheit der Ämterebene mit Betriebscharakter"[60] bezeichnet. Bibliotheken mit Trägerschaften des politisch-administrativen Systems unterstehen also der Öffentlichen Verwaltung, „da diese Instanzen über die funktionalen Voraussetzungen für die bibliothekarischen Leistungen Entscheidungen zu treffen haben."[61]

Bibliotheken sind also einem rechtsfähigen Verwaltungsträger angeschlossen, beispielsweise ist eine Universitätsbibliothek der Universität angegliedert und eine Staatsbibliothek der Staatsverwaltung. Dies führt zu der Konsequenz, dass das jeweils übergeordnete System sowohl in der Bereitstellung der Mittel als auch in der Zweckbestimmung die unmittelbar bedeutendste Umwelt der Bibliothek darstellt.

> „Deshalb müssen Interdependenzen selbstständig (mit-)geordnet werden, und jede Ordnungsleistung enthält einen Akt der Selbstselektion und der Selbstbindung. Der zusammenfassende Ausdruck für diesen Prozess ist der der Zweckbindung."[62]

Bibliotheken verfolgen keinen Selbstzweck, sondern haben sich aus einer Notwendigkeit des ihr übergeordneten Systems herausgebildet.

Die umfassenden Funktionen, die das politische System für die Gesellschaft erfüllt, lassen sich in zwei Bereiche einteilen: Politische Willens-

---

59 Im KGSt-Gutachten finden sich drei Aufgabenbereiche formuliert, die auch heute noch maßgeblich sind. Es handelt sich um den Informationsbereich, den Freizeit- und Kulturbereich und den Bildungsbereich. Danach haben Öffentliche Bibliotheken folgende Aufgabe: „[...] die Bevölkerung und ihre Gruppen durch geeignete Medien, vornehmlich Druckschriften, Bild- und Tonträger zu informieren. Die Dienstleistung der Bibliothek besteht in der Sammlung, Erschließung, Bereitstellung und Vermittlung dieser Medien einschließlich eines Beratungs- und Informationsdienstes. Die Öffentliche Bibliothek soll: die Orientierung und freie Meinungsbildung unterstützen, die Ausbildung, die Fortbildung und die Weiterbildung fördern, die Ausübung täglicher Berufsarbeit unterstützen, Kommunikationsmöglichkeiten für verschiedene Bevölkerungsgruppen anbieten, die Gestaltung der Freizeit erleichtern." KGST [1973] S. 6.

60 Öffentliche Bibliotheken [1973] S. 18.

61 Wang [1989] S. 161.

62 Lieckweg/Wehrsig [2001] S. 43.

und Konsensbildung und deren Umsetzung in Handlungsziele. Die Umsetzung dieser Handlungsziele erfolgt durch den Verwaltungsapparat. Während eine staatliche Instanz die allgemeine Zielsetzung definiert Informationszugänglichkeit zu garantieren, behandelt die Bibliothek diese Zielsetzung auf administrativer Ebene und setzt sie in die Praxis um.

Es lässt sich also eine Dreiteilung der Ebenen konstruieren: Der Träger einer Bibliothek schreibt die Funktion einer Bibliothek gemäß seiner Bedürfnisse vor. Die Bibliothek, deren operative Handlungsebene aus Personal besteht, sorgt für die Umsetzung der Leistungen für die Zielgruppe der Benutzer.

Auf Bundesebene ist vor allem ein Ministerium für Bibliotheken verantwortlich: Das Bundesministerium für Bildung und Forschung, das für die „Förderung der Grundlagenforschung und ihrer Organisationen (Institutionelle Förderung gemeinsam mit den Ländern)"[63] zuständig ist und somit auch in den Bereich der Wissenschaftlichen Bibliotheken eingreift.

In diesem Zusammenhang ist der Wissenschaftsrat zu nennen, der formal in staatliche Entscheidungsprozesse eingebunden ist.[64] Der Wissenschaftsrat gibt der Bundesregierung und den Regierungen der Länder Empfehlungen, die „den wissenschaftlichen Institutionen (Universitäten, Fachhochschulen und außeruniversitären Forschungseinrichtungen), insbesondere zu ihrer Struktur und Leistungsfähigkeit, Entwicklung und Finanzierung" behilflich sein sollen.[65] Der Wissenschaftsrat übernimmt somit eine Art Schnittstellenfunktion zwischen dem administrativen Teil des politischen Systems, der Öffentlichen Verwaltung und den Bibliothe-

63 www.bmbf.de/de/90.php

64 Träger des Wissenschaftsrates sind die Regierungen des Bundes und der Länder. Der Wissenschaftsrat besteht aus 54 Mitgliedern, wovon 24 Mitglieder durch den Bundespräsident und seine Beratung berufen werden, acht auf gemeinsamen Vorschlag der Bundesregierung und der Landesregierungen, 22 Mitglieder von den Regierungen des Bundes und der Länder, und zwar davon sechs Mitglieder der Bundesregierung und je ein Mitglied der Landesregierungen. In der Vollversammlung der zwei Kommissionen, der Wissenschaftlichen Kommission und der Verwaltungskommission, werden die Beschlüsse und Empfehlungen verfasst. www.wissenschaftsrat.de/Aufgaben/aufg_org.htm und Bartz [2007] S. 283.

65 Siehe dazu Empfehlungen [1964] und Empfehlungen [1986]

ken und kann somit basierend auf systemtheoretischer Terminologie als eine Art partizipierendes System[66] betrachtet werden, das „besondere Bedingungen für weitere Differenzierungen bereithält.“[67]

Auf Länderebene zählen die Kultusministerien bzw. Wissenschaftsministerien zu den für Bibliotheken verantwortlichen Trägerstellen, genauso wie sich in der Gemeindeverwaltung das Kulturdezernat mit bibliothekarischen Angelegenheiten befasst. Die Kulturhoheit der Länder überlässt ihnen die Trägerrolle von Landes- und Hochschulbibliotheken sowie den bibliothekarischen Ausbildungsstätten, den Regionalen Zentralkatalogen und Bibliothekszentren. Die Koordination kulturpolitischer Fragen, zu deren Bereich das Bibliothekswesen zählt, untersteht der Kultusministerkonferenz der Länder in der Bundesrepublik Deutschland. Insofern ist auch hier ein partizipierendes System zwischen öffentlichem Verwaltungsapparat und den Bibliotheken festzustellen. Außerdem sind die Länder an der Unterstützung der von den Kommunen und Kirchen getragenen Öffentlichen Bibliotheken beteiligt. Als partizipierende Systeme dienen hier wiederum die Staatlichen Fachstellen für Öffentliche Bibliotheken, die unterstützende und fördernde Dienste für Stadtbibliotheken leisten und im Rahmen eines Regierungsbezirks wirken.

Bibliotheken sind in zweierlei Hinsicht mit dem politischen System verwoben. Zum einen sorgen sie für die Vermittlung von Fachinformation, und zwar für Politik und Verwaltung, zum anderen stellen sie den Zugang zu Information sicher, die für die politische Willensbildung der Öffentlichkeit unverzichtbar sind. Dazu ist jedoch anzumerken, dass die öffentliche Meinungsbildung heutzutage vorwiegend über das Funktionssystem der Massenmedien geschieht.

---

66 Partizipierende Systeme gelten bei Luhmann als solche, bei denen es „weder um eine begriffliche Zerlegung (divisio) noch um eine Realteilung (partitio) eines vorgegebenen Ganzen geht. Vielmehr differenzieren partizipierende Systeme […] sich nach eigenen Systemgesetzlichkeiten aus […] und sind dann nur in der Form von »Interpenetration« beteiligt.“ Luhmann [1988] S. 94.

67 Luhmann [1988] S. 94.

> „Was wir über unsere Gesellschaft, ja über die Welt, in der wir leben, wissen, wissen wir durch die Massenmedien.“[68]

Daran knüpft auch die zweite wichtige Komponente der Umwelteinflüsse an, die Bibliotheken in ihrer Funktion bedingen. Sie betrifft die Veränderungen hinsichtlich neuer Kommunikationstechnologien und den Wandel des Informationsbedarfs seitens der Nutzer. Frühwald unterteilt die Gruppe der Benutzer in ‚Leser' und ‚Nutzer' und möchte damit auf die Unterschiede der Bedürfnisse hinweisen. Während es dem Leser auf „wissenschaftliches und gebildetes Lesen“ ankommt und dieser Benutzertyp sich eher auf das Medium des Buches stützt, ist die Gruppe der Nutzer auf „die kurzfristige Beschaffung von Information“[69] aus. Dieser Zusammenhang ist auf die Zugehörigkeit zu einer Wissenschaftsdisziplin zurück zuführen.[70]

Blickt man auf die Nutzerschaft von Öffentlichen Bibliotheken als zweiten bedingenden Umweltfaktor neben ihrer Trägerschaft, lassen sich auch hier die Grenzen der kundenorientierten Arbeitsweise aufzeigen.

> „Würden Öffentliche Bibliotheken ausschließlich kundenorientiert arbeiten, so müssten sie ihre Medienbestände in einer Radikalität trivialisieren, dass die Unterhaltsträger für diese Form von „Volksbespaßung“ wohl kaum noch einen Cent übrig hätte.“[71]

Umlauf geht mit seiner Kritik am Konzept der Kundenorientierung sogar so weit, dass er die Bibliothek polemisch als „Volksbespaßungsanstalt“[72] betitelt und damit 1997/1998 eine Debatte auslöste, die ihn mit dem

---

68 Luhmann [1996] S. 9.

69 Schmidt [2002] S. 39.

70 Technische und naturwissenschaftliche Fächer sind auf aktuelle Informationen angewiesen und greifen deshalb eher auf elektronische Datenquellen oder Zeitschriften zurück, während sich Geistes-, Sozial- und Kulturwissenschaften in ihren Forschungen auf vielfältige historische Quellen berufen und dabei weiterhin auf das Medium Buch fixiert sind, obwohl auch hier immer mehr digitalisierte Volltextdatenbanken zur Verfügung stehen. Vgl. Schmidt [2002] S. 39.

71 Schmidt [2002] S. 44.

72 Umlauf [1997] S. 750.

Vorwurf konfrontierte, den Richtungsstreit wieder aufzuwärmen.[73] Er sieht den Bibliotheksnutzer als politischen Bürger und Öffentliche Bibliotheken als Einrichtung „kulturellen und sozialen Zusammenhalts der Gesellschaft."[74] Hagelweide konstatiert, dass „die totale Anpassung an den Rezipienten [...] niemals gelingen [wird], dies einmal aus kommunikativer Sicht, dann aber auch aus ökonomischer, wissenschaftlicher oder moralischer Sicht."[75]

Insgesamt lässt sich feststellen, dass das deutsche Bibliothekssystem auf der Versorgungsebene dezentral strukturiert ist. In dieser Hinsicht sind strukturelle Kopplungen zu den Trägerschaften immer durch Schnittstellenorganisationen, so genannte partizipierende Systeme gekennzeichnet. Beispiele dafür sind der Wissenschaftsrat, die Deutsche Forschungsgemeinschaft oder die Staatlichen Fachstellen, die sich organisatorisch an der Bibliotheksarbeit beteiligten, aber deshalb kein Bestandteil des Bibliothekssystems sind. Die politische Struktur des Föderalismus überträgt sich also auf das Bibliothekssystem, das im Wesentlichen vom Regionalprinzip bestimmt ist.

Wenn man davon ausgeht, dass jede Bibliothek eine spezifische Funktion hat, so setzt dies voraus, dass sie Teil eines Systemzusammenhanges ist, der bestimmte Leistungen erbringen muss, zu deren Unterstützung die Bibliothek eingerichtet worden ist. Die bibliothekarischen Leistungen müssen also stets in Zusammenhang mit dem Träger interpretiert werden. Bibliotheken sind also soziale Systeme, deren jeweilig spezifische Funktion nur im Bezug auf das ihr jeweils übergeordnete System geklärt werden kann. Die Leistungen, die eine Bibliothek im Rahmen ihres funktionalen Auftrags zu erfüllen hat, beziehen sich sowohl auf Funktionssysteme der Gesellschaft, als auch auf den Kreis der Benutzer, die gewissermaßen die Kundschaft einer Bibliothek darstellen.

Die gesellschaftliche Umwelt der Bibliothek wirkt also konstitutiv, denn einerseits erzeugt sie die Bedingungen für die Funktionsbildung einer

---

73 Neißer [1998] S. 15. Siehe hierzu zusätzlich Rabe [1998]

74 Umlauf [1997] S. 750.

75 Hagelweide [1980] S. 221.

Bibliothek und andererseits ist sie von den bibliothekarischen Leistungsangeboten abhängig, um sich mit Information und Wissen versorgen zu können. Dabei sind nicht alle Umweltvoraussetzungen für jede Bibliothek gleich relevant. Die Umwelt einer Bibliothek besteht demnach nur aus Elementen, die einen Einfluss auf sie ausüben können, oder umgekehrt, die Bibliothek durch ihr Handeln beeinflussen kann. Es handelt sich hier um wechselwirkende Prozesse, die in der Lage sind, Abhängigkeiten aufzubauen und als strukturelle Kopplungen oder Interpenetrationszonen beschreibbar sind. Bibliotheken benötigen Mittel und Voraussetzungen um ihrer Funktion nachkommen zu können. Das heißt auch, dass sie sich strukturell an veränderte Bedingungen ihrer Umwelt anpassen müssen, um weiterhin funktionsfähig zu bleiben.

Um eine Nutzung und Weitertradierung des geistigen und kulturellen Erbes an künftige Generationen zu ermöglichen, umfasst das zentrale Handlungsfeld von Bibliotheken Speicher- und Verbreitungsmedien zu selektieren und zu speichern. Der Schwerpunkt zwischen Speicherung und Nutzung hat sich dabei in den vergangenen Jahrhunderten immer mehr in Richtung der Nutzung verschoben. Nicht mehr nur in Öffentlichen Bibliotheken erfährt der Benutzer eine hohe Priorität - man spricht neuerdings vom Kunden und seiner Zufriedenheit[76], sondern auch in Wissenschaftlichen Bibliotheken legt man immer mehr Wert darauf, der Allgemeinheit zugänglich zu sein und damit gleichzeitig mehr Benutzer anzusprechen und zu gewinnen. Höhere Benutzer- und Ausleihzahlen verweisen schließlich auf die hohe Frequentiertheit einer Bibliothek und geben dem Träger zuverlässige Auskunft darüber, dass seine Unterstützung von großem Wert ist.

Anhand dieser wechselseitigen Wirkungen zwischen Trägerinstitution, Bibliothek und Benutzer ist zu erkennen, wie wichtig die Umweltbedingungen für eine Bibliothek sind.

Um jedoch überhaupt handeln zu können, sind bestimmte Systemstrukturen Voraussetzung. Als soziales System existiert die Bibliothek nur in-

[76] Vgl. Vogt [2003] Kapitel 2.2 Kundenzufriedenheit - ein wesentliches Element zu Kundenbindung.

nerhalb des übergeordneten Systems ihrer Trägerschaft. Die Gesellschaft ist die Einheit der Gesamtheit der sozialen Beziehungen, Prozesse, Handlungen und Kommunikationen.[77] Unsere gegenwärtige Gesellschaft zeichnet sich durch eine Vielzahl von komplexen sozialen Gebilden aus, die in Form sozialer Systeme oder Organisationen aus der gesellschaftlichen Differenzierung heraus entstanden sind. Wie festgestellt wurde, agieren Bibliotheken also nicht unabhängig von sozialen, ideologischen, kulturellen und technologischen Entwicklungen. Vielmehr konstituieren sie sich aus den Bedürfnisanforderungen ihrer Umwelt und müssen ihre Leistungen ständig daran anpassen, um ihre Funktionen im Kontext steigender Anforderungen weiter erfüllen zu können.

Auf gesamtgesellschaftlicher Ebene dienen Öffentliche Bibliotheken als soziale Systeme der Wissensspeicherung und Verarbeitung sowie der Bereitstellung von Informationsressourcen in Form von Medien und wirken als „ein integrales Element des auf dem Föderalismus basierenden Bildungssystems."[78]

Auf die Ebene des Bildungssystems soll hier kurz eingegangen werden. Nach Luhmann lässt sich Bildung als die Einheit der Programme beschreiben, durch die das gesellschaftliche Funktionssystem der Erziehung programmiert ist.[79] Es handelt sich hierbei um Lehr- und Lernprogramme, die in staatlichen und privaten Einrichtungen vermittelt werden.

Über Jahrhunderte hinweg formten Kirche und Bildung einen Strang, der den Erwerb der Lese- und Schreibfähigkeit nur einem kleinen Bevölkerungsanteil im Rahmen der religiösen Erziehung ermöglichte.[80] Mit der Aufklärung kam die Idee einer allgemeinen Volksbildung, die im 19. Jahrhundert dazu führte, dass Bildung als politische Zuständigkeit begriffen wurde. Dabei differenzierten sich neben der primären Soziali-

---

77 Luhmann [1984] S. 555.

78 Bertelsmann Stiftung; Bundesvereinigung deutscher Bibliotheksverbände e.V. (Hrsg.): Bibliotheken 2007: Strategiekonzept. Gütersloh: Bertelsmann Stiftung, 2004. Im Folgenden Bibliotheken [2007] genannt, hier S. 15.

79 Vgl. Luhmann [2002] S. 186ff.

80 Plassmann [2006] S. 17ff.

sation, die weitgehend über die Familie erfolgte, auch gesellschaftliche Einrichtungen aus, die für die sekundäre Sozialisation zuständig wurden. In diesem Rahmen sind auch bibliothekarische Aufgaben zu nennen, die institutionell gesehen Bestandteil des Bildungssystems sind wie beispielsweise Schulbibliotheken. Sie sind dafür verantwortlich, die für den Unterricht benötigten Bücher und Spezialmaterialien bereitzuhalten und zu verwalten. Darüber hinaus verfügen sie oft über einen Bestand an Belletristik. Eine Zusammenarbeit mit der kommunalen Öffentlichen Bibliothek ist nicht nur im Bereich der Bibliotheksorganisation hilfreich, sondern auch im Zuge der Vermittlung von Kindern und Jugendlichen an die örtliche Stadtbibliothek und deren Dienstleistungsangebot. Die Hauptfunktion einer Öffentlichen Bibliothek wird zudem in der Vermittlung von Bildung gesehen.

> „Lese- und Medienkompetenz als Voraussetzung zur Informationsgewinnung sind Schlüsselqualifikationen. Bibliotheken erfüllen - zusammen mit den Schulen - durch Leseförderung und zielgruppenorientierte Angebote zur Entwicklung von Medienkompetenz einen wesentlichen bildungspolitischen Auftrag.“[81]

Dabei regelt das Gesetz zur Förderung der Weiterbildung und des Bibliothekswesens die Unabhängigkeit Öffentlicher Bibliotheken bei der Auswahl der Medien und Entscheidungen über das Medien- und Dienstleistungsangebot in ihrem Haus und sichert ihnen somit eine gewisse Selbstständigkeit und Unabhängigkeit.[82]

Die Hochschulen schließen sich zwar in der Aufgabenstellung der Vermittlung von Bildung an, sind aber aufgrund ihrer Forschungsfunktion dem Wissenschaftssystem zuzurechnen. Das Wissenschaftssystem hat seine Hauptfunktion darin, neues Wissen zu gewinnen.

---

81 Bibliotheken [2007] S. 11.

82 WBilFöG § 4 [Unabhängigkeit] (2) Die öffentlichen Bibliotheken sind in der Buchauswahl und in der Auswahl der sonstigen Informationsmittel unabhängig.

> „Das System muss, wie jedes andere auch, seine Elemente (hier Erkenntnisgewinne) bestimmen und sie sich selbst zuordnen können."[83]

Indem es dieses Wissen der Gesellschaft zur Verfügung stellt, erbringt es eine Leistung für die gesellschaftlichen Teilsysteme. Wissenschaft kann sich nur in solchen Gesellschaften entwickeln, die „sowohl kulturell als auch materiell die Voraussetzungen für diese Entwicklung bereitstellen."[84] Die wichtigsten Voraussetzungen für wissenschaftliches Arbeiten, wie die Erfindung des Buchdrucks und das Aufkommen eines wissenschaftlichen (Online-) Zeitschriftenmarktes, finden sich in Bibliotheken konserviert. Sie vereinen an einem Ort sowohl die Verbreitungsmedien, als auch die Mittel und personellen Beratungsmöglichkeiten, diese optimal zu nutzen. So bilden sie ein Leistungsangebot, das wissenschaftliches Arbeiten ermöglicht. Bibliotheken verzeichnen und strukturieren gelehrtes Wissen. Sie geben dem Leser Orientierung und zeigen ihm Methoden und Techniken auf, Wissen zu verarbeiten und zu organisieren.

> „Die Bibliothek repräsentiert als universeller Erfahrungsschatz (im Sinne der gesammelten Fremderfahrung) das Fundament jeder Wissenschaft."[85]

Im Gegensatz zum Bildungssystem, das vorrangig durch Öffentliche Bibliotheken unterstützt wird, zählen die Wissenschaftlichen Bibliotheken zu den entscheidenden Einrichtungen, die für die Speicherung und Bereitstellung wissenschaftlicher Erkenntnisse sorgen. Bibliotheken erfüllen eine Speicherfunktion für das Wissenschaftssystem und ermöglichen so den Rückgriff auf Erkenntnisse der Vergangenheit.

Eine strukturelle Kopplung besteht zwischen einer Hochschulbibliothek und dem Funktionssystem der Wissenschaft. Als Organisation zwischen den Studierenden und dem wissenschaftlichen Universitätspersonal hat die Bibliothek zum einen dafür zu sorgen, dass Lehre und Forschung op-

---

83 Luhmann [1984] S. 647.

84 Merton [1985] hier zitiert aus Wang [1989] S. 138.

85 Zedelmaier [1992] S. 9.

timal mit Literatur und Kommunikationsmedien versorgt sind, um den Wissenschaftsdisziplinen Forschungskapazitäten und Weiterentwicklung zu ermöglichen. Andererseits gilt es, Studierende in die Benutzung des Bestandsapparates einzuführen. Ein Informationsaustausch zwischen Professoren und Fachreferenten, die eine Art „Grenzstellen"[86] darstellen, ist dabei unabdingbar. Die strukturelle Kopplung zwischen der Bibliothek und der Universität ist die Voraussetzung für diese operative Kopplung zwischen Fachreferent und Professor.[87]

Das wissenschaftliche Bibliothekswesen ist also praktisch ein Bestandteil des Wissenschaftsprozesses und die Wissenschaft wäre ohne die Dienstleistungen der Bibliotheken in einem Organisationsdilemma. Folglich kann das System der Wissenschaft nicht ohne Bibliotheken existieren, denn es „würde in die Entropie laufen beziehungsweise gar nicht zustande kommen, weil es gleich wieder in einen differenzlosen Gleichgewichtszustand [zerfallen würde]."[88]

Zum wissenschaftlichen Bibliothekswesen zählen alle Hochschul- und Universitätsbibliotheken als auch die Instituts- und Fakultätsbibliotheken. Die Funktion einer Hochschulbibliothek erschließt sich aus der ihr übergeordneten Hochschule und den Wissenschaftsdisziplinen, die dort gelehrt werden. So setzt sich das Erwerbungsprofil einer Hochschulbibliothek und ihren Teilbibliotheken inhaltlich aus den Fachgebieten der Fakultäten zusammen. Neben der Speicherfunktion zählt die Bereitstellung wissenschaftlicher Standardwerke und Lehrbuchsammlungen zu den Leistungsangeboten eines solchen Bibliothekstyps. Besonders wichtig ist neben der Archivierung die fortlaufende Aktualisierung der Bestände, denn die Wissenschaft stellt die aufgabenbezogene Umwelt einer Hochschul- oder Universitätsbibliothek dar, der sie Leistungen in Form von Output entgegenbringen muss. Schließlich ist das Wissenschaftssystem bei der Gewinnung neuen Wissens auf die Informationsorganisation der Bibliotheken angewiesen und hält Erwartungsstrukturen mit Hilfe von

---

86 Luhmann [1984] S. 280.

87 Vgl. Luhmann [1998] S. 788.

88 Luhmann [2006] S. 66.

Programmen aufrecht, die in der finanziellen Mittelversorgung und anderen Ressourcen sichtbar werden. Solche Programme definieren sich aus einem bestimmten Input, wie der Vergabe von finanziellen Mitteln, um ein spezifisches Erwerbungsprofil einhalten zu können. Zudem sind personelle Mittel und materielle Ressourcen erforderlich, die als Input in die Bibliothek fließen und damit ermöglichen, ein Leistungsangebot zu verwirklichen, dass seinen Zweck erfüllt. Der erreichte Output, der in Form von Verbreitungsmedien organisiertes Wissen transformiert zugänglich macht, steht wiederum dem Träger, der Hochschule, zur Verfügung und hält damit den fortlaufenden Prozess der wissenschaftlichen Kommunikation am Laufen.

> „Träger der Forschung bleibt die Publikation, Träger der Lehre die Interaktion in Hörsälen und Seminarräumen."[89]

Allerdings ergaben sich in den letzten Jahren immer mehr Probleme bei Erfüllung der Anforderungen in Wissenschaftlichen Bibliotheken. Nicht nur die weiterhin steigende Zahl der Publikationen ist problematisch, sondern auch die Vorgehensweise vieler Verlage, ein Werk auf verschiedenen Trägermedien[90] zu veröffentlichten. Bibliotheken stehen diesen Entwicklungen in jeder Hinsicht mit eingeschränkten Möglichkeiten gegenüber, sei es wegen Raumkapazitätsproblemen, finanzieller Ressourcenknappheit oder Einsparungen auf personeller Ebene. Hinsichtlich der Unterstützung seitens der Träger ist dabei keineswegs mit Veränderungen zu rechnen. Dennoch sind Hochschulbibliotheken immer mehr gefordert. Einerseits besteht ihre Nutzerschaft bzw. Kundschaft zum Großteil aus Studenten, die Einführungsprogramme und Grundlagenliteratur erwarten. Andererseits muss auch das wissenschaftliche und hochspezialisierte Forschungspersonal bedient werden können, indem Fachinformation zu den verschiedenen Wissensdisziplinen angeschafft wird. Es ist also keineswegs möglich in einer Wissenschaftlichen Bibliothek primär auf Kundenorientierung zu achten, da sonst die Gefahr bestünde Leistungserbringung und Zweckerfüllung nicht übereinstimmend behandeln

---

89 Luhmann [1998] S. 785.

90 Schmidt [2002] S. 42.

zu können. Eine Konsequenz in Wissenschaftlichen Bibliotheken mit massiv kundenorientierter Bibliothekspolitik wäre beispielsweise eine Vernachlässigung der Altbestände, die als kulturelles Erbe der Bewahrung und Pflege bedürfen. Schmidt sieht darin die Gefahr, dass „die Vernachlässigung des Altbestandes früher oder später dazu führen [würde], dass aus der Geistesgeschichte eine »Geistergeschichte« wird […].“[91]

Es lässt sich nochmals zusammenfassen, dass Bibliotheken einerseits „den Erwartungen der potentiellen Entleiher entsprechen“[92] und andererseits den Auftrag ihrer Trägerschaft erfüllen müssen. Diese beiden Erwartungsfelder, des Trägers und der Nutzer, konstituieren sich als Umweltbedingungen und bilden die aufgabenbezogene Umwelt der Bibliotheken.

Die bereits angesprochene Gliederung der Gebietskörperschaften in drei Stufen - Bund, Länder und Gemeinden - sieht eine Verteilung der finanziellen Ausgaben und Mittelverteilung vor.

Als Träger der Deutschen Nationalbibliothek ist der Bund auch auf Länderebene tätig, wenn es beispielsweise um Forschungseinrichtungen mit überregionaler Bedeutung geht. Als Beispiel sind hier die Zentralen Fachbibliotheken zu nennen.

Die drei Zentralen Fachbibliotheken[93] in Deutschland sind für den hochspezialisierten Bedarf der überregionalen Literatur- und Informationsversorgung von Wissenschaft und Forschung konzipiert und zählen zum

---

91 Schmidt [2002] S. 44. Er beruft sich dabei auf Ball [2002]

92 Hagelweide [1980] S. 221.

93 Die Deutsche Zentralbibliothek für Medizin (ZB MED) in Köln und Bonn für Humanmedizin, Gesundheitswesen, Landwirtschaft, Ernährungs-, Haushalts- und Lebensmittelwissenschaften sowie Umweltwissenschaften.

Die Deutsche Zentralbibliothek für Wirtschaftswissenschaften (ZBW) ist zugleich Bibliothek des Instituts für Weltwirtschaft an der Universität Kiel und nach eigenen Angaben weltweit die größte Fachbibliothek für volkswirtschaftliche Literatur. Sie ist auch mit einem Standort in Hamburg vertreten.

Die Technische Informationsbibliothek (TIB) in Hannover für Technik und deren Grundlagenwissenschaften, insbesondere Chemie, Informatik, Mathematik und Physik.

Typus der Spezialbibliotheken. Ihr Sammelauftrag beschränkt sich auf Publikationen zu ihren Fachgebieten im In- und Ausland, und das in möglicher Vollständigkeit. Im Unterschied zu anderen Spezialbibliotheken sind sie nicht einer bestimmten Institution unterstellt, sondern erfüllen nationalbibliothekarische Aufgaben. Mit Unterstützung der Deutschen Forschungsgemeinschaft als partizipierendem System wurde das System Zentraler Fachbibliotheken entwickelt. Dabei war keine der Fachbibliotheken eine Neugründung. Vielmehr fand eine Ausdifferenzierung und Abkopplung von Hochschulbibliotheken statt. Als Instituts- oder Spezialbibliothek einer Hochschule wurde ihr ein Wissenschaftsgebiet übertragen, das fortan ihr Programm, anders ausgedrückt ihr Erwerbungsprofil, definieren sollte. Zunächst stellte die Deutsche Forschungsgemeinschaft Mittel zur Verfügung, um den Bestandsaufbau vorantreiben zu können.

Die Bedarfsentstehung der Zentralen Fachbibliotheken begründete sich auch in einem indirekten Interesse der Wirtschaft, die nach dem Zweiten Weltkrieg zusehends mehr auf aktuelle und zuverlässige Informationsdienstleistungen angewiesen war, weil „Wirtschaft Wissenschaft an der Konditionierung von Geldzahlungen beteiligen [kann], aber sie kann mit noch so viel Geld keine Wahrheiten produzieren."[94]

Trotz der Staatsbibliotheken konnte der Informationsbedarf hinsichtlich naturwissenschaftlich-technischer Disziplinen nicht gedeckt werden. So fehlte es beispielsweise an ausländischen Fachzeitschriften und Grauer Literatur, die von den Staatsbibliotheken nicht gesammelt wird. Die Lösung brachte die Verselbständigung der Literaturversorgung für die naturwissenschaftlich-technischen Fachgebiete in Form der Zentralen Fachbibliotheken.

1975 wurde die „Rahmenvereinbarung zwischen Bund und Ländern über die gemeinsame Förderung der Forschung nach Artikel 91b des Grundgesetzes", auch als Rahmenvereinbarung für Forschungsförderung bekannt, erstellt. Damit ist die „Tätigkeit der Zentralen Fachbibliotheken von überregionaler Bedeutung und von großem gesamtstaatlichem wis-

94 Luhmann [1998] S. 763.

senschaftspolitischem Interesse im Sinne der Kriterien für die gemeinsame Förderung durch Bund und Länder"[95] festgelegt, wie der Wissenschaftsrat 1988 betont. Die Finanzierungsregelung bewegt sich auf dieser Grundlage, denn Bund und Länder sind im Verhältnis 30:70 beteiligt.[96] Diese gemeinsam finanzierten Fachbibliotheken werden durch den Wissenschaftsrat bewertet und kontrolliert, so dass beispielsweise die Deutsche Zentralbibliothek für Landbauwissenschaften in Bonn aufgrund einer negativen Bewertung abgeschafft wurde und räumlich wie organisatorisch mit der Abteilungsbibliothek für Medizin, Naturwissenschaften und Landbau der Universitäts- und Landesbibliothek Bonn zusammengelegt wurde. Als partizipierendes System hat der Wissenschaftsrat hier zwischen dem Wissenschaftssystem, das auf die Leistungen der Zentralbibliothek für Landbauwissenschaften nicht mehr effektiv zugreifen konnte und dem politisch-administrativen System, das als Entscheidungsträger über finanzielle Unterstützung waltet, vermittelt.

Im Bereich der Entwicklung neuer Technologien und Herstellungsverfahren ist das Wirtschaftssystem gesellschaftskonstitutiv. Das Wirtschaftssystem ist dasjenige Funktionssystem, das in der Gesellschaft die Produktion und Verteilung von Waren und Leistungen regelt und komplizierte Interdependenzbeziehungen zu anderen gesellschaftlichen Teilsystemen hat.[97] Die Wirtschaft als gesellschaftliches Funktionssystem ist also auch an der Entwicklung von Bibliotheken beteiligt. In Kapitel 2 wurde deutlich, dass die Träger von Bibliotheken in der Regel dem politisch-administrativen System zuzuordnen sind. Sowohl finanzielle als auch personelle Ressourcen werden einer Bibliothek seitens der Träger, wie dem Land oder einer Kommune zugewiesen. Da aber auch das politische System mit dem Wirtschaftssystem gekoppelt ist, wie beispielsweise

95 Busse [1999] S. 36.

96 GG Art. 91b [Gemeinsame Forschungsförderung] Bund und Länder können auf Grund von Vereinbarungen bei der Bildungsplanung und bei der Förderung von Einrichtungen und Vorhaben der wissenschaftlichen Forschung von überregionaler Bedeutung zusammenwirken. Die Aufteilung der Kosten wird in der Vereinbarung geregelt.

97 Vgl. Luhmann [1988].

durch die Steuereinnahmen, die wiederum für Bereitstellung finanzieller Ressourcen für Bibliotheken sorgen, ist auch von einem wechselwirkenden Verhältnis zwischen dem Bibliothekswesen und dem Wirtschaftssystem auszugehen. Aufgrund der Tatsache, dass Wissenschaft und Bildung einer Gesellschaft auch Erfolge auf wirtschaftlicher Ebene gewährleisten, sind Bibliotheken durch ihre Leistungen für Wissenschaft und Bildung von Bedeutung. Aber nicht nur durch diese indirekte Konsequenz bibliothekarischer Dienstleistungen steht das Bibliothekswesen mit der Wirtschaft in Verbindung.

Zur Befriedigung des Informations- und Wissensbedarfs eines Unternehmens werden eigens betriebsinterne Firmenbibliotheken oder Fachinformationszentren eingerichtet. Mitarbeiter können sich dadurch mit Literatur und Fachbüchern versorgen, die sie zur Erfüllung ihrer Aufgaben benötigen. Die Bibliothek definiert ihren Sammelauftrag dann ausschließlich anhand des Firmenzwecks und wird dafür mit einem Etat vom Unternehmen versorgt. Eine solche Firmenbibliothek ist deshalb als Teilsystem des Betriebs anzusehen und meistens auch nur für Mitarbeiter zugänglich. Zudem definiert sie sich als Spezialbibliothek aufgrund des privat-rechtlich trägerspezifischen Programms. Dennoch unterhält sie Beziehungen zu ihrer Umwelt. Je nach Funktionsgebiet korrespondiert sie mit Wissenschaftsverlagen und Fachbuchhandlungen. Im Rahmen der Katalogpflege sind Interdependenzbeziehungen zu anderen Bibliotheken keine Ausnahme, wenn es um Fremddatenübernahme bei der Katalogisierung geht.

Andererseits erbringen auch große Wissenschaftliche Bibliotheken Leistungen für den Wirtschaftsbetrieb. Hervorzuheben sind an dieser Stelle wieder die Zentralen Fachbibliotheken, die bereits Erwähnung fanden. Von hier aus wird der Bedarf an Fachinformationen, Wirtschaftsinformationen und Quellenmaterial in Unternehmen gedeckt, so dass auch hier von einer strukturellen Kopplung zu sprechen ist, in deren Bereich „Möglichkeiten gespeichert [sind], die das System verwenden kann, die es in Information transformieren kann."[98]

---

98 Luhmann [2006] S. 121.

Die Finanzkraft der öffentlichen Hand wird von der wirtschaftlichen Konjunktur bestimmt, insofern orientieren sich die Input-Mittel der Erwerbungsetats für Bibliotheken auch am wirtschaftlichen Funktionssystem. Die Beziehung zwischen den Funktionssystemen Wirtschaft und Politik bildet eine Interpenetrationszone. Weiterhin wirkt sich dieses Verhältnis auf Bibliotheken aus da sie auf Etats, die ihnen vom politisch-administrativen System zur Verfügung gestellt werden, angewiesen sind.

Der Transfer zwischen dem Wirtschaftssystem, dem politischen System und Bibliotheken gestaltet sich also folgendermaßen: Durch die Eintreibung von Steuern kann der Staat finanzielle Abgaben an Bibliotheken leisten. Dieser Input wird von Bibliotheken in Leistungen transferiert, indem sie durch qualifiziertes Fachpersonal ihrer Aufgabe der Literatur- und Informationsversorgung sowie deren Speicherung nachkommt und damit auch eine florierende Wirtschaft begünstigt.

Sowohl Verlage als auch Buchhandel gehören dem wirtschaftlichen Funktionssystem an, indem sie ein Produkt, das in diesem Fall das Buch ist, mittels des Erfolgsmediums Geld in das Bibliothekssystem einführen. Symbolisch generalisierte Kommunikationsmedien, auch Erfolgsmedien genannt, „übertragen Selektionen und sie erzeugen beim Empfänger das Motiv für die Übernahme der Selektion[...]."[99] Durch Verlagsprogramme und ihre Neuerscheinungen dringen Irritationen in die Bibliothek, die sie gegebenenfalls als Informationen veranschlagen und damit ihr Zweckprogramm erfüllen kann. Im gleichen Zuge erhält der Verlag oder die Buchhandlung einen monetären Austauschwert für die Ware. Wenn ein Informationsverarbeitungsprozess begonnen hat, also die Selektion der Medien abgeschlossen ist und sie in den laufenden Geschäftsgang eingearbeitet werden, beginnt in der Erwerbungsabteilung der Kreislauf erneut.

Durch das Pflichtexemplarrecht ist jeder Verlag dazu verpflichtet zwei Exemplare seiner Veröffentlichungen an die Deutsche Nationalbibliothek abzuliefern. Damit wird unter anderem sichergestellt, dass auch Werke bewahrt werden, die sich mit einiger Verzögerung als wertvoll erweisen.

---

[99] Künzler [1987] S. 322.

Die Verlage und der Buchhandel stehen also in direkter Beziehung zu Bibliotheken und das nicht nur durch die Regelung des Pflichtexemplars, sondern in viel elementarerer Hinsicht. Nach Köttelwesch verhalten sich Buchhandel und Bibliothekswesen „wie zwei kommunizierende Röhren"[100] zueinander. Bezieht man sich darauf aus systemtheoretischer Sicht ist die Beziehung zwischen Buchhandel und Bibliothekswesen „durch den Austausch der Medien [...] zwischen den Subsystemen der Gesellschaft"[101] markiert und bildet eine Interpenetrationszone.

Auf der einen Seite profitiert der Buchhandel davon, wenn Bibliotheken mit steigenden Erwerbungsetats arbeiten können. Auf der anderen Seite wünschen sich Bibliotheken einen leistungs- und angebotsfähigen Buchhandel, der die Bedürfnisse der Erwerbungsabteilung erfüllen kann.

„Der Wert der Information erscheint als das überaus vermittelte Produkt einer Systemleistung eines komplexen Wirtschaftssystems"[102], das durch Bibliotheken transformiert wird und zwar in einen kulturellen Wert.

Verlagswesen und Buchhandel sind besondere Beispiele der strukturellen Kopplungen zwischen Bibliotheken und anderen Systemen.[103] Das Besondere an dieser Beziehung ist, dass durch die Medienevolution eine gegenseitige Weiterentwicklung stattgefunden hat. Durch diese Interpenetration werden Konstitutionszusammenhänge erzeugt bzw. Vorgaben aus der Umwelt der Bibliothek zur Verfügung gestellt, ohne die sie nicht operieren könnte. Die strukturelle Kopplung zwischen Verlagswesen/ Buchhandel und Bibliotheken zeigt, inwieweit Systeme durch Austauschbeziehungen voneinander abhängig sein können. Mittels der strukturellen Kopplung können beide Systeme auf Irritationen aus der Umwelt reagieren und ihre Strukturen entsprechend anpassen.

---

100 Köttelwesch [1980] S. 36.

101 Jäger [2005] S. 64.

102 Giesecke [1998] S. 641.

103 Im Rahmen von Veranstaltungen übernehmen Bibliothekar und Buchhändler auch oftmals gemeinsam eine Planung und kooperieren in Fragen der Raumproblematik.

Das folgende Schaubild veranschaulicht die strukturellen Kopplungen zwischen dem Bibliothekssystem und den hier behandelten gesellschaftlichen Funktionssystemen und die sich daraus konstituierende Interpenetrationszone.[104]

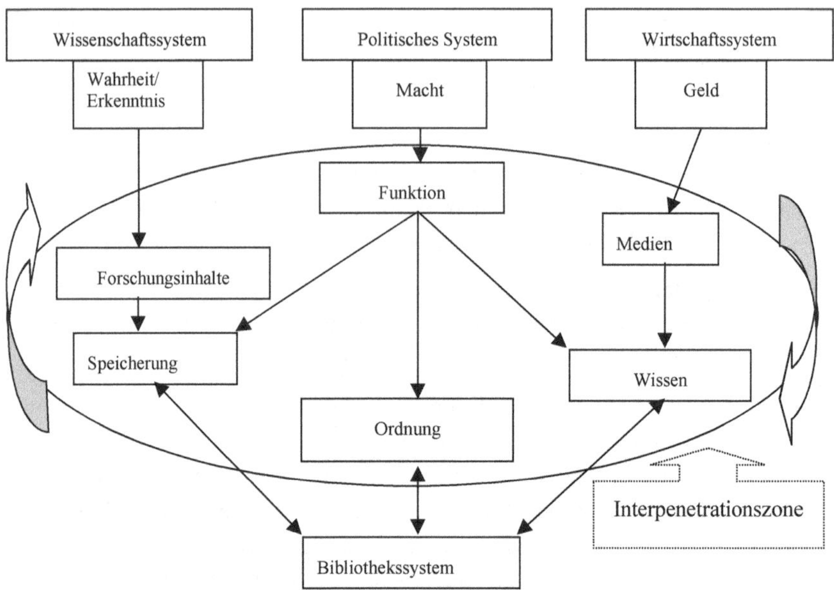

Es vollziehen sich also Austauschprozesse zwischen einer Bibliothek und ihrer Umwelt. Diese Austauschprozesse geschehen reziprok: Die Bibliothek bezieht Informationen aus ihrer Umwelt und modifiziert daraus ihre Leistungen. Insofern lässt sich hier von Input-Output-Prozessen spre-

104 Die strukturellen Kopplungen stellen sich als „ein auf relative Dauer gestellter, unbemerkt wirkender Konstitutionszusammenhang für System-Umwelt-Beziehungen" dar, die in Form von medial vermittelten Beziehungen zwischen den Funktionssystemen und dem Bibliothekssystem zu erkennen sind. Krause [2005] S. 183 f. Die Interpenetrationszone zwischen dem Bibliothekssystem und den Funktionssystemen ergibt sich aus dem Wirkungsfeld der strukturellen Kopplungen und markiert ebenso „einen Konstitutions- und keinen Leistungszusammenhang [...]. Es findet kein Austausch von Elementen statt." Krause [2005] S. 168.

chen. Die Bibliothek transformiert einen Input wie beispielsweise finanzielle Mittel in einen Zweck, wie die Investition der Mittel in die Anschaffung neuer Datenbanklizenzen und erzeugt damit einen Output, nämlich gesteigerte Möglichkeiten der Literaturrecherche und Informationsversorgung. Dieser Output wird in Form einer Dienstleistung angeboten und mit Instrumenten wie der Benutzungsforschung[105] gemessen. Bibliotheken, so kann man allgemein feststellen, hängen „von Elementen außerhalb ihrer selbst ab, um bestehen und funktionieren zu können, weil sie aus sich selbst heraus nicht alles erhalten, was sie zur Erfüllung ihrer Funktionsvoraussetzungen brauchen."[106] Neben den finanziellen Mitteln und räumlichen Voraussetzungen, die in der Regel von der Trägerschaft bereitgestellt werden, sind auch ihre Funktionen und Aufgaben gesellschaftlich bedingt.

Die gesammelten Verbreitungsmedien bilden die Kommunikation der Gesellschaft ab. Die Bibliothek statuiert dabei ein Speichersystem, das aus Kommunikationsmedien besteht. Sie sammelt und erschließt bereits geschehene Kommunikation in Form von Verbreitungsmedien, um Anschlusskommunikation zu ermöglichen und „hierin liegt ihr grundlegender Unterschied zu den übrigen Kommunikationseinrichtungen, die selbst gestalten oder doch für sich produzieren lassen in medientypischen Formen."[107]

Betrachtet man die Bibliothek also als einen Ort, in dem Kommunikationsmedien systematisch selektiert und gespeichert werden und das in einem bestimmten Zeitrahmen, ist sie ein Speichersystem mit „gate-

---

105 Die Benutzungsforschung beschäftigt sich mit dem Nutzungsverhalten des Bibliotheksbesuchers: „Grundlagen der Benutzungsforschung über die Benutzung von Bibliotheken sind statistische Erhebungen. Außer mit statistischen Methoden wird sie auch mit denen der empirischen Sozialforschung betrieben." Mit Benutzerbefragungen werden Reaktionen auf Änderungen der bibliothekarischen Arbeitspolitik untersucht. Vgl. Strauch [2007] S. 36.

106 Wang [1989] S. 26.

107 Hagelweide [1980] S. 221.

keeper"-Funktion[108]. Der Auswahl bestimmte Medien in einen Bibliotheksbestand aufzunehmen, liegt eine Entscheidung des Fachreferenten zugrunde, die innerhalb des laufenden bibliothekarischen Kommunikationsprozesses getroffen wurde. Damit ermöglicht eine Bibliothek Anschlusskommunikation, die nur noch zum Teil kontingent ist. Schließlich wurde eine Selektion vorgenommen, die der Entscheidung unterlag, ganz bestimmte Informationen und Medien bewusst dem Vergessen zu überlassen und andere nicht. Bibliotheken sind also soziale Systeme, „die sich lediglich auswählend betätigen, auswählend aus dem Gesamtangebot des gesellschaftlichen Kommunikationssystems [...]" und diese Auswahl geschieht „nicht ohne Bewertung, ihr liegt eine wie auch immer motivierte Entscheidung zugrunde."[109]

Die Grundlage bibliothekarischer Arbeit fundiert also auf Entscheidungen. Diese Operationsweise zeichnet soziale Systeme aus, die nach Luhmann als Organisationen bezeichnet werden.[110]

Bibliotheken sind Organisationen, die in Form von Entscheidungen operieren. Sie sind Organisationen, die durch kommunikative Ereignisse und Entscheidungen bestehen und sich dadurch selbst erhalten, also autopoietisch sind.

Wie kam es zu der Ausdifferenzierung dieses Bibliothekssystems?

---

108 Gatekeeper vollbringen eine Selektionsleistung und zwar an derjenigen Systemstelle, die die Input-Grenze für spezifische Umweltleistungen darstellt. Als gatekeeper wird auch diejenige Person oder Stelle bezeichnet, „die innerhalb einer Gruppe oder Organisation insoweit eine Schlüsselstellung innehaben, als sie den Kommunikationsfluß, der von außen herangetragen wird, kontrollieren und kanalisieren; sie entscheiden darüber, welche Informationen die Mitglieder der Gruppe oder Organisation erreichen." Reinhold [1992] S. 180. Luhmann beruft sich hier auf die Kommunikationsforschung. Luhmann [1984] S. 280. Der Begriff „gatekeeper" wurde von dem amerikanischen Sozialpsychologen Kurt Lewin geprägt und in die Kommunikationswissenschaft integriert. Siehe dazu ausführlicher Lewin [1963].

109 Hagelweide [1980] S. 221.

110 Vgl. Luhmann [2000] S. 9, siehe dazu Kapitel 3.2.3 dieser Arbeit.

3.2 Der Weg zum Bibliothekssystem

Der Weg zum heutigen Bibliothekssystem hat seinen Anfang in der Zeit 3500 v. Chr.[111] in den Hochkulturen in Mesopotamien, Ägypten und China und führt über Jahrtausende in die Gegenwart. Am Ursprung dieses Weges kann freilich noch von keinem Bibliothekssystem gesprochen werden, vielmehr sind Bibliotheken zu ihrer Geburtsstunde seltene Einzelphänomene. Ein Bibliothekssystem beschreibt das Lexikon des Bibliothekswesens folgendermaßen:

> „Durch funktionale und strukturelle Beziehungen verschiedener Art verbundene Bibliothekseinrichtungen, die als zweckmäßig geordnete Gesamtheit wirksam werden, um eine umfassende optimale Literaturversorgung der Bevölkerung bzw. bestimmter Berufsgruppen, Altersgruppen u.a. zu gewährleisten. [...] Die Netze sind in der Regel nach Funktions- und Strukturprinzipien geordnet, zu ihnen gehören die einzelnen Bibliothekseinrichtungen als Elemente."[112]

Mit der Bezeichnung der Bibliotheken als Elemente der Literaturversorgung greift diese Definition einen bereits im vorherigen Kapitel angesprochenen fundamentalen Aspekt der Gesellschaftskonstitution auf, der Kommunikation.

Sprachliche Kommunikation ist räumlich und zeitlich begrenzt und zwar aus der Notwendigkeit heraus, dass die Interaktionspartner anwesend sein müssen.

Die Erfindung der Schrift bewirkt die Auflösung der räumlichen und zeitlichen Grenzen, indem sie Kommunikation extern zu materialisieren vermag. Inhalte des individuellen oder psychischen Gedächtnisses können so objektiviert werden und unabhängig von Raum und Zeit verbreitet und rezipiert werden.

---

111 Jochum [1999] S. 13.

112 Kunze [1974] S. 259.

> „Im Gebrauch von Schrift verzichtet die Gesellschaft mithin auf die zeitliche und interaktionelle Garantie der Einheit der kommunikativen Operation, und dieser Verzicht erfordert Kompensation für das, was aufgegeben wird. Dadurch kommt es zu einer immensen, unabsehbaren Erweiterung von Anschlußfähigkeit."[113]

Das entscheidende Moment, das der schriftlichen Kommunikation ihren Durchbruch ermöglichte, war die Erfindung des Buchdrucks. Die Auswirkungen sind bis heute so weitreichend, dass Stichworte wie die Allgemeinbildung und Entwicklung der Wissenschaften nur punktuelle Anhaltspunkte geben. Die im 17. Jahrhundert entstehende Zeitungs- und Zeitschriftenkultur wurde im 20. Jahrhundert durch Rundfunk und Fernsehen ergänzt. Mittlerweile lässt sich der Rolle des Internets und den digitalen Medien eine ähnliche Bedeutung zuschreiben wie der Vervielfältigungstechnik von Büchern. Diese Errungenschaften der Kommunikationstechnologie haben in der Geschichte der menschlichen Kommunikation solch grundlegende Folgen auf politischer, pädagogischer, wissenschaftlicher und kultureller Ebene, dass sich dementsprechende Einrichtungen herausgebildet haben, die deren Verwaltung und Vermittlung dienen. Rundfunk- und Fernsehanstalten, Verlage, Nachrichtenagenturen, Theater, Museen und Bibliotheken bilden ein Netzwerk der Informationsherstellung und Verarbeitung, das aus unserer Gesellschaft nicht mehr wegzudenken ist.

Wenn Wang sich auf Wersig beruft, der Informationen als Daten definiert, die Ungewissheit verringern sollen, zieht er damit eine unverkennbare Parallele zu Luhmanns Theorie, „weil der Mensch nur durch Reduktion der Ungewissheit sein Verhalten mit dem sozialen Kontext in Verbindung setzen kann." [114]

Bibliotheken sind in diesem Zusammenhang für die Speicherung, Vermittlung und Bereitstellung von Informationen für die Gesellschaft zuständig. Sie erzeugen damit eine Unsicherheitsabsorption, die Datenverlust verhindert und Wissensvermittlung ermöglicht. Die moderne Ge-

---

113 Luhmann [1998] S. 258.

114 Wersig [1971] S. 88.

brauchsbibliothek erbringt Dienstleistungen, die die tendenziell anwachsende Unübersichtlichkeit des Informationsangebots in seiner Komplexität reduziert. Denn mit der Zahl der sozialen Ereignisse und Informationen steigt auch die Anzahl der Relationen zwischen den Ereignissen und somit der Komplexitätsgrad einer Gesellschaft. Schließlich werden immer mehr Daten in Umlauf gebracht, je mehr Kommunikationsmedien es gibt. War es vor über 100 Jahren noch üblich eine Bibliothek als Sammelort für Bücher zu beschreiben, ist sie heute eine Dienstleistungseinrichtung, die über modernste Techniken verfügt. Die Komplexität der Kommunikationsmittel- und Wege hat sich drastisch gesteigert und muss systematisch gesteuert werden. Dazu benötigt die Gesellschaft Vermittlungsinstanzen, die durch ihre Funktion und mit ihren Leistungen in der Lage sind Informationen zu sammeln, zu bündeln und so aufzubereiten, dass sie abrufbar und anschlussfähig sind. Bibliotheken gehören zu den Einrichtungen, die Informationen in Form von Medien organisiert aufbereiten und zu Wissen transformieren. Sie unterscheiden sich von anderen Einrichtungen der Informationsverarbeitung durch ihre Speicherfunktion. Eine Bibliothek speichert Verbreitungsmedien aller Art, um sie durch Dienstleistungen relativ zeitpunktunabhängig rekonstruierbar zu halten und auf Dauer zu konservieren.

Eine Untersuchung des Bibliothekssystems und seiner Ausbildung muss, wenn sie unter systemtheoretischen Kriterien geschieht, zwei Begriffe als grundlegend betrachten. Es handelt sich um ‚Komplexität' und ‚Systemdifferenzierung'.

Komplexität entsteht immer dann, wenn einem System mehrere Möglichkeiten des Handelns vorliegen und es eine Auswahl zwischen diesen Handlungsmöglichkeiten treffen muss. Je mehr Optionen vorliegen desto schwieriger und zeitintensiver gestaltet sich der Entscheidungsprozess. Eine erste Form der Möglichkeit zur Reduzierung solcher komplexen Entscheidungsprozesse liegt darin, arbeitsteilig zu verfahren und die gesellschaftliche Gruppe zu unterteilen, so dass „jeweils eine Sub-Gruppe ihren Teil zur Lösung des Gesamtproblems beiträgt."[115]

---

115 Kneer [2000] S. 114.

Eine solche Differenzierung geschieht auch auf gesamtgesellschaftlicher Ebene, indem „das System, in dem weitere Systeme entstehen, rekonstruiert [wird] durch eine weitere Unterscheidung von Teilsystem und Umwelt"[116] und sich das System gewissermaßen selbst multipliziert. Dadurch ist es möglich, Entscheidungsprozesse zu gliedern und schneller zu einer Problemlösung zu gelangen. Um eine Weiterentwicklung eines Systems zu ermöglichen, bedarf es wieder der Differenzierung zwischen System und Umwelt. Durch geschehene Operationen und Selektionen eines Systems sind bereits Strukturen entstanden, die die Rahmenbedingungen für das weitere Operieren, also die Anschlussoperationen, strikt festlegen. Dabei gilt es als Voraussetzung, dass Systeme bestimmte Grundvoraussetzungen ihrer Umwelt benötigen: Biologische Systeme brauchen Sauerstoff, Wasser und Nahrung; Bewusstseinssysteme brauchen biologische Systeme und Wahrnehmung; und soziale Systeme setzen Leben und Bewusstsein voraus.[117] Diese Voraussetzungen sind aber keine Definitionsmerkmale, da sie obligatorisch sind.

> „Alle Operationen (Kommunikationen) haben mithin eine Doppelfunktion: Sie legen (1) den historischen Zustand des Systems fest, von dem dieses System bei den nächsten Operationen auszugehen hat. Sie determinieren das System als jeweils so und nicht anders gegeben. Und sie bilden (2) Strukturen als Selektionsschemata, die ein Wiedererkennen und Wiederholen ermöglichen."[118]

Die Grundvoraussetzung für eine Herausbildung von Bibliotheken ist demnach das Vorhandensein von Leben und Bewusstsein und mehr noch, die Existenz einer durch Kommunikation entstandenen Gemeinschaft von psychischen Systemen.

Wie im vorangehenden Kapitel erwähnt, existiert keine Gesellschaft ohne Kommunikation und umgekehrt ist Kommunikation nicht ohne Gesellschaft denkbar.[119] Eine Darstellung der Systembildung im Bibliothekswe-

---

116 Luhmann [1998] S. 597/598.

117 Vgl. Berghaus [2004] S. 56.

118 Luhmann [1998] S. 94.

119 Luhmann [1998] S. 13.

sen muss daher von der kausalen Entwicklung ausgehen, dass bereits eine Gesellschaft existiert, die sich aus Kommunikation zusammensetzt und diese fortlaufend aufrechterhält.

Das Gesellschaftssystem hat sich im Laufe seiner progressiven Entwicklung Institutionen geschaffen, die normative Rahmen und Regeln für gesellschaftliches Handeln konstituieren um bestimmte Bedürfnisse, notwendige Funktionen und Dienstleistungen erfüllen zu können. Genauso haben sich Organisationen herausgebildet und differenziert, damit bei zunehmendem Komplexitätsgrad einer Gesellschaft bestimmte Funktionen weiterhin als sicher gestellt gelten können. Gesellschaftliche Evolution charakterisiert sich am deutlichsten in ihrer ständigen Weiterentwicklung, dem stetem Streben nach Fortschritt und neuen Erkenntnissen. Mit steigender Komplexität wächst auch der Anspruch an Institutionen und Organisationen und so differenziert sich die Gesellschaft immer weiter.

In der vorliegenden Arbeit sind zwei gesellschaftliche Differenzierungsformen von Relevanz: Die segmentäre Differenzierung und die funktionale Differenzierung.

Die Eigendynamik der Gesellschaft führt unabänderlich zu einer Steigerung der Leistungsnachfrage. Wenn eine Institution spezifische soziale Funktionen nicht mehr erbringen kann, entsteht ein segmentär differenziertes System, das in der Lage ist, den gesellschaftlichen Ansprüchen gerecht zu werden.[120] Dabei bilden sich mehrere Teilsysteme mit wesensgleicher Struktur und gleicher Funktionsbestimmung aus und erzeugen damit im umfassenden System eine geringe Komplexität. Die Weiterentwicklung einer Stadtbibliothek zur Zentralbibliothek, die mehrere Stadtteilbibliotheken unter sich führt und so auch die abgeschiedenen Stadtviertel erreichen kann, ist ein Beispiel für segmentäre Differenzierung.

Mit dem Übergang von der segmentären zur funktionalen Differenzierung verändert sich die Sichtweise auf gesellschaftliche Teilsysteme. Verschiedene Arbeitsbereiche stehen in Abhängigkeit zueinander und müs-

---

120 Vgl. Plassmann [2006] S. 35.

sen Kooperationen eingehen, um die bestehende Komplexität verarbeiten und aufrechterhalten zu können. Segmentär differenzierte Systeme entwickeln sich zu funktional differenzierten Systemen mit unterschiedlichen Elementen und nichtidentischen Strukturen. Diese Weiterentwicklung ist mit wachsenden Leistungs- und Bedürfnisanforderungen zu erklären, die sich zuerst in der Arbeitsteilung einer Gesellschaft ablesen lassen.

> „Systembildung erscheint dann als eine Strategie der Erzeugung selektiver oder reduktiver Ordnung."[121]

Dabei spezialisieren sich die einzelnen Systeme mit unterschiedlichen Strukturen auf ganz bestimmte Funktionserfüllungen. Indem sie sich spezialisieren, sind sie in der Lage die eigene Leistungsfähigkeit zu verbessern und stärker auf Anforderungen ihrer Umwelt zu reagieren.

Während in segmentierten und stratifizierten Gesellschaften die Teilsysteme ihre Einheit durch eine Rangdifferenz bestimmen, geschieht die Identitätsfindung eines Funktionssystems in funktional differenzierten Gesellschaften durch das Funktionssystem selbst.[122] In dieser Entwicklungsphase nehmen die Abhängigkeiten zwischen den Systemen eindeutig zu und zwar in Form der Differenz von System und Umwelt.[123]

> „Funktionale Differenzierung besagt, dass der Gesichtspunkt der Einheit, unter dem eine Differenz von System und Umwelt ausdifferenziert ist, die Funktion ist, die das ausdifferenzierte System (also nicht: dessen Umwelt) für das Gesamtsystem erfüllt."[124]

Mit funktionaler Differenzierung entstehen komplexe Systeme, die arbeitsteilig organisiert sind und selbst Subsysteme ausbilden, wie beispielsweise Organisationen.

Überträgt man diesen Sachverhalt auf den Gegenstandsbereich der Bibliotheken muss man davon ausgehen, dass heutige moderne „Bibliothe-

---

121 Willke [1987] S. 252.

122 Luhmann [1998] S. 745.

123 Ebd.

124 Luhmann [1998] S. 746.

ken als soziale Systeme Produkte der gesellschaftlich funktionalen Differenzierung sind."[125] Wenn die Ausbildung von Bibliotheken in Zusammenhang mit gesellschaftlichen Entwicklungsprozessen zu stellen ist, ist die Relevanz der sich vollziehenden Austauschprozesse zwischen Bibliotheken und ihrer Umwelt von größter Bedeutung.

Was ist also die funktionale Existenzgrundlage von Bibliotheken? In welchen gesellschaftlichen Subsystemen haben sich Bibliotheken gebildet und wozu wurden sie gebraucht?

Bibliotheken werden im Folgenden als soziale Systeme betrachtet, die sich aufgrund der Notwendigkeit herausgebildet haben, entstandene Komplexität einer Gesellschaft zu reduzieren. Die Komplexität einer Gesellschaft hängt immer mit ihrer Differenzierungsform zusammen und genau an diesem Punkt stellt sich die Frage, in welchem Stadium der gesellschaftlichen Differenzierung und durch welche gesellschaftliche Differenzierungsform sich Bibliotheken ausgebildet haben.

Im Folgenden Kapitel soll also die Frage aufgegriffen werden, welche strukturellen Entwicklungen dazu geführt haben, dass ein Bibliothekssystem überhaupt entstehen konnte und wie es sich organisiert hat, um den steigenden gesellschaftlichen Anforderungen gewachsen zu sein. Das wechselseitige Verhältnis von gesellschaftlichen Differenzierungsformen und der Ausdifferenzierung des Bibliothekssystems sowie die Beziehungen von Bibliotheken zu ihrer Umwelt sollen in den kommenden drei Unterkapiteln besprochen werden. Des Weiteren gilt es zu erörtern, durch welche Operationen Bibliotheken ihren Zustand determinieren und Strukturen ausbilden, die das Erinnern von Selektionsschemata ermöglichen, auf deren Basis künftiges Handeln entschieden wird.[126]

Um diesen Sachverhalt aufklären zu können, ziehe ich historische und gesellschaftlich-strukturelle Entwicklungsaspekte zu Rate.[127] Die Be-

---

125 Wang [1989] S. 21.

126 Siehe Kapitel 3.2.3

127 Im Rahmen dieser Arbeit wird nur auf die für den Forschungsgegenstand relevanten geschichtlichen Entwicklungen eingegangen. Eine ausführliche Darstellung der Bibliotheksgeschichte kann hier nicht erfolgen.

obachtung der medienevolutiven Entwicklungsgeschichte soll in Kapitel 4 getrennt davon analysiert werden, obwohl natürlich eine beeinflussende Wirkung zwischen diesen Entwicklungsfaktoren besteht. Dennoch gilt diesem Aspekt eine große Bedeutung beizumessen, so dass er exponiert behandelt wird.

3.2.1 Die Bibliothek als Einzelphänomen

Wenn man zu den Anfängen der Bibliotheksgeschichte zurückgeht, befindet man sich nicht weit entfernt von der Erfindung der linearen Schrift. Die ältesten Schriftkulturen verorten wir um 3500 v. Chr. in Mesopotamien und Ägypten, die als erste Gesellschaften Bibliotheken im Sinne von „räumlich abgetrennten Aufbewahrungsorten von Schriftträgern"[128] unterhielten. Notwendig wurden solche Speicherorte, weil sich die wachsenden städtischen Hochkulturen im Zuge neuer Erfindungen und Arbeitsmethoden soweit differenzierten, dass der Schrift eine Kontroll- und Wiederholungsfunktion zukam. Arbeitsvorgänge konnten aufgeschrieben, exakt nachvollzogen und rekonstruiert werden. Damit entstand zum einen erste staatliche Bürokratie und zum anderen die Notwendigkeit einen Vorratsspeicher dieser gesammelten Aufschriebe zu errichten. Die Gesellschaft hatte also einen Komplexitätsgrad erreicht, der die Archivierung und Verwaltung von Texten notwendig machte. Trotz dieser Entwicklung spricht man hier noch von einer primitiv-archaischen Gesellschaftsform, die fast ausschließlich durch Interaktion operiert. Die archaischen Gesellschaften im Alten Ägypten und Mesopotamien gliederten sich noch in interaktionsnahe Gemeinschaften wie Familien, Sippen, Dörfer und Städte. Sie sorgten innerhalb dieser Gruppen für die Erfüllung aller notwendigen Funktionen. Durch den gesellschaftlichen Fortschritt war es irgendwann nicht mehr ausreichend, Wissen und Kenntnisse mündlich weiter zu tradieren. Bestimmte Informationen und Aufbewahrungsmöglichkeiten solcher Mitteilungen mussten organisiert werden und so entstand der Bedarf einer Einrichtung wie der der Bibliothek. Je-

---

128 Jochum [1999] S. 13.

doch wurde für die Lagerung der aufzubewahrenden meist ökonomischen und religiösen Texte noch keine Systematik verwandt.

Die erste Bibliothek, die sich als solche durch eine „planvolle Sammlung" auszeichnete, war die Bibliothek Assurbanipals (668-627 v. Chr.). Sie soll auf Bestände der in Assur von Tiglatpileser I. (1112-1074 v. Chr.) gegründeten Bibliothek zurückgehen.[129] Bezüglich ihrer Funktion kam ihr die Aufgabe zu, dem Herrscher die Kultur eines unterlegenen Volkes zu übermitteln, um durch die Kenntnis über fremde Kulturen mehr Macht ausüben zu können.[130] Ganz und gar nach der Weisheit von Francis Bacon, nach der Wissen Macht bedeutet *(scientia potestas est)*, stützte sich der Ursprung dieser Bibliothek auf weltlichen Machtanspruch.[131] Diese erste bekannte Bibliothek, die sich durch das klassische Merkmal der geordneten Sammlung auszeichnete, hatte sich aus dem Speicherort des Archivs ausdifferenziert. Das ist unter folgendem Gesichtspunkt zu erklären: Das Archiv[132] diente als „ausgelagerte[s] Gedächtnis der Herrschaft und umfasste die Dokumente, auf die die Herrschaft im Vollzug ihrer Ausübung jederzeit zurückgreifen in der Lage sein musste."[133] Es handelte sich also um eine Sammlung, die rein staatlich-bürokratischer Natur war. Mit der Zeit kamen auch private Briefe von Geschäftsleuten hinzu, die zusätzlich zu den wirtschaftlichen Texten gesammelt wurden. Außerdem wurden Schreiber ausgebildet, die die wichtigsten Texte verviel-

129 Jochum [1999] S. 14.

130 Vgl. Stocker [1997] S. 84ff.

131 Als weiteres Beispiel für die Verknüpfung von Wissen und Macht in Bezug auf Bibliotheken ist die Bayerische Staatsbibliothek zu nennen, deren pompöse Haupttreppe auf König Ludwigs I. Wunsch hin erbaut wurde. „Ein Mitarbeiter der Bibliothek war ausschließlich mit der Aufgabe betraut, die Besucher vom Betreten der Treppe abzuhalten und diese durch den Hof auf eine der Hintertreppen zu verweisen." Die Nutzung der Haupttreppe blieb ausschließlich dem König vorbehalten. Kleiner [2008] S. 203.

132 Das Wort ,Archiv' stammt aus dem Griechischen und bedeutet ,Amtslokal', hängt aber bezeichnenderweise auch mit dem Wort ,archein' - ,herrschen' zusammen. Siehe dazu Duden Herkunftswörterbuch.

133 Assmann [2001] S. 34.

fältigten und den Bestand damit vergrößerten.[134] In Mesopotamien schrieb man auf Tontafeln, die in Archiven gelagert wurden, während im Alten Ägypten Papyrus als Schreibunterlage benutzt wurde. Diese Papyrusrollen wurden in kleinen Handbibliotheken aufbewahrt, die sich wohlhabende Ägypter mit ins Grab nahmen.[135] Langsam verdichtete sich also der Zuwachs an gesammeltem Schriftgut und die Notwendigkeit stieg, eigens dafür einen Raum zu konzipieren.

Die ersten gesellschaftlichen Ausdifferenzierungen entstanden in den Bereichen der Politik und Religion. So findet man auch in diesen Bereichen die ersten Aufschriebe und die Absicht diese längerfristig aufzubewahren. Wirtschaftliche Tätigkeiten, die sich in Form von Arbeit und der Erfüllung menschlicher Grundbedürfnisse beschreiben lassen, erforderten auch damals Prozessstetigkeit. Deshalb war eine zugängliche Rekonstruktionsanleitung unverzichtbar, was bis dahin die orale Übermittlung und Interaktion vor Ort erfüllt hatten. Mit der Schrift entstand die „Möglichkeit des Präsentmachens des Vergangenen als »Ursprung«, der jetzt noch wirkt; und nicht zuletzt: in der Ausweitung der Möglichkeiten, Abwesendes zu symbolisieren."[136]

Die genaue Trennung zwischen Archiv und Bibliothek fällt bis heute aufgrund der Quellensituation schwer. Dennoch lässt sich feststellen, dass Bibliotheken im Alten Ägypten meist in Tempel integriert waren und nicht nur der Örtlichkeit wegen miteinander in enger Verbindung standen. Das so genannte ‚Lebenshaus' war einem Tempel angegliedert und erfüllte vier Hauptfunktionen: Als ein Ort der Rituale bewahrte das Lebenshaus neben religiösen Schriften auch wissenschaftliche Werke auf, bildete ein Zentrum zur Vervielfältigung solcher Schriften und übernahm zudem die Ausbildung in Sprache und Schrift um Rituale durchführen und weiter übermitteln zu können. Als Teil des Tempels galt auch die Bibliothek als „das Kernstück einer lebenswichtigen, lebenserhaltenden

---

134 Jochum [1999] S. 13.

135 Assmann [2001] S. 32.

136 Luhmann [2000] S 260.

Institution"[137] und somit als heilig. Die Bibliothek war also integraler Bestandteil des religiösen Systems und stand als Institution in Abhängigkeit zum Tempel. Noch findet man also keinen selbstständigen systemischen Charakter in ihrer Daseinsform.

Betrachtet man in diesem Zusammenhang die gesellschaftliche Differenzierung, gelangt man außerdem zu dem Ergebnis, dass das Wissen und die Macht in unmittelbarer Kopplung standen. Denn das Herrschaftswissen oblag überwiegend den Geistlichen, die zugleich die bürokratische Verwaltung verantworteten und die Schrift „im Blick auf heiliges, bewahrenswertes Wissen"[138] nutzten.

> „Die Bücher der Bibliotheken waren geheim und nur der Priester- und Beamtenkaste zugänglich."[139]

Das religiöse und das politische System waren also ineinander verwoben und erforderten noch keine Funktionstrennung, die gleichzeitig eine Segmentierung der Bibliothek bedeutet hätte. Dennoch kann man eine leichte Verschiebung des Autoritätsschwerpunktes von der religiösen Seite zur politischen Seite beobachten. Dieser Sachverhalt lässt sich am Beispiel der berühmten Bibliothek des Museions in Alexandria[140] nachvollziehen. Als Forschungsstätte, aber auch als heiliger Ort für Gottesdienste und religiöse Feste, war sie in den Herrscherpalast integriert. Das geistliche Oberhaupt des Museions wurde vom Herrscher ernannt genauso wie die Finanzierung nicht mehr durch eine Stiftung, sondern vom König selbst getragen wurde.[141] Die Bedeutung dieser Einrichtung wurde also vom Herrscher persönlich forciert und dadurch erheblich gesteigert, dass des Herrschers Kinder vom Bibliotheksvorsteher erzogen wurden. Als gekoppeltes System standen Wissen und Macht unter einer Obhut

---

137 Assmann [2001] S. 37.

138 Luhmann [2000] S. 261.

139 Stocker [1997] S. 85.

140 Gegründet wurde das Museion von Ptolemäus I. nach der Zeit Alexanders des Großen 323 v. Chr. und verhalf der griechischen Sprache und Kultur zu unvergleichlichem internationalen Ansehen. Folglich Jochum [1999] S. 24.

141 Jochum [1999] S. 24ff.

und vereinten damit auch die Bildungsmöglichkeiten unter ihrer Kontrolle. Die Bibliothek war trotz ihrer weitgreifenden Sammelstrategie eindeutig noch ein Einzelphänomen, das nahezu keine systemischen Strukturen zu seiner Umwelt aufweisen konnte und recht unkoordiniert, dafür aber völlig konkurrenzlos existierte.

Der innere Aufbau soll hingegen bereits nach systematischen Kriterien angeordnet gewesen sein. Wie Jochum ausführt, wurde der Sammelauftrag eindeutig vom König bestimmt und lautete, die gesamte griechische Literatur zu sammeln und außerdem Übersetzungen der Literatur aller Völker ins Griechische herzustellen. Es entstand sogar ein Bibliothekskatalog, der die Autoren in Typen einteilte. Die ungeheure Bedeutung dieser Bibliothek stützte sich nicht nur auf ihren erstaunlich großen Bestand, sondern insbesondere auf der ihr zugrunde liegenden Trinität von Herrschaft - Religion - imperialer Repräsentation. Als herausragendes Beispiel zeigt die Bibliothek des Museions, welche Wechselwirkungen politischer und kulturpolitischer Natur zu der Synthese geführt haben, die eine solche Bibliothek damals ermöglichte.[142]

Für das politische System war es für administrative Zwecke von großem Interesse, Dokumentsammlungen aufzubauen und zu pflegen. Außerdem verfügte eben nur das politische System, das mit dem religiösen System unmittelbar verknüpft war, über die Mittel und Erfordernisse, Büchersammlungen zu errichten und zu unterhalten. Aus dieser Prämisse heraus konnte die Weiterentwicklung und Verbreitung der Schriftlichkeit und somit der fortlaufenden gesellschaftlichen Differenzierung beginnen.

Das Ende der archaischen Gesellschaft führte auch zu der Trennung von Tempelbibliothek und Privatbibliothek. Denn immer größere Bevölkerungsanteile waren wirtschaftlich in der Lage, sich mit Bildung zu versorgen und so wuchs das Bedürfnis, eine eigene Bibliothek als Zeichen von Bildung vorweisen zu können.[143] Besonders die Philosophenschulen

---

142 Die zwei anderen nennenswerten Bibliotheken aus dem alexandrinischen Zeitalter sind die Bibliothek des Serapeions und die königliche Bibliothek in Pergamon. Zur Geschichte der Bibliotheken in Alexandria: Graberg [1974] und Canfora [1990].

143 Vgl. Wendel [1955] S. 24.

zeichneten sich durch ihre gepflegten Bibliotheken aus. Ganz anders sah der Standard bei den Römern aus, die das griechisch-hellenistische Bibliothekswesen zwar nachahmten, aber keine so große Bevölkerungsschicht zu erreichen versuchten wie die Griechen. Weder die Trägerschaft noch die Benutzungsmöglichkeiten konnten als öffentlich bezeichnet werden. Vielmehr lassen sich die römischen Bibliotheken mit dem Charakter der Bibliothek des Museions vergleichen: Der Herrscher war für die Gründung einer Bibliothek verantwortlich und somit war sie ein Zeichen der Macht.[144] Diese Entwicklung geht auch mit der Ablösung der Buchrollen aus Papyrus durch Kodizes aus Pergament einher.[145]

Wie Plassmann darlegt, finden sich im „2. und 3. Jahrhundert n. Chr. in jeder größeren Stadt des Römischen Reiches"[146] Bibliotheken, die auf segmentär differenzierte Strukturen hinweisen.

Systembildung im deutschen Bibliothekswesen Tabelle 1: Gesellschaftliche Subsysteme und zugehörige Bibliothekstypen

Gesellschaftliches Subsystem	**Bibliothekarische Urtypen**	**Aktuelle Bibliothekstypen (Auswahl)**
Religiöses System	Tempelbibliothek	Klosterbibliothek Dombibliothek Kirchliche Bibliothek
Politisches System	Palastbibliothek	Staatsbibliothek Parlamentsbibliothek Behördenbibliothek
Wissenschaftssystem	Akademische Bibliothek (Universal- oder Spezialbibliothek)	Universitätsbibliothek Fachhochschulbibliothek Institutsbibliothek
Wirtschaftssystem	Spezialbibliothek	Technische oder Wissenschaftliche Spezialbibliothek
Bildungssystem	Volksbücherei	Public Library Öffentliche Bibliothek

Quelle: Plassmann [2006] S. 21.

144 Wang [1989] S. 77.

145 Stocker [1997] S. 90.

146 Plassmann [2006] S. 35.

3.2.2 Das segmentär differenzierte Bibliothekssystem

Das mit dem Untergang des römischen Reiches beginnenden Mittelalter veränderte auch die Systembildung des Bibliothekswesens. Von da an stand das Bibliothekswesen mehr als je zuvor unter dem Einfluss seiner Umwelt. Durch gravierende Veränderungen der gesellschaftlichen und sozialen Strukturen fand sich die Bibliothek massiven Wechselwirkungen mit dem ihr übergeordneten sozialen System aussetzt.

Mit der Vorherrschaft der christlichen Kirche wurden Gelehrtenschulen und ihre Bibliotheken zugunsten von Klosterbibliotheken geschlossen. Damit wurde die Kirche zum alleinigen Kontrollträger der Wissenschaft und Literatur.[147] Zu dieser Entwicklung zählte auch, dass die Klosterbibliotheken zur Benutzung für die Mönche bestimmt waren, keineswegs aber für die Öffentlichkeit zur Verfügung standen. Die Lese- und Schreibfähigkeit wurde also nur in den Klöstern tradiert, was diese zu den einzig existierenden Bildungsinstitutionen im Mittelalter machte.

> „Die Klöster und ihre Bibliotheken waren jetzt nicht mehr Zeichen weltlicher, sondern Zeichen kirchlicher Macht."[148]

Im Zuge der innerkirchlichen Reformbewegung im Hochmittelalter entstand ein neuer Bibliothekstyp: Die Dombibliothek, die sich in Abhängigkeit zu ihrer Muttereinrichtung, der Domschule, im 11. bis 13. Jahrhundert ausbildete. Diese Dombibliotheken erlangten während des Niedergangs des klösterlichen Bildungssystems erst große Bedeutung, als der Papst die Trennung geistlicher Bereiche von weltlichen Bereichen anordnete.[149] Denn zur selben Zeit entstanden die ersten Universitäten in den Städten. Die Klöster und die zugehörigen Bibliotheken waren dadurch besonders isoliert, während die geographisch in den Städten angesiedelten Dombibliotheken deshalb an der städtischen und bildungspolitischen Entwicklung teilnehmen konnten.[150] Die Universitäten gliederten sich in

---

147 Vgl. Löffler [1918] S. 6.

148 Jochum [1999] S. 65.

149 Johanek [1986] S. 39.

150 Johanek [1986]. S. 47.

Fakultäten (Theologie, Jurisprudenz, Medizin und Philosophie) und unterhielten jeweils ihre eigenen Fakultätsbibliotheken.

Hier findet man also eindeutig mehrere Institutionen mit identischer Struktur und funktionaler Gleichartigkeit. Dies lässt die Folgerung zu, von segmentär differenzierten Systemstrukturen im Universitätsbibliothekssystem zu sprechen. Aus diesen einzelnen Fakultätsbibliotheken wuchsen langsam große Universitätsbibliotheken heran, die in ihrer Einteilung dem Modell der Fakultäten weiterhin folgten und danach auch die Buchaufstellung vornahmen.[151]

Die folgenden historischen Entwicklungen beeinflussten das Bibliothekswesen maßgeblicher als je zuvor ein Ereignis: Der Humanismus, die Herstellung von Papier aus Leinen und die Erfindung des Buchdrucks durch Johannes Gutenbergs in der Mitte des 15. Jahrhunderts sind als Meilensteine nicht nur in der Entwicklung bibliothekarischer Einrichtungen zu verzeichnen, sondern für die gesamte Gesellschaft entscheidend.

> „Der Mythos der Bildung als Selbstbildung, also »auto-poiesis«, war in der Renaissance aktueller denn je zuvor. [...] Die Idee vom Menschen als einem sich selbst erzeugenden Wesen kommt in Epochen des Umbruchs und der Ablösung von traditionalen Ordnungen verstärkt zum Zuge. In eben dieser Situation der Emanzipation aus festen Ordnungsmustern entstand in der Renaissance das Projekt Bildung als Selbstbildung."[152]

Die Perspektive humanistischer Gelehrsamkeit sah die Bibliothek als Hüter der Überlieferung der Wissenschaft.

> „Verlust der Bibliothek bedeutet deshalb Verlust der Wissenschaft. [...] weil sich darin symptomatisch die Gefahr verdeutlich, durch den völligen Verlust der Bücher nicht nur der gesamten Wissenschaft, sondern auch der Zivilisation beraubt zu werden."[153]

---

151 Jochum [1999] S. 73.

152 Assmann [1993] S. 19/20.

153 Zedelmaier [1992] S. 10.

Es war also schon damals so, dass Bibliotheken eine existenzielle Bedeutung bei der Garantie, Wissen zu tradieren, hatten. Für Bibliotheken vollzog sich ein grundlegender Wandel, denn mit den nun vergleichsweise großen Mengen an neuen papierenen Büchern stiegen die Bestandszahlen rapide an. Vor allem aber änderten sich die Strukturen innerhalb der Bibliotheken, denn die seit Jahrtausenden angegliederten Skriptorien wurden nun allmählich überflüssig. Der bisherige symbiotische Tätigkeitsbereich von Bibliothek und Skriptorium differenzierte sich in zwei getrennte Systeme: Der kommerziellen Produktion von Büchern und dem Sammeln und Ordnen von Büchern. Die Ausdifferenzierung der Herstellung von Büchern in wirtschaftlich arbeitenden Betrieben und deren Speicherung und Zugänglichmachung durch Bibliotheken zeigt deutlich die Abspaltung der Bibliothek als eigenständiges soziales System. Mitbedingt ist diese Ausdifferenzierung „seit der massiven Förderung durch den Buchdruck, seit dem 16. Jahrhundert also", und gleichzeitig „gewinnt auch die Wissenschaft Distanz zur Religion [...]."[154]

Spätestens jetzt findet auch die Unterscheidung von Archiv und Bibliothek ihren endgültigen Durchbruch, „wurde nun zwischen Handschriftlichem und Gedrucktem unterschieden, wobei die Bibliothek allmählich zum Reich der gedruckten Bücher wurde, während dem Archiv die Aufgabe zufiel, die handschriftlichen Hinterlassenschaften zu sammeln."[155]

Mit der raschen Zunahme gedruckter Bücher wurde es für den Bibliothekar immer schwieriger den Überblick über den Bestand zu behalten. Die Inventare, die sich in einem der Kodizes befanden, waren bald nicht mehr ausreichend.

Conrad Gesner erarbeitete mit seinem Werk *Bibliotheca universalis* 1545[156] eine Art Richtlinie, an der sich der idealtypische Bestandsaufbau einer Wissenschaftlichen Bibliothek orientieren konnte. Es entwickelte sich der Katalog. Noch wurden die Bücher nach sachlichen Kriterien aufgestellt, was das Suchen und Finden eines Buches bei den immer größer werden-

---

154 Luhmann [1998] S. 713.

155 Jochum [1999] S. 81. Siehe dazu auch Kramm [1938] S. 210.

156 Gesner [1966] und Zedelmaier [1992]

den Beständen schwieriger machte. Deshalb verzeichnete man jedes Buch mit einer Signatur, die den eindeutigen Standort des Buches im Katalog festlegte.

Die Errungenschaft der Signatur geht mit der soziokulturellen Entwicklung der Neuzeit einher, in welcher die Idee der Individualität geboren wurde.[157] Die Renaissance und das Individualitätsstreben sorgten für eine Fokussierung auf den Autor eines Buches. Es entstand das Titelblatt, das mit Autorenname, Titel, Verleger, Druckort und Erscheinungsjahr bis heute von zentraler Bedeutung für die Identifizierung und Katalogisierung eines Buches geblieben ist. Diese Ausbildung von „standardisierten Formen der Bestimmung von etwas als etwas [...], die Ursachen und Wirkungen verknüpfen und eventuell mit Handlungsaufforderungen"[158] versehen waren, ermöglichte es Bibliotheken bis in die Gegenwart immer wieder nach den gleichen Skripts vorzugehen. Die Schemata erweisen sich also als anpassungsfähig und „dienen als Reduktion struktureller Komplexität"[159] im bibliothekarischen Geschäftsgang.

Jedes Buch wird nun mit einer individuellen Signatur versehen, die erstens im Katalog verzeichnet wird und zweitens den Standort eindeutig verifizieren lässt. Sie setzt sich aus dem alphabetischen Signaturteil, dem Autorennamen, und der bibliothekarischen Standortsignatur, einem alphanumerischen Kode zusammen.[160] Die bibliothekarische Tätigkeit beginnt zu dieser Zeit verwaltungstechnische Strukturen zu entwickeln. Damit einher ging das Interesse der Bibliothekare einheitliche Standards und Richtnormen für den Bestandsaufbau auszuarbeiten und die Kommunikation zwischen den Bibliotheken zu erleichtern um netzwerkartige Strukturen ausbilden zu können.

---

157 Jochum [1999] S. 83 und Ruppelt [1999] S. 397/398.

158 Luhmann [1998] S. 111.

159 Ebd.

160 Vgl. Jochum [1999]. S. 85.

Ausdifferenzierung des öffentlichen Bibliothekssystems

Mit der Reformationsbewegung und der Säkularisierung erlebte das Bibliothekswesen eine erneute Umstrukturierung. Die Bestände der ehemaligen Kloster- und Dombibliotheken wurden umgesiedelt, zum Teil aber auch zerstört, und fanden in einem neuen Bibliothekstyp Fortbestand: Den Gemeinde- oder Stadtbibliotheken. Hatte die Reformation der Bevölkerung doch zu einer Literalität verholfen, die nun durch entsprechend erreichbare Bildungseinrichtungen gefördert werden musste. In den Anfängen, also im 18. und 19. Jahrhundert, war die Bezeichnung Volksbibliothek üblich. Gegen Ende des 19. Jahrhunderts setzte sich dann der Begriff Bücherhalle durch und führte Anfang des 20. Jahrhunderts erst zu der Benennung Volkstümliche Bibliothek oder Bücherei und noch etwas später zu Volksbücherei. Nach dem Zweiten Weltkrieg wurde die Bezeichnung Öffentliche Bücherei populär, was bis heute gilt, obwohl der Terminus Öffentliche Bibliothek vorherrschend benutzt wird.[161]

Die Ausdifferenzierung des öffentlichen Bibliothekssystems ging sehr viel langsamer vonstatten, als die des wissenschaftlichen Bibliothekssystems.

Die Herausbildung dieses neuen Bibliothekstyps in Deutschland basierte auf hauptsächlich zwei Gründen. Die wirtschaftliche Lage hatte sich im 18. Jahrhundert verbessert und erlaubte dem Staat sich um die Schulbildung des Volkes zu kümmern. Bildung wurde als politisches Problem verstanden. Außerdem wurden dringend kompetente Schreib- und Lesekräfte benötigt, die fähig waren, gemeinsam mit den Fürsten Reformen durchzuführen. Zum anderen wuchs auch in der Bevölkerung der Wunsch nach Bildung und einer Verbesserung der Erwerbsmöglichkeit von Lese- und Schreibfähigkeit. Man war zu der Überzeugung gelangt, dass Bildung zu mehr Wohlstand führen würde und investierte somit in die Gründung von Schulen. Außerdem setzte sich nach 1800 die allgemeine Schulpflicht durch und schaffte somit ein fortwährend wachsendes lesefähiges Publikum.

---

161 Vodosek [1980] S. 327.

> „Mit der ständigen Steigerung der Zahl der Lese- und Schreibfähigen wurde Literatur zum Massenbedarf."[162]

Zudem versuchte man eine allgemeine Literaturversorgung zu schaffen, die sich im Wesentlichen in drei Organisationsformen ausbildete: Lesegesellschaften, die eigenmächtig aus dem Bürgertum entwuchsen, kommerzielle Leihbibliotheken und sozial-karitative Volksbibliotheken.[163]

Das aufklärerische Denken führte dazu, dass immer mehr Kinder die Schule besuchten, so dass das Bewusstsein für Bildung in der Bevölkerung wuchs. In der 2. Hälfte des 18. Jahrhunderts war das Lesen für diejenigen, die es bereits beherrschten, zum Massenbedarf geworden. Das hing mit der Tatsache zusammen, dass „die bildungsferneren Schichten in diesem Zeitalter erstmals eine eigenständige Form der literarischen Kommunikation entwickelten, die nicht mehr auf mündlicher Tradierung, sondern überwiegend auf der Lektüre von gedruckten Schriften basierte."[164] Man sprach sogar von „Lesefieber" oder „Bücherwuth."[165] Das Leseverhalten zeichnete sich dadurch aus, dass die Lektüre regelrecht durchlebt anstatt nur gelesen wurde und sich der Leser immer wieder dasselbe zu vergegenwärtigen versuchte, um „über seine bürgerliche Sphäre unermeßlich hinausgehen, ja sie beiseite schieben zu können."[166] Allmählich aber wandelte sich das Leseverhalten von einem intensiven Lesen zu einem extensiven Lesen. Dies wiederum bedeutete, dass der Leser mehr Neuheiten vom Markt erwartete und andererseits der Markt dazu angehalten war, der Nachfrage Angebote zu schaffen. Und wie Luhmann bemerkt, möchte der Käufer „offenbar nicht etwas geliefert bekommen, was er schon kennt. Und das gilt nicht nur für wissenschaftliche und technische Innovationen, sondern gerade auch für fiktionale Li-

---

162 Wang [1989] S. 88.

163 Siehe hierzu ausführlicher Vodosek [1987]

164 Schneider [2004] S. 168.

165 Schmitz [1984] S. 103.

166 Engelsing [1974] S. 184.

teratur auf Unterhaltungsniveau, die man nicht kauft, wenn man dasselbe schon einmal gelesen hat."[167]

Die Buch- und Literaturpreise sanken aber im Allgemeinen nicht im Zusammenhang mit der Nachfrage.[168] So konnte sich nicht jeder die Neuheiten des Buchmarktes leisten und selbst erwerben. Dem zu Folge waren leseinteressierte Bürger dazu gezwungen, neue Möglichkeiten zu schaffen, um noch mehr lesen zu können.

> „Diese Intensität des Lesens, die dem zähen Festhalten an Gewohnheiten […] entsprach, […] wich nun der extensiven Lektüre der bildenden und belletristischen Aufklärungsliteratur. Das Buch wurde zu einer unberechenbaren Macht des persönlichen und gesellschaftlichen Lebens."[169]

Eben aus diesem Bestreben heraus entstanden die ersten Lesezirkel- und Gesellschaften, kommerzielle Leihbibliotheken und die ersten gemeinnützigen Volksbibliotheken. Zu den Unterstützern dieser Entwicklungen gehörte Heinrich Stephani, dem es um ein „System der öffentlichen Erziehung"[170] ging. Stephani war darum bemüht ein Bibliotheksnetz aufzubauen, das ebenso Dorfbibliotheken wie Stadtbibliotheken mit Abteilungen für besonderen Bücherbedarf, wie beispielsweise berufliche Ratgeberliteratur, berücksichtigte.[171] Seine Reformgedanken eines Bibliotheksnetzes aller Sparten richteten sich ganz auf die Idee der Volkserziehung aus, die den Mensch zu selbstständiger Bildungsfreiheit und Mündigkeit hinführen wollte.

> „Zum Ende müssen alle brauchbaren Werke von den unbrauchbaren Werken geschieden, und jene nicht in Eine große Nationalbibliothek, sondern in mehrere kleinere unter der Nation also

167 Luhmann [1998] S. 294f.

168 Schmitz [1984] S. 104 und Schneider [2004] S. 169f.

169 Engelsing [1974] S. 183.

170 Schmitz [1984] S. 104f.

171 Buzas [1978] S. 62.

> vertheilet werden, daß jedermann sie auch wirklich zu benutzen im Stande ist."[172]

Stephanis Entwicklungsvisionen konnten nicht realisiert werden, dennoch befand sich die Literatur- und Bibliothekslandschaft in einer starken Umbruchsphase.

Die Ausdifferenzierung der Lesegesellschaften, die zum einen die extensive Lektüre ausgewählter Neuerscheinungen durch die gemeinsame Erwerbung unterstützten und zum anderen den kommunikativen Austausch über die gelesenen Bücher implizierten, wurde durch einen „positiv gefärbten Gedanken der freiwilligen bürgerlichen Privatassoziation, in der eine Gesellschaft von Gesinnungsgenossen unter der Anleitung selbstgewählter Ratgeber zu Werke ging"[173] forciert. So differenzierten sich die Lesegesellschaften aus privaten Zusammenschlüssen leseinteressierter Menschen aus dem Bürgertum aus.

> „Eine Lesegesellschaft kann definiert werden als ein selbstverwalteter Zusammenschluss von Personen zum Zweck der preiswerten Bereitstellung von Lesestoff für ihre Mitglieder ohne kommerzielle Interessen."[174]

Alle Mitglieder eines Lesezirkels konnten in der Bibliothek die erworbenen Bücher entleihen. Welche Anschaffungen gemacht werden sollten, konnten meist alle Mitglieder bestimmen. Zielgruppen solcher Lesezirkel waren das gehobene Bürgertum und der niedere Adel. Untere Schichten blieben schon allein wegen der hohen Mitgliedschaftsbeiträge ausgeschlossen. Daran ist zu beobachten, dass Selektionsmaßnahmen wie die Mitgliederdetermination, die Möglichkeit zur Steigerung der Eigenkomplexität der Gemeinschaft bedingen.

Die Strukturen der damaligen Bibliothekslandschaft wiesen eine stratifizierte Differenzierungsform auf, die „unter dem Gesichtspunkt der

---

172 Stephani [1805] S. 202.

173 Engelsing [1974] S. 221.

174 Wittmann [1999] S. 206.

rangmäßigen Ungleichheit der Teilsysteme"[175] zu leiden hatte. Allerdings lassen sich schon hier erste Merkmale einer Organisationsbildung erkennen, zeichneten sich die Lesezirkel doch durch ihren organisierten Charakter und ihre Regelungen bezüglich der Mitgliedschaft aus - wie beispielsweise „eine Variante von ökonomischer Nutzenkalkulation, die aber offen und der individuellen Bestimmung überlässt, welche Präferenzen verfolgt werden."[176] Das bedeutet, dass jedes Mitglied seinen Beitrag zahlte und dafür in der Wahl der Lektüre relativ uneingeschränkt war.

Neben den Lesegesellschaften bildeten sich auch kommerzielle Leihbibliotheken. Zu ihren Zielgruppen gehörte allerdings ein weniger finanzkräftiges Publikum, als es die Lesezirkel anvisierten. Gegen ein Entgelt konnte man hier Literatur ausleihen. So kann man von der Leihbibliothek als Vorläufer der Volksbüchereien sprechen. Diese Leihbibliotheken unterschieden sich nach ihrem Angebot in zwei Typen: Bibliotheken, die über literarisch hoch stehende und eher wissenschaftliche Literatur verfügten und andere, die eher Trivialliteratur beherbergten, von einigen deshalb als „moralische Giftbuden"[177] bezeichnet. Außerhalb der Städte hatten ambitionierte Lehrer und Pfarrer Dorfbibliotheken errichtet, um auch der Landbevölkerung Bildungsmöglichkeiten zu bieten. Die Beziehungen zwischen den Bibliotheken und ihrer Umwelt entwickelten sich erstmals zu komplexeren Strukturgefügen, die die weitere Ausdifferenzierung zu einem Bibliothekssystem unterstützten.

Das segmentär differenzierte Bibliothekssystem zeichnete sich dadurch aus, dass die konzeptionellen Grundlagen in allen Bibliotheken übereinstimmten. Das Ideal der Universalbibliothek, die alle veröffentlichen Erkenntnisse in ihren Räumen vereinte, galt als das zu erstrebende Ziel. Das Problem an dieser Differenzierungsform war aber, dass „das Gesamtsystem dadurch eine geringe Komplexität von Handlungsmöglichkeiten nicht überschreiten [konnte]."[178] Es existierte keine zentrale Verwaltungs-

---

175 Luhmann [1998] S. 613.

176 Vgl. Luhmann [2000] S. 111.

177 Schmitz [1984] S. 106.

178 Luhmann [1980] S. 25.

einheit, die alle Funktionen und ausführenden Systemeinheiten hätte steuern oder kontrollieren können. Die Handlungsabläufe folgten linearen Mustern und ließen deshalb wenig Flexibilität und Komplexitätssteigerung zu. So sammelte jede Bibliothek alles Wissenswerte um dem Anspruch einer Universalbibliothek möglichst nahe zu kommen, ohne sich mit anderen Bibliotheken über den Bestandsaufbau abzustimmen. Problemlösungen konnten aufgrund des mangelhaften Kommunikationsnetzwerkes zwischen den einzelnen Bibliotheken selten gemeinsam gefunden werden, so dass die einzelnen Bibliotheken sich zwar intern weiter ausdifferenzierten und beispielsweise Abteilungen bildeten. Allerdings war man von einem kooperativen Bibliotheksgesamtnetz, das in der Lage gewesen wäre die Redundanzen des angestrebten Bestandsaufbaus der Universalbibliothek reduktiv zu behandeln, noch weit entfernt. Mancherorts erkannte man schnell, dass eine Universalbibliothek aus finanziellen Gründen nicht zu bewerkstelligen war und orientierte sich daraufhin an die möglichst vollständige Erfüllung der Benutzerinteressen vor Ort.

Die stratifizierte Gesellschaftsordnung in der frühen Neuzeit verlagerte den Schwerpunkt der Machtverhältnisse von der Kirche auf die Politik, die den Fürsten eine entscheidende Position einräumte. Somit lag die Entscheidungsmacht über Bibliotheken in fürstlicher Hand. Aber im Unterschied zu den fürstlichen Privatbibliotheken des Mittelalters hatten die Fürstenbibliotheken in der Neuzeit eine wichtige Rolle für Hof und Staat und konnten daraus die Sicherung ihrer personellen und finanziellen Ressourcen garantieren. Die politischen Umstrukturierungen führten das Bibliothekssystem in die Souveränität des Staates und ließen die beträchtlich gewachsenen Fürstenbibliotheken zu Landes- oder Staatsbibliotheken avancieren.

Schließlich brachte der wissenschaftliche Fortschritt des einsetzenden 19. Jahrhunderts auch im Bibliothekswesen eine Veränderung mit sich: nicht mehr die Gleichheit der gesellschaftlichen Teile war verbindlich, vielmehr begründete die Ausdifferenzierung von Funktionssystemen den Schritt in die moderne Gesellschaft.

3.2.3 Das funktional differenzierte Bibliothekssystem und die Bibliothek als Organisation

Mit dem wissenschaftlichen und technischen Fortschritt des 19. Jahrhunderts veränderten sich die gesellschaftlichen Strukturgefüge. Die gesellschaftlichen Teilsysteme bilden sich nun nicht mehr aus der Gleichförmigkeit wie in der segmentierten Differenzierungsform und auch nicht mehr durch das Einteilungsmuster stratifizierter Gesellschaften in ungleiche und undurchlässige Schichten aus. Mit der wachsenden gesellschaftlichen Komplexität entfalten sich Systemformen, die aus gesellschaftlichen Funktionen hervorgehen und deshalb Funktionssysteme genannt werden. Die einzelnen funktionalen Teilsysteme gliedern sich nach Luhmann in Politik, Wirtschaft, Recht, Religion, Erziehung, Wissenschaft, Kunst und die Massenmedien.

> „Man sieht jetzt deutlich, dass die Funktionssysteme sich nicht nur über eigene Kriterien des Richtigen, also nicht nur über Gesamtformeln ihrer Programme [...] ausdifferenzieren, sondern dass dies primär über binäre Codes geschieht."[179]

Autopoietisch geschlossene Funktionssysteme können sich dann ausdifferenzieren, wenn das Kodieren von Kommunikation erfolgt ist. Dieses Kodieren wird durch die selektive Institutionalisierung von Werten erreicht. Dabei müssen solche binarisiert, also in eine Form mit zwei Seiten von Wert und Gegenwert gebracht werden, die jeweils mit einer sozialen Funktion gekoppelt sind.

> „Codierung sichert die Ausdifferenzierung und Spezifizierung eines Mediums im Unterschied zu anderen."[180]

Die binäre Kodierung selektiver Werte erschafft also symbolisch generalisierte Kommunikationsmedien wie beispielsweise Wahrheit, Liebe oder Macht, die in Programmen ihren Anwendungsbereich einschränken und dadurch die Zuordnung der Kodewerte regeln und ordnen.

---

[179] Luhmann [1989] S. 430.

[180] Luhmann [1998] S. 377.

Mit der Ausbildung gesellschaftlicher Funktionssysteme zeichnete sich auch im Bibliothekswesen eine weitere Ausdifferenzierung ab. Die Funktionsbestimmung erhebt sich nun aus dem Auftrag der gesellschaftlichen Instanz, von der die Bibliothek unterhalten wird, und genau auf dieser Existenzgrundlage baut auch das moderne Bibliothekswesen immer noch auf. Jede Bibliothek ist für einen bestimmten Bereich und einen bestimmten Zweck eingerichtet und darauf fundiert auch ihr Programm. Anders ausgedrückt, die unterschiedlichen Bibliothekstypen haben sich aus bestimmten Bereichen, die für die Erfüllung bestimmter Funktionen verantwortlich sind, herausgebildet und ausdifferenziert.

Das nationale Bibliothekssystem ist bereits so komplex geworden, dass immer mehr strukturelle Kopplungen zu anderen Funktionssystemen und Organisationen bestehen. Anders als Hagelweide, der Bibliotheken als Kommunikationskanäle betrachtet und die These vertritt, Bibliotheken seien gemeinsam mit den Verlagen, Rundfunk- und Fernsehanstalten das Kommunikationssystem - in seinen Worten das „Gesamtsystem der Kommunikation“[181] beschreiben diese Ausführungen den Weg, die Bibliothek als Organisation zu betrachten, die den gesellschaftlichen Kommunikationsprozess selektiv speichert und keineswegs lineare Strukturen, wie es ein Kanalsystem beinhaltet, aufweist.

> „Nicht nur transformieren Organisationen intern Unsicherheiten in brauchbare Entscheidungssicherheit, sondern auch in ihren Außenverhältnissen haben sie die Funktion, Komplexität und Unsicherheit für andere zu absorbieren.“[182]

Dabei sind alle gesellschaftlichen Organisationen in einem oder in zugleich mehreren Funktionssystemen involviert.

> „Organisationen sind durch multireferentielle Umweltbezüge charakterisiert. Das Verhältnis zu den Funktionssystemen kann dann nur als ‚lose Kopplung‘ verstanden werden.“[183]

---

181 Hagelweide [1980] S. 217.

182 Lieckweg/Wehrsig [2001] S. 44.

183 Lieckweg/Wehrsig [2001] S. 40.

Die Funktionssysteme sorgen für die Erfüllung gesellschaftlicher Funktionen, wie beispielsweise das Wirtschaftssystem die Regulierung, Steigerung und Minderung von Waren und Ressourcen übernimmt.

> „Die Differenzierung von Funktionssystemen eröffnet die Möglichkeit einer Ausdifferenzierung von Organisationen, die ihrerseits die weitere funktionale Differenzierung trägt."[184]

Die Systemtheorie benutzt funktionale Differenzierung als Schema der Typologisierung von Organisationen.[185] Schemata ermöglichen es „ein Gedächtnis auszubilden, das fast alle eigenen Operationen vergessen, aber einiges in schematisierter Form behalten und wieder verwenden kann."[186]

Mit der steigenden Komplexität gesellschaftlicher Kommunikation, die auf die medienevolutiven Entwicklungen, vor allem auf die rasant steigenden Zahlen der Neuerscheinungen auf dem Buchmarkt zurückzuführen ist, erweiterten sich die Leistungsanforderungen an Bibliotheken enorm.

> „Der Strukturwandel des Buchmarktes war [...] primär durch quantitative und weniger durch qualitative Veränderungen bedingt."[187]

Die Bewältigung der Informationsversorgung brachte Bibliotheken in ein Organisationsdilemma, das zu bewältigen zunächst höchst problematisch war.

Aufgrund der Koordinierungsnot der enormen Buchbestände wurden ein kooperativer Kommunikationsaustausch und die Bildung von arbeitsteiligen Subsystemen unerlässlich. Die Ausdifferenzierung von Funktionssystemen wie das der Wissenschaft zog die Konsequenz nach sich, dass sich Organisationen bilden mussten, die durch Kopplungen zwischen den Systemen mehr Komplexitätsbewältigung erreichten.

---

184 Lieckweg/Wehrsig [2001] S. 39.

185 Tacke [2001] S. 148.

186 Luhmann [1998] S. 110f.

187 Haug [2004] S. 7.

Der wissenschaftliche und technische Fortschritt im 19. Jahrhundert bringt eine enorme Steigerung der Leistungsanforderungen der Umwelt an Bibliotheken. Das im segmentär differenzierten System populäre Sammelprofil einer auf Vollständigkeit zielenden Universalbibliothek konnte sich nicht mehr als sinnvoll erweisen. In diesem Jahrhundert tat sich eine entscheidende Entwicklung auf, die von der Idee der Universalbibliothek als „Kreis der Erkenntnis"[188] völlig abwich. Denn die Auflösung der klassischen Bibliothek, die die Aufstellungsordnung nach den Hochschuldisziplinen vornahm, führte zu einer verwaltungsorientierten modernen Bibliothekssystematik, die die „schnelle Auffindung der Bücher" als das „wichtigste Bedürfnis einer Bibliothekseinrichtung"[189] verstand. Die Segmentierung in einzelne Bibliothekstypen war damit geebnet und ermöglichte der jeweiligen Bibliothek, ein Sondersammelgebiet einzurichten.

Im System der Wissenschaft machte sich das Informationsdefizit am deutlichsten bemerkbar. Die Auswirkungen waren vor allem in universitären Bibliotheken verheerend. Die wenig spezialisierten Bestände der Universitätsbibliotheken genügten den Erwartungen der Professoren nicht mehr. Im Zuge dessen gründeten im letzten Viertel des 19. Jahrhunderts die Institute ihre eigenen Bibliotheken und erwarben die benötigte Spezialliteratur aus eigenen Mitteln.[190] Diese Entwicklung ist seit der Institutionalisierung des Wissenschaftssystems zu verfolgen, als die Zahl wissenschaftlicher Publikationen sich vervielfachte und die bis dahin ausreichenden Privatbibliotheken der Professoren keine adäquate Informationsversorgung mehr gewährleisten konnten. Diese Handapparate „entwickelten sich nach und nach zu Fachbibliotheken [...]"[191], die das zweischichtige Bibliothekssystem im universitären Umfeld entstehen ließen.

---

188 Samurin [1964] S. 201 f.

189 Kayser [1790] S. 5.

190 Buzas [1978] S. 33.

191 Wang [1989] S. 87.

Allerdings brachte dieser Entwicklungsschritt keinen Fortschritt in Richtung vernetzter Bibliotheksarbeit oder eine kooperativen Zusammenarbeit zwischen zentraler Universitätsbibliothek und Institutsbibliothek. Vielmehr erschien die isolierte und völlig unvernetzte Institutsbibliothek „entwicklungsgeschichtlich eher jener ersten Stufe"[192] anzugehören, die Kommunikation zu anderen Bibliotheken nicht vorsah.

> „Verständigung mit anderen Organisationen, egal ob im Konsens oder im Dissens, dürfte deshalb ein zentraler Indikator für funktionierende Unsicherheitsabsorption sein. Schließlich liegt in dieser Beziehung bzw. der externen Kommunikationsfähigkeit auch eines der zentralen Unterscheidungsmerkmale zwischen Organisationen und anderen Typen sozialer Systeme."[193]

Die Asymmetrie zwischen dem Leistungsangebot seitens der Systemmitglieder, also den Bibliotheken, und den Leistungserwartungen seitens der Konsumenten, also der Bibliotheksbenutzer, wurde nicht durch Anpassung und Leistungssteigerung behoben, sondern durch konzentrierte Abspaltung unterstützt. Noch lässt sich die Bibliothek nicht als ausdifferenzierte Organisation definieren, die durch vernetzte Entscheidungsprozesse komplexe Arbeitsstrukturen vereinfacht.

Im Wirtschaftssystem vollzog sich eine ähnliche Entwicklung. Der steigende Informationsbedarf hielt die Unternehmen dazu an, selbst Bibliotheken einzurichten und so bildete sich auch in diesem Funktionssystem der Typus der Spezialbibliothek aus. Allerdings integrierten sich diese Bibliotheken schneller in das gesamte Bibliothekssystem als die Institutsbibliotheken.[194] Der Typus der Spezialbibliothek formt bis heute die heterogenste Gruppe innerhalb des Bibliothekssystems.

Die Initiative zur Bildung eines funktional differenzierten Bibliothekssystems entstand in Deutschland nach der Reichsgründung 1871 und wurde im Wesentlichen durch die preußische Ministerialbürokratie, insbesonde-

192 Plassmann [2006] S. 37.

193 Japp [2001] S. 204.

194 Plassmann [2006] S. 37.

re von Friedrich Althoff (1839–1908) getragen. Aus systemtheoretischer Perspektive betrachtet muss Komplexität reduziert werden, um die Leistungserträge zu steigern.[195] Die Leistungsfähigkeit der Wissenschaftlichen Bibliotheken sollte durch Rationalisierungsmaßnahmen erhöht und so die Kosten gleichzeitig senken. Es sind vier wesentliche Punkte, die ein funktional differenziertes Bibliothekssystem in Gang brachten.

(1) Es war ein Ziel einen deutschen Gesamtkatalog der Wissenschaftlichen Bibliotheken zu schaffen, der das Fehlen einer Nationalbibliothek kompensieren sollte. Hierzu wurden die „Preußischen Instruktionen", ein Regelwerk für Formalerschließung, entwickelt, um (2) ein einheitliches System der Katalogisierung aller beteiligten Bibliotheken festzulegen. Damit verfolgte man die Absicht einheitlich anerkannte Schemata zu erstellen, nach deren Skripts sich die einzelnen Bibliotheken trotz ihrer unterschiedlichen Programme richten konnten. So sollten beispielsweise durch die Fremddatenübernahme Zeit und Kosten reduziert werden. Bis heute gehört die Fremddatenübernahme oder Verbundkatalogisierung, allerdings nun in digitaler Form, zu den unerlässlichen Rationalisierungseffekten dieser Reformen. Über den Gesamtkatalog war es nun möglich in Beständen auswärtiger Bibliotheken zu recherchieren und sich das jeweilige Buch für eine bestimmte Frist in die Heimatbibliothek liefern zu lassen. Der zweite Schritt in ein funktional differenziertes Bibliothekssystem war also getan.

Ein weiteres Bestreben sollten bald darauf der (3) organisierte Leihverkehr und die Fernleihe werden und im Zuge dessen (4) Absprachen zum Bestandsaufbau, die sich „um möglichst große Vollständigkeit und Bereitstellung der erschienen Publikationen bemühte[n]."[196]

Die Ausdifferenzierung des wissenschaftlichen Bibliothekssystems folgte einer Verkettung von Einzelaspekten. Die Etablierung des Katalogisierungsstandards ermöglichte den Gesamtkatalog. Über den Gesamtkatalog konnten vor Ort gesuchte Titel in anderen Bibliotheken nachgewiesen und gefunden werden. Durch Fernleihe wurde dem Benutzer schließlich

[195] Dazu Luhmann [2006] S. 121.

[196] Plassmann [2006] S. 40.

der Zugang ermöglicht. Der kooperative Bestandsaufbau und die Sammelschwerpunkte stellten sicher, dass mindestens eine Bibliothek für eine Disziplin zuständig und um möglichst umfassende Bestände bemüht war, so dass das Konzept der wissenschaftlichen Universalbibliothek endgültig zugunsten der funktionalen Arbeitsaufteilung aufgegeben wurde. Durch das Ausschließen alternativer Handlungsmöglichkeiten zeichnen sich erstmals organisierte Strukturen im Bibliothekssystem ab, die durch Entscheidungen zustande kommen. Strukturen sind dauerhaft und beruhen auf Invarianz. Ganz im Gegenteil zu Ereignissen, sind Strukturen nicht ephemer. Strukturen können „auch beim Auswechseln der Elemente fortbestehen und reaktualisiert werden."[197] Im Zusammenhang mit der Ausdifferenzierung der Bibliotheken wurde durch die Reformen ein Entscheidungsweg gewählt, der andere Wege der Weiterentwicklung bibliothekarischer Arbeit ausschloss.

Im Zuge dieser Reformen entstand im Jahre 1884 auch die erste innerbibliothekarische Kommunikationsplattform, die als „Zentralblatt für Bibliothekswesen" einen Austausch zwischen Bibliothekaren ermöglichte. Dieses Kommunikationsmedium ermöglichte den internen Austausch zwischen den Bibliotheken und fungierte zudem als eine Art Selbstbeobachtungsinstanz. Außerdem wurde der Beruf des wissenschaftlichen Bibliothekars zum Ausbildungsberuf erhoben. Mit der Professionalisierung des bibliothekarischen Berufs waren die wichtigsten funktional differenzierten Systemstrukturen entwickelt, die dem deutschen Bibliothekssystem zu einer Leistungssteigerung und Modernisierung verhalfen. Bis heute prägen die Althoffschen Reformen das deutsche Bibliothekssystem. Sie können somit als Schemata bezeichnet werden, auf die bibliothekarische Entscheidungen heute noch zurückzuführen sind.

- Das Regelwerk der Preußischen Instruktionen wurde in der zweiten Hälfte des 20. Jahrhunderts durch die Regeln für die alphabetische

[197] Luhmann [1984]. „Eine Alternative liegt vor, wenn eine Entscheidungsmöglichkeit mit einer oder mehreren anderen konfrontiert wird unter der Bedingung, dass nur eine von ihnen realisiert werden kann: Die Wahl der einen zwingt zum Verzicht auf die anderen." Luhmann [2000] S. 125.

Katalogisierung (RAK) ersetzt, wobei über deren Modernisierung längst wieder beraten wird.

- Nach dem Zweiten Weltkrieg entstanden anstelle des Gesamtkatalogs regionale Zentralkataloge aus denen sich die heutigen Verbundkataloge ausdifferenziert haben. Die Verbundkataloge sind seit 1996 wiederum parallel über den Karlsruher Virtuellen Katalog (KVK) recherchierbar. Anhand dieser Entwicklungsschritte ist zu erkennen, wie sehr sich Differenzierung nach Funktionen meta-ebnisch ausbilden kann.
- Aus dem Leihverkehr zwischen preußischen wissenschaftlichen Bibliotheken ist ein internationales Leihverkehrssystem gewachsen. Dokumenten-Lieferdienste und der Aufbau von Virtuellen Fachbibliotheken ergänzen das Prinzip des kooperativen Bestandsaufbaus mit Hilfe des Sondersammelgebietsplans der Deutschen Forschungsgemeinschaft.

Die funktional differenzierte Gesellschaft zeichnet sich also durch ungleiche Subsysteme aus und erzeugt damit eine komplexe Umwelt. Das Bibliothekssystem entwickelt sich also unter dem Einfluss von Umweltfaktoren und ist auf Funktionssysteme angewiesen. Während das segmentär differenzierte Bibliothekssystem auf Gleichheit hin ausgerichtet war, wie das Konzept der Universalbibliothek veranschaulicht, ist das funktional differenzierte Bibliothekssystem auf Arbeitsteilung ausgelegt, das wiederum für eine großflächige und tiefenstrukturelle Informations- und Medienversorgung sorgt. Je stärker die funktionale Differenzierung des Gesellschaftssystems fortgeschritten ist, desto komplexer wird der Transformationsprozess in das Struktursystem des Bibliothekswesens. Das Bibliothekssystem hat sich unterdessen weiter differenziert und Subsysteme gebildet. Beispielsweise sind an dieser Stelle sowohl der Zusammenschluss der Kunst- und Museumsbibliotheken genannt, als auch die Zeitschriftendatenbank (ZDB), die Periodika-Bestände erschließt.

Die kommunikative Infrastruktur zwischen den einzelnen Bibliotheken formiert sich durch Bibliothekskonferenzen, die der Selbstbeobachtung und Selbstkontrolle dienen und durch festgelegte Autoritätsebenen Entscheidungsprozesse operativ verknüpfen. Durch die Hierarchie der Öffentlichen Verwaltung sind Bibliotheken in ihren internen Strukturen dem politisch-administrativen System angepasst.

Funktionswandel der Öffentlichen Bibliotheken

Wie bereits eingeführt entstand im 19. Jahrhundert neben den großen Wissenschaftlichen Bibliotheken, wie Universitäts- und Landesbibliotheken ein neuer Bibliothekstyp in der deutschen Bibliothekslandschaft: Die Öffentliche Bibliothek. Genau wie die Bezeichnung der heute als Öffentlichen Bibliothek bezeichneten Institution sich änderte, wandelte sich auch ihre Funktion.

Im 19. Jahrhundert setzte sich die Schulpflicht immer mehr durch. Der sich entwickelnde Industriestaat war auf ausgebildete Menschen angewiesen um den wirtschaftlichen Fortschritt noch weiter vorantreiben zu können.

„Der Durchbruch der industriellen Revolution führte in den 60er Jahren auch bei den konservativen Kräften zu der Einsicht, dass eine Verbesserung der Volksbildung unumgänglich sei [...]"[198] und so kamen neben den wirtschaftspolitischen Beweggründen auch noch sozialpolitische hinzu, um das öffentliche Büchereiwesen in seiner Ausdifferenzierung voranzutreiben.

Mittlerweile war die Anzahl der Lesefähigen sehr gestiegen und die Preise von Literatur gesunken, so dass sich immer mehr Menschen Bücher leisten konnten. Eine eigene kleine Büchersammlung oder gar Bibliothek zu besitzen, galt als Statussymbol. Daran ist sehr deutlich zu erkennen, welche Bedeutung Wissen und dessen Verbreitungsformen hatte.

> „Die Bibliotheken wurden zu einem der Elemente, die die »patriotische Gesinnung der Bevölkerung« sichern, nationalen Wohlstand und Grenzsicherung fördern sollten."[199]

Karl Preusker gehörte im 19. Jahrhundert zu den Visionären eines in sich differenzierten Bibliotheksystems und versucht bei diesem Entwurf alle

---

198 Thauer/Vodosek [1990] S. 37.

199 Vodosek [1985] hier zitiert nach Jochum [1999] S. 156.

bisher existierenden Einrichtungen in Verbindung miteinander zu bringen.

> „Der Hauptzweck der Stadtbibliotheken ist Verbreitung allgemeiner Bildung in allseitig geistiger und gemüthlicher Hinsicht, wie sie zu einem verständig-edlen Leben führt, und welche daher, da sie Jeden im Volke (im weitern, eigentlichen Sinne) zieren sollte, auch als Volksbildung zu betrachten ist."[200]

Sein Ansatz eine Volksbibliothek aller Klassen zu erschaffen, fand keinen Erfolg in der Praxis.

> „Das Lesen wurde als ein prinzipiell anarchischer Akt betrachtet, der die Leser der herrschenden Moral abspenstig mache und geradewegs in die Arme der Sozialdemokratie treibe."[201]

Die erste Volksbibliothek in Berlin, die von der Stadt nach ihrer Gründung getragen wurde, war durch den Historiker Friedrich von Raumer initiiert. Nach angelsächsischem Vorbild wollte er das dortig herrschende Niveau auf das deutsche Bibliothekswesen übertragen. Allerdings musste er auf seinen liberalen Grundgedanken der allgemeinen Volksbildung verzichten, denn die Stadt sah sich durch ihre finanzielle Verantwortung auch für die inhaltliche Bestandsentwicklung zuständig, wobei es sich freilich um die „Befestigung der Untertanentreue"[202] handeln sollte.

Bis zum Ende des 19. Jahrhunderts sprachen Volksbibliotheken die unteren Schichten an und konnten so einem gewissen „Wohlfahrtscharakter" nicht entkommen. Der 1893 im Zusammenhang mit der in Chicago stattfindenden Weltausstellung veranstaltete Bibliothekskongress wurde für den Bibliothekar Constantin Nörrenberg zum Anlass einer eigen initiierten Reform für das deutsche Bibliothekswesen.

> „England und die amerikanischen Kulturstaaten besitzen die Öffentliche Bibliothek als regelmäßige Bildungsanstalt für alle Volks-

---

200 Preusker [1839] S. 1.

201 Jochum [1999] S. 153.

202 Schmitz [1984] S. 146.

> schichten, als festes Glied im System des nationalen Bildungswesens; in Deutschland muß sie noch erst geschaffen werden."[203]

Nörrenberg hatte ein Ziel für das deutsche Bibliothekswesen: Er wollte eine Bibliothek, in der jeder eigenmächtig Literatur ausleihen kann, die seinem Interesse entspricht, wobei „alle diese Werke dem Leser ohne Vermittlung eines Beamten zugänglich sein [...]" sollten.[204] Zudem forderte er Fachpersonal und eine ausreichende Finanzierung sowie geregelte Öffnungszeiten. Nörrenberg wollte die Volksbibliothek organisieren. Neben dem „aufstrebenden Wissenschaftlichen Bibliothekswesen" sollte ein „gleichberechtigtes Öffentliches Bibliothekswesen"[205] entstehen.

> „Die öffentliche Bibliothek hat aber eine erziehende Aufgabe; Literatur, die den gesunden Geschmack verdirbt [...], gehören nicht in eine öffentliche Bibliothek; wer die lesen will, mag Geld dafür ausgeben."[206]

Die „literarischen Suppenküchen"[207] sollten nach seinen Gesichtspunkten Literatur aus allen Gebieten enthalten und durch in eigens dafür vorgesehenen Räumlichkeiten systematisiert zugänglich gemacht werden.

Der Tenor, der aus dieser so genannten Bücherhallenbewegung hervorging, war ein Volksbildungsgedanke, der neben und nach der Schulbildung ein Bildungsideal verfolgte.

> „Seit der Erfindung des Buchdrucks gab es Politik nicht mehr nur in der Form des Dienstes am Hof, sondern auch in der Form der Publikation von Meinungen für unbestimmte Adressaten, die öffentlich (und das heißt nach damaligem Verständnis: politisch) zu wirken bestimmt waren."[208]

---

203 Nörrenberg [1928] S. 9.

204 Ebd. S. 17.

205 Schmitz [1984] S. 148.

206 Nörrenberg [1928] S. 17.

207 Schmitz [1984] S. 151.

208 Luhmann [1995a] S. 431.

Kennzeichen der „neuen" Volksbibliotheken war neben der Ausleihe der Lesesaal. Der Lesesaal war eine Errungenschaft der Bücherhallenbewegung, hatte aber in Deutschland weniger Erfolg als in den angelsächsischen Vorbildsbibliotheken. Dennoch veranschaulicht der Lesesaal, der in Zusammenhang mit Öffnungszeiten eingeführt wurde, den zunehmenden Charakter der Bibliothek als einer Organisation.

In Bezug auf die Bestandspolitik kamen unterschiedliche Meinungsbilder zusammen. Die einen strebten einen literarisch hochwertigen Bestand von Romanen an und somit die völlige Ausgrenzung von Trivialliteratur. Die anderen plädierten eher für einen liberalen Charakter in der Literaturauswahl, der Schund ablehnte, aber die Freude am Lesen als Grundvoraussetzung „für einen intendierenden Erziehungsprozeß sahen."[209] Aus diesen gegenläufigen Ansichten bibliothekarischer Wertvorstellungen entstand der Richtungsstreit zum Ende des 19. Jahrhunderts.[210]

Auf der einen Seite stand die so genannte „Alte Richtung", die für die grundlegende Vorstellung plädierte, den Leser nicht zu bevormunden, sondern eine „Heranführung an das lebendige literarische Gut, das belletristische sowohl als auch das nicht fachwissenschaftlich belehrende"[211] Wissen vorsah.

Die Bibliothek wurde demnach als Dienstleistungsbetrieb gesehen, der dem Benutzer eine selbstständige Literaturauswahl ermöglicht und die den Bibliothekar „nur" als beratenden Verwalter definierte. Zudem sollte der Bestand in einer Art Lesesaal als Freihandbereich zugänglich sein und so dem Benutzer tatsächlich die eigenständige Auswahl ermöglichen.

Auf der anderen Seite verfolgte die so genannte „Neue Richtung" das Ziel, durch eine „pädagogische Grundhaltung den Bestandsaufbau"[212] zu betreiben und so durch die Hinführung des Bibliothekars den Leser zu

---

209 Schmitz [1984] S. 151.

210 Siehe dazu ausführlicher Thauer/Vodosek [1990]

211 Schmitz [1984] S. 152/153.

212 Schmitz [1984] S. 154.

bedienen. Der Leipziger Bibliothekar Walter Hofmann vertrat die Auffassung, dass Volksbüchereien anderen Gesetzen als Wissenschaftliche Bibliotheken zu unterliegen hätten. Die „Neue Richtung" sah sich als „Organ im Dienst zentraler Kräfte und Werke der Nation."[213]

Die Aufgabe der Volksbibliothek war die Förderung des Lesens durch einen ausgewählten Bestand. Es wollte also eine pädagogische Grundhaltung gepflegt werden. Für Hofmann war das Ausleihgespräch die Essenz volksbibliothekarischer Arbeit. Es sollte kein Freihandbestand existieren, sondern eine Aushändigung der Bücher durch den Bibliothekar über eine Lesetheke erfolgen.

Allerdings versprach man sich aus dieser stratifizierten Differenzierungsform weniger Potenzial als aus der Weiterentwicklung der Öffentlichen Bibliothek zu einer funktionsbestimmten Organisation, wie sie die „Alte Richtung" vorsah.

Mitte der 1920er Jahre suchten beide Richtungen den gemeinsamen Nenner, nachdem die Diskussion nicht mehr zu neuen Erkenntnissen führen konnte. In den 1930er Jahren war sie dann schließlich beendet. Während dieser Zeit vollzog sich außerdem die Kommunalisierung des Volksbüchereiwesens. Die Städte übernahmen die finanzielle Verantwortung der Büchereien und so bildeten sich erste funktional differenzierte Wesensmerkmale im öffentlichen Bibliothekswesen, indem „bisher nebeneinander bestehende Volksbüchereien miteinander verbunden und zu einem System mit einer Zentrale (Verwaltung, Spezialabteilungen usw.) und Zweigstellen in den Vorstädten ausgebaut"[214] wurden. Während kommerzielle Leihbibliotheken und die Lesegesellschaften nicht von der Öffentlichen Hand getragen wurden und somit nicht abhängig vom politischen System waren, ist die Grundlage für Öffentliche Bibliotheken nach 1918 gänzlich anders. Die Konstituierung der Volkssouveränität und der Übergang zur Republik übertrugen die Verantwortung für Bildungsarbeit dem Staat. Die Öffentliche Verwaltung kennzeichnet die Ausbildung

213 Schmitz [1984] S. 152.

214 Schmitz [1984] S. 155.

der Funktionssysteme und damit die funktional differenzierte Gesellschaftsform.

Die Weltwirtschaftskrise zerstörte die innovativen Ansätze wieder. Die gesellschaftliche Bedeutung der Volkbildungseinrichtungen wie Volkshochschulen und Büchereien war mittlerweile unmissverständlich auch in das staatliche Bewusstsein gerückt. Mit dem Nationalsozialismus begann dann die neue Epoche, die für das öffentliche Bibliothekswesen mehr Konsequenzen hatte als für das wissenschaftliche Bibliothekssystem. An diese Stelle sollte darauf hingewiesen werden, dass „Organisationen ihre Entscheidungen an einer Mehrzahl von Funktionssystemen der Gesellschaft ausrichten"[215] und in dieser Epoche kam dem politischen System nun einmal außergewöhnliche Autorität zu.

Die Büchereien wurden ab sofort dafür genutzt, die staatliche und gesellschaftliche Neugestaltung entsprechend durch die Bestände zu transportieren und so suggestiv beeinflussen zu können. Das politische System bediente sich der Bibliothek, um seine Macht im Volk zu verankern.

Die „nationale Komponente, welche die Volksbücherei zur Idee eines »Gedächtnis der Nation« emporstilisierte und als obersten inhaltlichen Leitgedanken der deutschen Volksbücherei „Deutschland, der deutsche Mensch, das deutsche Volk, der deutsche Staat"[216] propagierte, befand sich nicht weit von der Ideologie der nationalsozialistischen Machthaber entfernt.

Aus dieser Ideologie heraus wurde die Anzahl der Volksbibliotheken zwischen 1933 und 1945 vor allem im ländlichen Raum fast verdoppelt.[217] Nach dem Zweiten Weltkrieg kommt das seit 50 Jahren gewachsene und aufgebaute öffentliche Bibliothekssystem in Deutschland vollends zum Erliegen. Die Gründe: Bestands-, Personal- und Gebäudeverluste sowie unterschiedliche Besatzungszonen. Wie schon im 19. Jahrhundert wurde die Public Library nach angelsächsischem Vorbild Leitbild für das auch

---

215 Tacke [2001] S. 166.

216 Hofmann [1932] hier zitiert nach Thauer/Vodosek [1990] S. 142.

217 Schmitz [1984] S. 157. Siehe dazu ausführlicher Boese [1987]

ideologisch in Trümmern liegende deutsche Bibliothekswesen. Es bildeten sich Organisationen wie die Bundesvereinigung Deutscher Bibliotheksverbände (BDB), die damit entscheidende Skripts für die Arbeit Öffentlicher Bibliotheken konstituierten. Viel früher schon wurde die Einkaufszentrale für Öffentliche Bibliotheken, die ekz GmbH gegründet, die seit 1947 dem öffentlichen Bibliothekssystem zuarbeitet. Die ekz ist ihrer Form nach ein Wirtschaftsunternehmen, das von öffentlich-rechtlichen Gebietskörperschaften getragen wird. Sie stellt damit eine strukturelle Kopplung zwischen politisch-administrativem System und der Wirtschaft her, wobei sich konkrete Zusammenarbeit zwischen ekz und den Bibliotheken in operativen Kopplungen äußert.

Die Ausdifferenzierung des öffentlichen Bibliothekswesens führt im Wesentlichen dazu, dass strukturelle Kopplungen zu Organisationen des Erziehungssystems, wie beispielsweise Schulen oder Volkshochschulen, die Folge sind.

Bei den Öffentlichen Bibliotheken vollzog sich also eine weitaus weniger stringente Ausdifferenzierung als bei den Wissenschaftlichen Bibliotheken. Erst mit der Bücherhallenbewegung und dem Volksbüchereikonzept zeichneten sich zu Beginn des 20. Jahrhunderts segmentär differenzierte Strukturen im öffentlichen Bibliothekswesen ab. Die Konstituierung der Volkssouveränität stellte schließlich die Weichen für eine Weiterentwicklung des öffentlichen Bibliothekswesens. In der Weimarer Republik wurde Bildung nämlich als staatliche und kommunale Aufgabe erachtet und so übernahmen Kommunen die Verantwortung für Bibliotheken. Es erfolgte also eine Abhängigkeit zum Träger, der dem politisch-administrativen System angehört.

Die funktionale Differenzierung greift ebenso auf die betriebsinternen Strukturen der Bibliotheken über, wie sie das gesamte Bibliothekssystem beeinflusst. Die hierarchische Differenzierung in Bibliotheken ist auf die Strukturen des Öffentlichen Dienstes zurückzuführen. So gliedern sich drei Hierarchiestufen in den mittleren Dienst, der Fachangestellte für Medien und Information ausbildet, den gehobenen Dienst, der durch Fachhochschulstudium Diplom-Bibliothekare beschäftigt und den höheren Dienst, der wissenschaftliche Bibliothekare mit akademischer Laufbahn einstellt. Gleichermaßen sind auch die Entscheidungshoheiten hierarchisch gegliedert. Die neuen Kommunikationstechnologien erfordern sogar oftmals die Einstellung von nicht-bibliothekarischen Experten, wie beispielsweise Informatikern, um die speziellen Leistungsangebote funktionsfähig zu halten.

Die Bibliothek als Organisation

Wie in den vorangegangenen Ausführungen zu erkennen war, haben sich Bibliotheken erst während der funktionalen Ausdifferenzierung der Gesellschaft zu Organisationen entwickelt. Dies lässt den Schluss zu, dass noch in der segmentär differenzierten Gesellschaft Bibliotheken keinen organisierten Charakter hatten. Die Ausdifferenzierung der Bibliothek als soziales System erfolgte durch die Unterscheidung von Programmen und Entscheidungen, die wiederum von der Trägerschaft abhängig sind.

> „In den unterschiedlichen Funktionssystemen vollzieht sich also die gleichzeitige Behandlung der wichtigsten Probleme der Gesellschaft."[218]

In der Bibliotheksforschung werden Bibliotheken seit langen schon als Organisationen betrachtet. Nitze definiert die Bibliothek als Organisation, weil sie „durch eine Zusammenfassung von sachlichen und persönlichen Mitteln dauernd einem bestimmten Zweck dient."[219] Außerdem, so betont er, sei die Bibliothek als Organisation mehr als die Summe ihrer sachlichen und persönlichen Mittel und erst ihr geordnetes Zusammenwirken nach einem Funktionsplan vermöge überhaupt Leistungen zu erbringen.[220]

Natürlich kann die Autopoiesis einer Organisation nicht von der Umwelt gesteuert werden, sie ist aber auf die Umwelt angewiesen und muss deshalb „bestimmte Umweltbedingungen als Bedingungen der Möglichkeit ihres Operierens dauerhaft voraussetzen."[221] Sobald diese Voraussetzun-

---

218 GLU [1997] S. 66.

219 Nitze [1967] S. 19.

220 Vgl. Nitze [1967] S. 19.

221 Schneider [2002] S. 354.

gen entfallen, findet eine Blockierung der autopoietischen Reproduktion statt. Da die meisten Bibliotheken Bestandteil des Öffentlichen Dienstes sind, soll hierauf im Folgenden der Fokus gelegt werden.

Einrichtungen der Öffentlichen Verwaltung verfolgen in ihrer Personalstruktur und den Verwaltungsschemata einen hierarchischen Aufbau der Urteils- und Entscheidungskompetenzen. Luhmanns Organisationstheorie ist als allgemeine Theorie autopoietisch operierender Organisationen ausgearbeitet. Sie setzt typenspezifisch insbesondere bei Unternehmen und Verwaltungen an, so dass sich eine Analyse auf Bibliotheken als sinnvoll erweist.

Wie in 3.1.1 angeführt, sind Bibliotheken immer an ein ihr übergeordnetes System wie an ihren Träger gekoppelt. Als Organisation ist die Bibliothek ein Teilsystem von einem oder mehreren Funktionssystemen, wie anhand des Wissenschaftssystems und politisch-administrativen Systems bereits dargestellt wurde. Die Zuordnung einer Bibliothek zu einem bestimmten Funktionssystem muss nicht zwingend geklärt sein. Eine changierende funktionale Zugehörigkeit ist durchaus möglich wie das Beispiel der Zentralen Fachbibliotheken in Bezug auf das Wirtschafts- und Politiksystem gezeigt hat. Daraus ergeben sich Interpenetrationszonen, in denen „Organisationen Medien verschiedener Funktionsbereich ineinander [transformieren]"[222], was mittels des Input/Output-Modells zwischen dem Träger der Universität, die dem Funktionssystem der Wissenschaft angehört, und der Organisation Universitätsbibliothek dargestellt wurde.[223] Der Input finanzieller Mittel wird in Output, der in Form von Leistungen wie beispielsweise benutzerfreundlichen Öffnungszeiten, transformiert. Gleichermaßen findet ein Austausch von symbolisch generalisierten Kommunikationsmedien statt, wenn im Falle der Wirkung von politischen Entscheidungen Macht ausgeübt wird und diese in Bibliotheken umgesetzt werden, um der Wissenschaft in der Erfüllung ihrer Funktion der Gewinnung neuer Erkenntnisse mit einem gezielten Erwerbungsprofil behilflich zu sein.

---

222 Ort [2000] S. 145.

223 Siehe in dieser Arbeit S. 74.

Um sich dem Begriff der Organisation anzunähern, soll die klare Abgrenzung zur Institution aufgezeigt werden. Institutionen inszenieren den normativen Rahmen für Handeln, sie schaffen einen Handlungsrahmen für individuelle Orientierung und zugleich kollektiver Ordnung.[224] Während eine „Institution eine Erwartung über die Einhaltung bestimmter Regeln, die verbindliche Geltung beanspruchen“[225] ist, wendet die Organisation soziale Regeln zwar an, ist aber als soziales System darauf ausgerichtet bestimmte Zwecke und Leistungen, die nur durch diese Organisation zu realisieren sind, zu erbringen. Organisationen sind autopoietische soziale Systeme mit einem spezifischen Zweck. Sie agieren in Kohärenz zu materiellen Möglichkeiten, institutionellen Regeln und kulturellen Mustern. Erst mit der funktionalen gesellschaftlichen Differenzierung bilden sich Organisationen aus.[226] Organisationen sind in der Lage Kommunikation über die Grenze der Interaktion unter Anwesenden zu verknüpfen. Sie schaffen das durch ein formalisiertes Erwartungsgefüge, das durch Entscheidungen festgelegt wurde. Diese Entscheidungen dienen als Prämissen der darauf folgenden Entscheidungen. Wie bereits angesprochen, unterscheidet Luhmann zwischen den drei Typen von sozialen Systemen, die sich in Interaktionssysteme, Gesellschaften und Organisationen aufteilen.

Im Folgenden werden Bibliotheken als Organisationen betrachtet. Organisationen unterscheiden sich von anderen autopoietischen Systemen durch ihre Operationsweise des Entscheidens. Entscheidungen sind zunächst einmal nur Beobachtungen. Eine Beobachtung wird erst dann zu einer Entscheidung, wenn Alternativen wahrgenommen werden und die Entscheidung diejenige Seite der Alternative markiert, die sie bevorzugt.[227] In Organisationssystemen kommen Entscheidungen nur durch Kommunikation zustande, weshalb sie auch als „kommunikative Ereig-

224 Esser [2000] S. 14.

225 Esser [2000] S. 2.

226 Vgl. Luhmann [1998] S. 826ff.

227 Vgl. Luhmann [2000] S. 132.

nisse“[228] bezeichnet werden. Organisationen sind also soziale Systeme, die „nur aus Entscheidungen bestehen und nur durch Reproduktion von Entscheidungen reproduziert werden.“[229] Demnach können die konstituierenden Elemente, welche eine Bibliothek als Organisation von ihrer Umwelt unterscheiden, mit der Analyse ihrer Entscheidungen benannt werden. Sie ist wie jedes System operativ geschlossen, zur Umwelt hin aber offen. Mit Umweltoffenheit sind die Irritations- und Einflussmöglichkeiten gemeint, die die Umwelt mit der Bibliothek verbinden und gleichzeitig auch abgrenzen. Das bedeutet, dass die Bibliothek selbst durch ihre Operationen und Selektionen einen Rahmen und Formen für darauf folgende Operationen gesteckt hat. Die Bedingungen für die Anschlussoperationen sind Resultate der vorangegangenen Operationen.

Der Organisationszweck einer Bibliothek ist in Form von Zweckprogrammen kodiert. Um diese Zweckprogramme ausführen zu können, ist eine Rollenverteilung nötig, die die Ausführung des Programms regelt.

Der Zweck des Bibliothekssystems liegt in der Auswahl, dem Sammeln, der Speicherung und der Bereitstellung von Speicher- und Verbreitungsmedien. Damit konstituieren Bibliotheken einen heterotopischen Raum, der „als bewahrenswert ausgezeichnete kondensierte und konfirmierte Beobachtungen, oder Fixierungen von Sinn, für wiederholten Gebrauch, vorzugsweise in Textform“[230] möglich macht.

Dieser Zweck und dessen Erfüllung mit Hilfe eines Programms lässt sich in drei Ebenen aufgliedern:

1. Die sachliche Ebene: Die funktionale Existenzgrundlage einer Bibliothek ist durch Erwartungsstrukturen konstituiert. Jede Bibliothek hat einen eindeutig definierten Sammelauftrag, der sich in ihrem Bestandsprofil sichtbar macht und auf ihre Trägerschaft bezogen ist. Damit werden Identifikationspunkte geschaffen, auf die sie sich im fortlaufenden Entscheidungsprozess beziehen kann und muss. Das Bestands-

---

228 Luhmann [2000] S. 141.

229 Luhmann [2000] S. 145.

230 Krause [2005] S. 223.

profil stellt das Programm einer Bibliothek dar, denn daran ist einerseits ihr Zweck gebunden und andererseits die Beziehung zu ihrem Träger zu erkennen.

2. Die zeitliche Ebene: Der Bestandsaufbau und die Bestandserschließung sind schematisierte Skripts, die Handlungsanweisungen enthalten, wie bei diesen Vorgängen verfahren werden soll. Im Bezug auf zeitliche Zusammenhänge erzeugen die Motive aus der sachlichen Ebene eine Verknüpfung zwischen in der Vergangenheit liegenden Entscheidungen und in der Zukunft liegenden Erwartungen. Die Skripts bilden sozusagen „eine Sonderleistung [...], die regulieren, was vergessen und was erinnert wird."[231] Deshalb ist die Erschließung generalisiert und in eine formale und inhaltliche Erschließung geteilt. Die Regeln allgemeiner Katalogisierung generalisieren Handlungsanweisungen, die über Zeitdistanzen hinweg schematisch anschlussfähig sind. Als zweiter Aspekt der zeitlichen Ebene ist der Zugang zur Bibliothek zu nennen. Die Öffnungszeiten sind durch Benutzungsregeln determiniert. Dies setzt vor allem zwei Entscheidungsprämissen voraus, nämlich einerseits, dass eindeutig definierte Räumlichkeiten oder ein Gebäude die Bibliothek von ihrer räumlichen Umwelt abgrenzen und andererseits die Benutzungsregeln publik gemacht werden, um Verstöße von vornherein zu vermeiden.[232]

3. Die soziale Ebene: Die funktionale Existenzgrundlage einer Bibliothek ist durch Erwartungsstrukturen konstituiert, die ihre Funktion (in Abhängigkeit zur Trägerschaft) regeln. Um die Funktion in Leistungen und Output umsetzen zu können, bedarf jede Bibliothek einem festgeschriebenen Kreis von Personen, die als Mitglieder durch die Erfüllung ihrer spezifischen Rollen den Organisationszweck verwirklichen. Die Handlungsabläufe, Benutzungsbedingungen, Mitgliedschaften des Systems sind genau festgelegt und kalkulierbar. Dies erfordert Interaktionen und Handlungen in einem festgeschriebenen Kreis von

---

231 Luhmann [2000] S. 155.

232 Hagelweide betont dabei den Aspekt, dass die Bibliothek als „lokalisiertes Informationsangebot, das nur bei Überwindung von Zeit und Raum - zusätzlich fixiert auf bestimmte Öffnungszeiten - erreichbar ist." Hagelweide [1980] S. 219.

Personen durch Schemata. Die Differenzierung von Positionen und Kompetenzen muss klar in Form von Entscheidungsträgern realisiert sein, die sich in der Personal- bzw. Mitgliedschaftsregelungen stabil halten.

Das Verwaltungsgerüst der bibliothekarischen Tätigkeitsbereiche besteht also aus drei wesentlichen Arbeitssequenzen, die das Rollenmuster einer Bibliothek formen: 1. Der Bestandsaufbau, 2. die Bestandserschließung und 3. die Bestandsvermittlung.

> „Organisationen gehen arbeitsteilig vor, indem sie eine Aufgabe in Sequenzen zerlegen und die einzelnen Arbeitsschritte nacheinander erledigen. Dadurch kommt es zu differierenden Anforderungen an die Arbeitsplätze, mithin zu einer Ausdifferenzierung von Rollen, die sich zum Rollenmuster einer Organisation zusammenfügen."[233]

Der Bestandsaufbau bzw. das Erwerbungsprofil konstituiert das Programm einer Bibliothek. Das Programm gibt vor nach welchen inhaltlichen Vorgaben Entscheidungen getroffen werden sollen. Die Bestandserschließung ist als Skript zu betrachten und reglementiert die standardisierte Einarbeitung neuer Medien. Die Bestandsvermittlung stellt letzten Endes den in Output transformierten Input zur Verfügung. Die Gliederung der hierarchischen Dienststellen gewährleistet das strukturelle Zusammenwirken der einzelnen Funktionsbereiche.

Das Bestandsprofil einer Bibliothek beschreibt gewissermaßen ihren Funktionszweck und wird hier als Programm bezeichnet. Das Programm entscheidet also über Anschaffungsrichtlinien, die anordnen welche Medien für den Bestandsaufbau relevant sind und welche nicht. Mittels eines Programms differenziert eine Bibliothek auch die Beziehungen zu ihrer Umwelt. Das Bestandsprofil umfasst demnach das Auswählen und Sammeln publizierter Speicher- und Verbreitungsmedien nach spezifisch festgelegten Kriterien, die mit den Funktionen des Trägersystems gekoppelt sind, und wird von der Erwerbungsabteilung geplant. Die Speiche-

---

233 Jäger [2005] S. 68.

rung dieser ausgewählten und gesammelten Medien geschieht, je nach Bibliothekstyp, unter verschiedenen zeitlichen Kriterien wie einer zeitlich befristeten Aufbewahrung oder einer Langzeitarchivierung.

Im bibliothekarischen Geschäftsgang erfolgen hierauf das Ordnen und die formale bzw. inhaltliche Erschließung der Medien, bevor sie in die Systematik der Bibliothek eingereiht werden, um im Anschluss in einem Magazin oder im Freihandbereich aufgestellt und genutzt werden zu können. Dieser zweite Funktionsbereich umfasst die Bestandserschließung und stützt sich auf Skripts, die Schemata aufbewahren und „wiederholt verwendet und auf neue Situationen übertragen werden können."[234]

In diesem Kontext steht auch die Benutzung, denn sie hängt vom jeweiligen Bibliothekstyp ab, der gegebenenfalls eine uneingeschränkte Benutzung für alle Bürger bietet oder nur bestimmten Benutzergruppen Zugang zum Bestand erlaubt. Diese Einschränkungen stehen meist in unmittelbarer Relation mit historischen, politischen oder gesellschaftlichen Strukturen und deren Veränderungen sowie „die Konkretisierung der Skripts von historischen Bedingungen abhängen."[235]

Über den Aufgabenbereich des Auswählens, Sammelns, Bewahrens und Bereitstellens hinaus zählt das aktive Vermitteln zum Kernaufgabenbereich einer Bibliothek. Speziell aufbereitete Medien sollen dem Benutzer beispielsweise aus aktuellem Anlass besonders interessant angeboten werden. Die individuelle Benutzerberatung, die Auskunft, bestimmte Angebote wie Bibliotheksführungen oder speziell zielgruppenorientierte Arbeitsbereiche zählen zu den Dienstleistungen, die soziale Kontakte zwischen dem Bibliothekspersonal und den Bibliotheksbenutzern erfordern. Die Bestandsvermittlung definiert den dritten Funktionsbereich und konkretisiert den Output einer Bibliothek.

Eine Organisation behandelt durch ihre Operationsweise des Entscheidens das Problem der doppelten Kontingenz.

---

234 Luhmann [2000] S. 155.

235 Luhmann [1996a] S. 319.

> „Organisation ist, wie die Gesellschaft selbst und wie Interaktion auch, eine bestimmte Form des Umgangs mit doppelter Kontingenz. Jeder kann immer auch anders handeln und mag den Wünschen und Erwartungen entsprechen oder auch nicht - aber nicht als Mitglied einer Organisation."[236]

In Bezug auf die Bibliothek heißt das wie bereits angedeutet, dass Anschlusskommunikation, die in Form von Verbreitungsmedien selektiert, gespeichert und vermittelt wird, nur noch zum Teil kontingent ist. Welche Kommunikationsmedien selektiert werden, wird durch ein Programm definiert, nach dem die Mitglieder der Bibliothek dann Entscheidungen treffen.

> „Als Systemform gesehen markiert Mitgliedschaft die »Innenseite« der Form, also das, was im System primär interessiert und in seinen Konsequenzen zu beachten ist."[237]

Die Mitglieder einer Bibliothek, wobei hier nicht von Benutzern die Rede ist, bilden organisatorische Strukturen, durch welche die Leistungserwartungen erfüllt werden können. Diese Strukturen bilden Arbeitsstellen, wobei „jede Stelle mit Aufgaben versorgt"[238] ist und damit bestimmte Kommunikationswege „mittels derer die Entscheidungen Bindungseffekte haben"[239], begrenzt sind. Die Grenzstellenpositionen stehen in Kontakt mit der Umwelt.

> „Die Kommunikation nach außen widerspricht also nicht der operativen Geschlossenheit des Systems; im Gegenteil: sie setzt sie voraus."[240]

Wang arbeitet mit Kaegbeins Ansatz, nach welchem Bibliotheken spezielle Informationssysteme seien.[241] Die Grundannahme, eine Bibliothek

---

236 Luhmann [1998] S. 829.

237 Luhmann [1998] S. 829.

238 GLU [1997] S. 130.

239 GLU [1997] S. 130.

240 Luhmann [1998] S. 834.

241 Kaegbein [1973] S. 425.

habe „informationsvermittelnden, organisierten und sozialen Charakter“[242], lässt sich im Rahmen vorliegender Untersuchungen nur bedingt bestätigen. Eine Bibliothek kann keine Information übertragen, weil ein Informationsgehalt jeweils nur wieder von und in einem anderen System erkannt werden kann. Betrachtet man die Bibliothek nach systemtheoretischem Konzept als Organisation, verbietet sich die These, „die Gesamtheit der Bibliotheken als ein Kanalsystem“[243] der gesellschaftlichen Kommunikation zu erklären. Zudem wird behauptet, Bibliotheken regulierten die Informationsflut und ermöglichten dadurch Kommunikation.[244] Die weiterhin steigende Menge an in Umlauf gebrachten Daten wird nicht von Bibliotheken reguliert, sondern selektiv behandelt.

Somit sehe ich Bibliotheken als Speichersysteme, die die Speicher- und Verbreitungsmedien der Gesellschaft erschließen, bewahren und anschlussfähig halten. Durch das Speichern und Aufbereiten der gesellschaftlichen Kommunikationsmedien wird eine Sensibilisierung für Veränderungen hergestellt. Der Verlauf eines aktuellen gesellschaftlichen Systemzustands in den nächsten wird rekursiv beobachtbar. Diese Beobachtungen können anhand der zeitlichen Differenz ‚vorher‘ und ‚nachher‘ nachvollzogen werden und machen Übergangsprozesse eines Systems klar umschreibbar. Holl begründet diesen Sachverhalt folgendermaßen:

> „Indem es [das System] Wiederholungen von Ereignissen durch rekursive Vergleiche erkennt, kann es Abweichungen schneller orten und spezifischer reagieren, um Störungen zu beseitigen.“[245]

Zu diesen Beobachtungen und Folgerungen kann die Bibliothek aber nur kommen, wenn sie sich aus Ereignissen in Differenz zur Umwelt erzeugt und dazu benötigt sie Zeit, wie Luhmann explizit betont.

---

242 Wang [1989] S. 22.

243 Wang [1989] S. 41.

244 Wang [1989] S. 42f.

245 Holl [2003] S. 167.

> „Als Ereignis realisiert die jeweils aktuelle Gegenwart ein Verhältnis zu sich selber; das ist nur möglich, wenn sie zugleich als Differenz von Vergangenheit und Zukunft eingesetzt wird, und das heißt: sich durch rekursive Ausgriffe auf die im Moment inaktuellen Zeithorizonte Vergangenheit und Zukunft bestimmt."[246]

Indem also Zusammenhänge zwischen Vergangenheit und Zukunft hergestellt werden können, ist die Bibliothek bei der Literaturauswahl- und Beschaffung Entscheidungsträger bezüglich der Weitertradierung von Wissen und Erkenntnissen. Die Bedeutung für die systeminterne Konsistenzprüfung ist dabei signifikant, denn mit den Entscheidungen, die die Bibliothek fällt, ersetzt sie Unsicherheiten durch selbsterzeugte Sicherheiten, nämlich Entscheidungen, auf die wiederum Entscheidungen folgen werden. Das bedeutet nichts anderes, als dass sie ihrem Programm nach handelt und dieses setzt sich aus ihrer Funktion und der Kopplung zu ihrem Träger zusammen. Diese rekursiven Entscheidungszusammenhänge zeichnen die Bibliothek als Organisation aus.[247] Bibliotheken operieren als Organisationen und Kopplungsinstanzen zwischen den Funktionssystemen.

Wie Kleiner feststellt, sind „Wissen, Wirtschaft und Bildung in einer Art Ökosystem auf eine komplexe Art und Weise miteinander verbunden."[248] Bibliotheken schaffen Orientierung in der Weitervermittlung von Wissen, indem sie Strukturen befolgen, die sich am gesellschaftlichen Wandel der Kommunikationsformen anpassen und damit anschlussfähig bleiben.

Die Bibliothek als Organisation ist in ihrer Ausdifferenzierung von den gesamtgesellschaftlichen Veränderungsprozessen abhängig, das konnte im Laufe des Kapitels 3 festgestellt werden. Sowohl die Träger einer Bibliothek, als auch die Nutzer beeinflussen die bibliothekarische Arbeit und die Richtung ihres Entwicklungsprozesses. Als Kopplungsinstanz zwischen den Funktionssystemen ist sie einerseits darauf angewiesen sich an ihre Umwelt anzupassen. Andererseits muss sie sich durch ihre

---

246 Luhmann [1995a] S. 37.

247 Vgl. Luhmann [1992] S. 171.

248 Kleiner [2008] S. 205.

selbst-determinierende Operationsweise des Entscheidens distinguieren, um die Komplexität ihrer Umwelt reduzierend verarbeiten zu können sowie Strukturen erzeugen zu können, die das Erinnern von Selektionsschemata ermöglichen.

Im nächsten Kapitel soll die Untersuchungsperspektive von der Bibliothek als System auf die bibliothekskonstitutiven Bestandsteile gerichtet werden: Die Medien. Denn der Weg - die „düsteren Straßen und Schindergäßchen"[249] - zum Bibliothekssystem ist mittlerweile nicht mehr nur mit Büchern gepflastert. Vielmehr lässt sich der Struktur- und Bedeutungswandel von Bibliotheken auf die Geburt der modernen Verbreitungsmedien zurückführen.

---

249 Jochum [1995] S. 359. Er bezieht sich hierbei auf Leibniz, der prognostizierte, dass Bibliotheken einst zu Städten würden, in denen neben den großen Hauptstraßen auch kleine dunkle Gassen existieren. Gemeint hat er damit die „tote Literatur", die auf ihre Wiederentdeckung wartet.

4 Die Bedeutung der Medienevolution für Bibliotheken

4.1 Gedächtnis-Bildung durch Medien: Der Einfluss von Speicher- und Verbreitungsmedien auf die Entwicklung der Gesellschaft

Der Einfluss von Speicher- und Verbreitungsmedien auf die Entwicklung der Gesellschaft ist im Zusammenhang mit der Betrachtung der Bibliothek als Speichersystem von signifikanter Bedeutung. Dieses Kapitel stellt deshalb die Entwicklung der Verbreitungsmedien dar, um das reziproke Verhältnis von Kommunikation und gesellschaftlicher Differenzierung und deren Auswirkungen auf den Gegenstandsbereich der Bibliothek explizieren zu können.

Wie hat die Entwicklung der Medien auf das Gesellschaftssystem gewirkt und welche Folgen hatte dies für Bibliotheken?

Mündlichkeit und Schriftlichkeit bilden das Fundament für die Entwicklung komplexer Kommunikationsmedien und fundieren damit die Speicherung von tradiertem Wissen, Ritualen und ‚konnektiven Strukturen'.[250] Durch ihre Eigenschaft, Zeit akkumulativ zu kompensieren, bilden Medien die Schnittstelle zwischen der individuellen und soziokulturellen Dimension des kollektiven Gedächtnisses. Sie wirken als Transformatoren zwischen diesen zwei Ebenen. Medien ermöglichen Reziprozität, indem sie die individuelle Erinnerung in eine Form bringen und sie damit einem Kollektiv öffnen. Die Prämisse eines kollektiven Gedächtnisses ist also nach der Conditio-sine-qua-non Formel ohne Medien nicht diskutabel: Angefangen bei individueller Erinnerung im sozialen Kreis, wobei sich diese früher allein durch mündliche Kommunikation abspielte und heute durch eine Vielzahl von Kommunikationsmedien komplexere

---

250 Jan Assmann bezeichnet damit verbindend und verknüpfend wirkende Strukturen, die sich in jeder Kultur in sozialer Dimension und zeitlicher Dimension ausbilden. Ein gemeinsames Wissen und Selbstbild, erklärt er, baut auf gemeinsamen Regeln und Werten auf und lässt damit eine gemeinsam erinnerbare Vergangenheit entstehen, die gemeinschaftsbildend wirkt. Assmann [2005] S. 17.

Formen angenommen hat, bis hin zur Verbreitung von Wissen, das ohne Medien nicht zirkulieren könnte.

Um den Gedächtnis-Begriff auf den konkreten Gegenstandsbereich der Bibliothek anwenden zu können, ist also eine Auseinandersetzung mit der Medienevolution erforderlich. Denn die Wechselwirkung zwischen Medien und Gedächtnis ist so ausschlaggebend, dass Erinnerungskulturen und -räume erst durch die Entwicklung von Medien entstehen können und das Gedächtnis sich durch dementsprechende Gekoppeltheiten konstituiert.[251]

Kultursemiotisch betrachtet sind drei Dimensionen zu beachten, möchte man das Gedächtnis in Bezug zur Bibliothek stellen. Die materiale Dimension der Erinnerungskultur bildet sich aus den Medien, die Inhalte transportieren und damit Zugang schaffen wie Bücher, Zeitschriften oder das Internet. Die soziale Dimension der Erinnerungskultur besteht aus gesellschaftlichen Institutionen und Körperschaften, die dafür sorgen, dass relevantes Wissen abrufbar ist, wie es etwa in Bibliotheken der Fall ist. Und schließlich die mentale Dimension, die das Erinnern durch symbolische Vermittlung und deren Auswirkungen auf die vorherrschenden Denkmuster einer Gemeinschaft beeinflusst.[252]

Im Folgenden soll ein Blick auf die materiale Dimension und eine grobe Darstellung der Entwicklung der Speicher- und Verbreitungsmedien die Frage aufgreifen, inwiefern Medien gedächtnisbildend wirken und welche Konsequenzen daraus für Bibliotheken entstanden sind.

Wie bereits eingangs erwähnt, ist ohne eine materiale Dimension kein Zugang zum kulturellen Gedächtnis, wie es sich heute konstituiert, mög-

---

251 Vgl. Assmann/Assmann [1994]

252 Erll spricht von „erinnerungskulturellen Schemata". Erll [2005] S. 102. Auf die mentale Dimension möchten diese Ausführungen nicht weiter eingehen. Die Herangehensweise, die die Betrachtung von Gedächtnis über den neurobiologischen Apparat und das Bewusstsein des Individuums sucht, ist hier keineswegs angestrebt, sondern soll sogar gänzlich ausgeklammert werden. Vielmehr soll im Kontext der folgenden Kapitel ein Gedächtnis-Begriff behandelt werden, der die mentale Dimension, die basal für die Bildung eines kulturellen Gedächtnisses ist, als gegeben voraussetzt. Siehe dazu Schmidt [1991] und Markowitsch [2002]

lich. Mit der Erfindung der Schrift begann ein Prozess der sich immer weiter entwickelnden Medienevolution und damit ein stetes Externalisieren der individuellen Gedächtnisinhalte.

Die erste und fundamentale Ebene zur Ausbildung eines kulturellen Gedächtnisses, ist das personale Gedächtnis, das durch menschliche Hirnzellen aktiviert wird und im Kontext dieser Ausführungen als individuelles Gedächtnis bezeichnet wird. Die zweite Ebene ist die des kommunikativen Gedächtnisses, das eben aus der Sozialisation und Interaktion entsteht und zu einer Überschneidung verschiedener individueller Gedächtnisse führt. Während das individuelle Gedächtnis mit dem Tod desselbigen Menschen erlischt, überdauert das kommunikative Gedächtnis den Tod einzelner, weil es sich mit anderen Gedächtnissen teilweise deckt und in noch lebenden, psychischen Gedächtnissen weiter existiert. Das umfassende soziale Gedächtnis setzt sich also aus dem kommunikativen Gedächtnis und einem weiteren Gedächtnis-Teil zusammen, den Assmann/Assmann in ihrer Gedächtnistheorie das kulturelle Gedächtnis nennen. Im Zusammenhang mit Bibliotheken spielt letzteres eine zentrale Rolle, da es eben nicht nur in individuellen Gedächtnissen, sondern auch in Dingen existiert. Solche Dinge können Texte, Symbole, Bilder, Denkmäler oder Orte sein. Ein Ort selbst kann zu einem Subjekt oder Träger von Erinnerung werden.

Aber wie bereits ausgeführt, benötigt Erinnern bestimmte Formen und Techniken der Kodierung, der Speicherung und schließlich der Zugänglichkeit. Ohne Medien gäbe es kein kulturelles Gedächtnis wie es heute möglich ist.[253] Die soziale Ebene, die dafür sorgt, dass Institutionen und Einrichtungen geschaffen werden, die diese Speichermedien sammeln und aufbereiten, wären nicht benötigt worden, wenn es keine externen Speichermedien außerhalb des individuellen Gedächtnisses gäbe. Ohne Medien würde unsere Gesellschaft also auch keine Bibliotheken benötigen. Außerdem ist sich die Gedächtnisforschung darüber einig, dass „Wechselbeziehungen zwischen den Medien und den Metaphern des

253 Vgl. Assmann [1991a] S. 344.

Gedächtnisses"[254] bestehen. Es ist also zwingendermaßen erforderlich den Wandel der Bibliothek in Bezug zu Veränderungen der Speichertechnologien zu stellen. Aus diesem reziprok wirkenden Verhältnis lässt sich einerseits die Abhängigkeit von Medien und Erinnerungen nachweisen und andererseits substanzielle Bedeutung von Bibliotheken für das kulturelle Gedächtnis herleiten.

Im Folgenden soll also die materiale Dimension des Gedächtnisses untersucht werden, denn „alles, was über die Welt gewusst, gedacht und gesagt werden kann, ist nur in Abhängigkeit von den Medien wißbar, denkbar und sagbar, die dieses Wissen kommunizieren."[255]

Das gesellschaftskonstituierende Merkmal ist die Kommunikation.[256] Durch Kommunikation entwickeln sich soziale Gebilde, die eine Einheit schaffen und sich über ihren Zusammenhalt austauschen können. In primitiven, rein mündlich organisierten Gesellschaftsordnungen reicht die Kommunikation über Interaktionssysteme aus, um den Fortbestand des identitätsstiftenden Wissens dieser Gruppe zu sichern. Eine Weitertradierung von Wissen geschieht ausschließlich über das Medium der Sprache und obliegt somit dem individuellen menschlichen Gedächtnis. In der Regel ist das Gruppengedächtnis in primitiven Gesellschaften durch das älteste männliche Mitglied verkörpert und beinhaltet das identitätsformende Wissen über Gebräuche, Sitten und Riten. Ohne das Zeichensystem der Schrift ist es noch nicht möglich, Gedächtnisinhalte externalisiert weiterzuvermitteln. Insofern „wird nur das tradiert, was gebraucht wird, und das, was tradiert wird, wird auch gebraucht."[257] Vergangenheit kann in solchen Gesellschaften nur über mündliche Tradierung erinnert werden und schließt eine „Kumulation von Erfahrungen"[258] aus.

---

254 Assmann [2006] S. 149.

255 Assmann/Assmann [1990] S. 2.

256 Luhmann [1975]

257 Assmann/Assmann [1994] S. 130.

258 Ebd.

Mit der Erfindung der Schrift wird es möglich Gedächtnisinhalte auszulagern. Das Verhältnis der Gegenwart zur Vergangenheit ebenso wie der Erinnerungsprozess ist jetzt nicht mehr nur über Oralität, sondern auch über schriftliche Überlieferungen möglich.

Durch Riten, zeremonielle Dichter-Aufführungen oder Theaterstücke wird die Vergangenheit in die Gegenwart gebracht, verschwindet aber nach dem Ende der Vorstellung auch wieder und bleibt nur im individuellen Gedächtnis als Erinnerung haften.

> „Was es [noch] nicht gibt, ist ein abstraktes Zeichensystem, ein von der aktuellen Aufführung ablösbarer Kode."[259]

Aber mit der Schrift kann nicht nur konserviert werden, was vorübergehend nicht mehr gebraucht wird, sondern sogar unabhängig von einem psychischen Gedächtnissystem als Wissen aufbewahrt werden.

> „Durch Schrift wird Kommunikation aufbewahrbar, unabhängig von dem lebenden Gedächtnis von Interaktionsteilnehmern."[260]

Es findet eine Verlagerung statt. Die Überlieferung über ein Medium, über einen gegenständlichen Träger und nicht über das Medium der Stimme eines individuellen Gedächtnisses hat zweierlei Auswirkungen und zwar die Materialisierung von „belebten auf unbelebte Träger" und die Abstraktion, „die Ersetzung von symbolischen, mitsprechenden Medien durch abstrakte, in sich stumme Zeichen."[261]

Mit der schriftlichen Überlieferungstechnik wird identitätstiftendes und sicherndes Wissen von zeremonieller, ritueller Interaktion unabhängig.

Wissen aus der Vergangenheit kann weiterhin erinnert werden, auch wenn der Gedächtnisträger bereits gestorben ist. Außerdem ist durch die externe Speicherung von Informationen in der Form von Texten eine andere Aktualisierungsmöglichkeit gegeben als durch orale Überlieferung in Form von Riten oder Festen.

---

[259] Assmann/Assmann [1994] S. 133.

[260] Luhmann [1984] S. 127.

[261] Assmann/Assmann [1994] S. 134.

> „Sie [die Schrift] vergrößert als Verbreitungsmedium die Reichweite sozialer Redundanz; sie dehnt den Empfängerkreis aus und schränkt damit zugleich das ein, worüber noch informativ (das heißt: überraschend) geredet werden kann."[262]

Die Erfindung der Schrift ist der bedeutendste Einschnitt in der Geschichte kultureller Erinnerungsformen.[263] Mit dieser Errungenschaft der Vergangenheitsrepräsentation ist die Option verwirklicht, Meinungspluralität festzuhalten und sie macht als externe Speicherungstechnik kultureller Überlieferung menschliche Gedächtnisspezialisten überflüssig. In Texten gespeicherte Information besitzt eine andere Aktualisierungsmöglichkeit als durch orale Riten und festliche Traditionen verbreitete Information. Kulturelle Überlieferung ist also nicht mehr auf festliche, rituelle Kommunikation angewiesen, erweitert den Kreis der Bezugsfähigen und verliert die zeitliche Abhängigkeit.[264] Vielmehr wird eine raum- und zeitunabhängige Rekonstruktion von Aussagen aus der Vergangenheit möglich gemacht und dadurch „Überlieferungen historisch entwicklungsfähig."[265] Erinnern und Vergessen ist von Entscheidungen abhängig, denn „Aufschreiben ist immer auch Nichtaufschreiben von Anderem" und deshalb bezeichnet Luhmann Schrift als „selbstgemachtes Gedächtnis."[266]

Diese mediale Externalisierung von kultureller Überlieferung erfährt in der Erfindung des Buchdrucks nochmals einen Einschnitt. War der Zugang zur Schrift durch Institutionen wie der Kirche oder von politischen Herrschern determiniert, wird die Buchproduktion ein Marktsegment,

---

262 Luhmann [1998] S. 258.

263 Luhmann bezeichnet die Veränderung der Gesellschaft durch die Erfindung der Schrift als ‚katastrophal' und spricht von „einer Neuordnung von Zeit und Kultur." Luhmann [1998] S. 269.

264 Während die Überlieferung zeitpunktunabhängig wird, bleibt die Kommunikation „ein zeitpunktgebundenes Ereignis, daran ändert sich nichts." Luhmann [1998] S. 266. Und dies aus dem einfachen Grund, dass „Kommunikation tatsächlich erst mit ihrem Abschluss im Verstehen zustande [kommt]." Ebd. S. 259.

265 Assmann/Assmann [1994] S. 135.

266 Luhmann [1998] S. 271.

das demokratisiert und ökonomisiert operiert.[267] Die Reformation bringt die Auflösung des Wissensmonopol mit sich und die Entstehung einer neuen Instanz: Der Öffentlichkeit.

Die Entwicklung der Medienevolution beginnt mit der Erfindung des Buchdrucks in der Mitte des 15. Jahrhunderts für diese Arbeit erst wirklich interessant zu werden. Die Funktion der Schrift und die Bedeutung der Manuskriptkultur erfährt durch die Vervielfältigungstechnik des Buchdrucks eine enorme Steigerung. Zum einen erfährt die Öffentlichkeit einen demokratisierten Zugang zu Texten und Büchern und resultiert in einer Explosion des Wissens. Zum anderen wird die Buchproduktion zu einem Geschäft, das nicht mehr durch die Institution der Kirche reglementiert wird, sondern eine Auflösung des Monopols durch die Öffentlichkeit als neue Instanz erfährt. Ebenfalls mit dem Buchdruck in Verbindung stehend, ist die Ausbildung der exakten Wissenschaften. Außerdem lässt sich über die Folgen des Buchdrucks auf eine weitere Entwicklung hinweisen, die den Rezipienten betreffen.

Die Auflösung der Bildungsschranken und das Aufkommen neuer Kommunikationsformen führen zu einer Aufgabelung des Nutzungsverhaltens in intensive und extensive Lektüre und vor allem zu einem Netz literarischer Öffentlichkeit, das die Beziehung zwischen Autor und Leser anonymisiert.

> „Buchdruck, das heißt: [...] Anonymisierung des lesenden Publikums."[268]

Seit der zweiten Hälfte des 18. Jahrhunderts wird die Differenz zwischen schriftlosen und schriftverwendenden Kulturen zu einem gesellschaftlichen Thema. Außerdem entstand zur selben Zeit das moderne historische Bewusstsein, das Vergangenheit und Gegenwart völlig auseinander brechen ließ. Als Schlüsselereignis diente die Französische Revolution, mit deren radikaler gesellschaftlicher Umwälzung mit der Vergangenheit gebrochen wurde und dies auch auf materieller Ebene durch brennende

---

267 Vgl. Assmann/Assmann [1994] S. 136.

268 Luhmann [1995a] S. 296.

Klöster und zerstörte Bibliotheken geschah. Assmann beschreibt diese Entwicklungen als „die Geburt der Vergangenheit aus dem Geiste der Zerstörung."[269]

Während dieser Zeit steigt das Bewusstsein, das Wissen zu ordnen und vor dem Vergessen sowie vor dem materiellen Zerfall zu bewahren. Denn mittlerweile hatten die (hand)schriftlichen Aufzeichnungen und Drucke eine beträchtliche Masse erreicht und verlangten nach Systematisierung und Organisation. Schließlich rekurrierte aus diesem Wissen das soziale Gedächtnis einer Gesellschaft, die nicht mehr auf individuelle sterbliche Gedächtnisse angewiesen war.

> „Zum Bereithalten dieses Gedächtnisses werden allgemein zugängliche, ‚öffentliche' Bibliotheken eingerichtet."[270]

Die Folgeentwicklungen des Buchdrucks lassen sich kurz und prägnant darstellen. Die Trennung zwischen Information und Mitteilung entsteht durch die Erfindung der Schrift und erfährt nochmals eine Verstärkung durch die Einführung des Buchdrucks.

> „Die Medien der Mitteilung haben einen gravierenden Einfluss auf die Wahrscheinlichkeitsbedingungen der Kommunikation einer Gesellschaft."[271]

Da der Lesevorgang ein passiver Prozess ist, wird Handeln in zwei Formen getrennt: Interaktion und Beobachten, in Form von Lesen. Anders ausdrückt, die Gesellschaft kann sich, wenn sie liest, ab sofort selbst beobachten und diese Beobachtungen und Selbstbeschreibungen „ermöglichen, in der Gesellschaft zwar nicht mit der Gesellschaft, aber über die Gesellschaft zu kommunizieren."[272]

Durch die Technik des Drucks ist somit die systemtheoretische Beobachtung zweiter Ordnung möglich geworden. Ein weiterer fundamentaler Einschnitt in der medienevolutiven Entwicklung ist die Erfindung der

---

269 Assmann [2004] S. 51.

270 Luhmann [1998] S. 299.

271 Werber [2000] S. 323.

272 Luhmann [1998] S. 867.

elektronischen Speicherungstechniken wie Film, Radio, Fernsehen und Computer. Hat der Buchdruck einen Markt kreiert, der ökonomischen Gesetzen nach handelte, revolutionieren die elektronischen Medien die Gesellschaft über Technik.

> „Die modernen elektronischen Kommunikationstechnologien beruhen auf einer klaren Trennung der technischen Netzwerke von der Information und damit von der kulturellen Semantik, die mit ihrer Hilfe kommuniziert wird."[273]

Von Bedeutung sind jetzt gesteigerte Transportgeschwindigkeiten und größere Speicherkapazitäten der Medien. Damit einher geht noch eine weitere Entwicklung: Die zeitliche Dimension wird wieder wichtiger als die räumliche Dimension. Etwas Computer-Geschriebenes ist nicht endgültig, sondern kann jederzeit wieder gelöscht und erneuert werden. Damit entsteht eine Dynamik, die Assmann/Assmann auf einen Vorgang zurückführen, den sie „immaterielles Schreiben"[274] nennen. Mit dem Übergang zu elektronischen Speicherungstechniken im 20. Jahrhundert mit Medien wie Film, Radio, Fernsehen in den 1960er Jahren und dem Personal-Computer in den 1980er Jahren erfährt sowohl die Transportgeschwindigkeit von Informationen als auch die Speicherkapazität der Medien eine Steigerung. Durch das Internet wird die räumliche Dimension sekundär und es entstehen virtuelle Weltkommunikationsgemeinschaften ohne Orts- und Raumabhängigkeit. Informationen erreichen ihren Adressaten auf direktem akustischen und optischen Weg. Die Entkopplung von Raum und Zeit bezeichnet Luhmann als einzigartiges Merkmal der Moderne.[275]

Während mit Schriftlichkeit immer Materialität verbunden ist, verliert die Endgültigkeit des Geschriebenen und dessen Fixierung auf Papier mit dem Computer ihre Bedeutung. Es lässt sich am Bildschirm schreiben, ohne dauerhaft zu fixieren, denn Änderungen sind jederzeit möglich. Die Dimension der Zeit und die Immaterialität aus oralen Epochen gewinnt

---

273 Luhmann [1998] S. 522.

274 Assmann/Assmann [1994] S. 138.

275 Luhmann [1992] S. 166.

wieder an Wertigkeit. Assmann/Assmann vergleichen den Computer mit einem gedankengleichen Medium, das es ermöglicht, Gedachtes festzuhalten, es aber weiterhin beliebig variabel belässt, bevor es sichtbar gemacht wird wie eine „Extension des Geistes."[276] Auch heutzutage stehen einsame Rezeptionsformen wie beispielsweise PC-Spiele und der MP3-Player offenen Netzwerken und globalen Interaktionen und Kommunikationswegen entgegen.

Mit der Übertragung von materiellen auf elektronische Datenträger-Medien entsteht das Internet als „ein riesiger Datenpool ohne Langzeitspeicher."[277] Der Zugriff auf Information ist hier sofort möglich - und zwar ohne ein Suchen und Nachforschen in mehrbändigen Registerkatalogen. So ist auch der Datenfluss beschleunigt und ermöglicht eine schnellere Zirkulation von Wissen und Informationen.

Die gedächtnisbildende Kraft der Medien thematisiert Borsò in ihrer medienphilosophischen und medienhistorischen Perspektive auf den Gedächtnis-Begriff. Aus der Differenz zwischen der Sprache und dem Gegenstand der Erinnerung ergibt sich eine Konsequenz.[278] Sie stützt sich dabei auf Luhmanns Medien-Begriff, der ein Medium im Unterschied zur Form fasst.

> „Medien [bleiben] unsichtbar, sie sind das Umfeld, das im Zusammenhang mit der Form die Wahrnehmung ermöglicht. [...] Formen entstehen erst durch ihre Kopplung mit einem Medium und dieses nimmt auf die Form Einfluss. Das Zusammenspiel beider entscheidet über die Beschaffenheit der Mitteilung."[279]

---

276 Assmann/Assmann [1994] S. 138.

277 Assmann [2004] S. 55.

278 Borsò spricht von der „konstitutionellen Medialität des Gedächtnisses" Borsò [2001] S. 24/25. Damit will gesagt sein, dass Medien eine Botschaft, eine Erinnerung (die auch immer zugleich eine Form der Wirklichkeitskonstruktion ist) nicht nur einfach transportieren, sondern durch die Wahl eines bestimmten Mediums eine bestimmte Wirkung erzielt wird, die wiederum Auswirkungen auf die Folgen der Rezeption hat.

279 Borsò [2001] S. 25/26.

Insofern beeinflussen Medien die Konstitution und Wirkung der Informationen, die sie übermitteln.

Das Kernproblem des Verhältnisses von Gedächtnis und Medialität lässt sich nach Borsò folgendermaßen erklären.

> „Speicherungstechniken sind nicht gedächtnisexterne Hilfsmittel zur Reproduktion eines im Funktionsgedächtnis abgelagerten Vorwissens, sondern alles Wissen über die Vergangenheit wird durch das Verhältnis von Medium und Form erst produziert."[280]

Borsò erklärt, dass Assmann/Assmann dem kulturellen Gedächtnis eine funktionale Systematik im Hinblick auf Identitätsstiftung zuschreiben, denn das gesellschaftliche Umfeld sichert die Funktionstüchtigkeit des kulturellen Gedächtnisses durch Prozesse der Stabilisierung, wie beispielsweise die Materialisierung durch Schrift oder die Distanzierung, etwa durch kulturelle Institutionen. Diese Speicher sind lediglich materielle Träger zur Sicherung der kodierten Zeichen, die einen Sinn konstruieren. Medien ermöglichen also die Vermittlung einer Botschaft und garantieren ihre Speicherung.[281]

Der interessante Aspekt hierbei ist, dass, wie Krämer feststellt, Medien nicht einfach Botschaften übertragen, sondern eine Wirkkraft entfalten, welche die Modalitäten unseres Denkens, Wahrnehmens, Erfahrens, Erinnerns und Kommunizierens prägen.[282] Und das bedeutet, dass Medien nicht nur Sinn transportieren, sondern gleichzeitig auch mit dafür verantwortlich sind, Sinn zu erzeugen. Auch nach Luhmann sind Medien keineswegs die Botschaft, sondern drücken diese mit Hilfe einer Form aus, wie beispielsweise eine Leihfristüberschreitung entweder per Post über die Mahngebühren informieren kann, aber man auch die Email als Form wählen kann.[283] Medien sind für Luhmann ‚lose gekoppelte Ele-

280 Borsò [2001] S. 36.

281 Vgl. Borsò [2001]

282 Vgl. Krämer [1998] S. 14.

283 Krämer macht an dieser Stelle darauf aufmerksam, dass sie in Luhmanns Medientheorie analog zu der Unterscheidung von Medium und Form eine Bedeu-

mente' einer bestimmten Art, sie sind ‚lose' miteinander verbunden und können sich zu ‚festen' Formen verbinden.

Ein Medium wie beispielsweise die Sprache ist ein lose gekoppeltes Element, das durch eine Form wie Sprechen, Schreiben oder Lesen zu einer strikten Kopplung zusammengefügt wird.[284] Erst durch Medien werden persönliche Erfahrungen mitteilungsfähig, was genauso umgekehrt gilt, denn ein Individuum kann nur über Medienrezeption an kollektiven Erinnerungen teilhaben. Im Bezug auf Bibliotheken ist hier von zweierlei Arten von Medien zu sprechen. Erstens handelt es sich um die Speicher- und Verbreitungsmedien, die in der Bibliothek gesammelt, aufbewahrt und zugänglich gemacht werden und in diesem Kontext als Medien ersten Grades bezeichnet werden. Zweitens benutzt auch die Bibliothek wiederum Medien und Formen, um den Zugang zu ihren Beständen zu organisieren. Beispiele dafür sind ein Leitsystem, Informationsbroschüren oder auch die Internetseite, um wichtige Informationen publik zu machen. Das Leitsystem einer Bibliothek weist dem Benutzer durch schriftliche Zeichensysteme den Weg zu den verschiedenen Abteilungen und Informationsstellen. Dabei verhält es sich so, dass das Medium „einen riesigen, aber gleichwohl eingeschränkten Bereich von Möglichkeiten" bereitstellt, wie im Falle der Sprache[285], „aus dem die Kommunikation Formen auswählen kann, wenn sie sich temporär auf bestimmte Inhalte festlegt"[286] und damit eine Auswahl derjenigen Informationen im Internet bekannt gibt, anhand derer sich der Benutzer orientieren kann. Diese Medien sollen als Medien zweiten Grades definiert werden und zeichnen sich durch ihre Interaktionsbezogenheit aus.

Als Beispiel einer Medium/Form-Kombination im Bibliotheksbereich ziehe ich den Bibliothekskatalog heran. Eine signifikante Steigerung an

---

tungsverwandtschaft zu Zeichenträger und Zeichenbedeutung für wahrscheinlich hält. Krämer [1998a] S. 78.

284 Vgl. Luhmann [1998] S. 198.

285 Die Sprache ist unter dieser Perspektive ein Medium, das sich in verschiedene Formen fügen lässt. Gleichzeitig ist sie aber auch eine Form, in der psychische Systeme denken.

286 Luhmann [1996] S. 122.

Suchoptionen hat sich aus der Erfindung des elektronischen Suchkataloges ergeben. Während ein Zettelkatalog begrenzte Formen zur Verfügung stellte, wie die manuelle Suche im systematischen Katalog oder im alphabetischen Katalog, bietet der elektronische OPAC (Online Public Access Catalogue), eine Vielzahl von Recherchemöglichkeiten. Mittlerweile ist eine verknüpfte Suche möglich, die es erlaubt, mit verschiedenen Kombinationen zu suchen. Dies erfordert eine standardisierte Schlagwortvergabe im bibliothekarischen Geschäftsgang, um nicht durch eine unendliche Suchkombinatorik die Wahrscheinlichkeit für Selektion zu verlieren.

Der Suchkatalog als Medium stellt eine optische Oberfläche zur Verfügung, die durch eine Suchmaske verschiedene Suchstrategien ermöglicht. Die Suchstrategien sind hierbei als Formen anzusehen und können variieren in Autorensuche, Titelstichwortsuche oder Standortsuche. Das Medium ‚Katalog' beschränkt also einerseits durch seine Suchoptionen die Selektionen von Benutzern, um sie koordinieren zu können, eröffnet aber andererseits zahlreiche Varianten, also Formen, für immer neue veränderbare Suchmöglichkeiten. Der Katalog „wird durch Gebrauch nicht verbraucht, sondern im Gegenteil erneuert und wieder verfügbar gemacht"[287], schließlich ist dem Benutzer auch die Möglichkeit gegeben, online im Katalog Bestellungen und Verlängerungen durchzuführen, so dass ein anderer Benutzer sofort über den Status eines Buches oder einer Zeitschrift in Kenntnis gesetzt werden kann. Es ist also so, dass ein Medium „einen riesigen, aber gleichwohl eingeschränkten Bereich von Möglichkeiten bereit [stellt], aus dem die Kommunikation Formen auswählen kann, wenn sie sich temporär auf bestimmte Inhalte festlegt."[288] Genau dies geschieht bei einer Literaturrecherche in einem Bibliothekskatalog.

> „Bei den in Büchern und Bibliotheken enthaltenen Daten handelt es sich um »virtuelle Information«, die nur dann real werden, wenn man sie sucht und sich davon überraschen lässt, d.h. nur in einem immer einzigartigen Kommunikationsereignis."[289]

---

287 Luhmann [2002] S. 84.

288 Luhmann [1996] S. 122.

289 Esposito [2002] S. 339.

Allerdings entsteht mit dem Internet auch eine neue Problematik: Das Internet ist nicht speicherungsfähig. Es ist kein Memorieren möglich, denn selbst die Anfänge des Internets sind nicht archiviert oder fixiert und deshalb nicht mehr abrufbar. Das Internet ist die dynamischste Informationsquelle unserer Gegenwart und wird von Assmann metaphorisch mit der Börse verglichen, die ebenso einen rapiden Aktualitätsverfall auslösen kann.[290]

> „Die Möglichkeit, Materialität von Objekten abzulösen und sie auf Information zu reduzieren, hat bereits mit der Alphabetschrift begonnen und ist mit der Digitalschrift unendlich gesteigert worden."[291]

Daraus lässt sich eine wichtige Folgerung ziehen: Orale Kulturen stützen sich auf individuelle Gedächtnisträger, während sich literale Kulturen der Sprache als schriftliches Kommunikationsmittel bedienen. Die durch elektronische Speichermedien geprägte Kultur vereint schließlich beides: Die materiale Dimension der Kommunikationsmedien wird erst durch die Kodierung in kulturelle Objektivationen wie Texte, Monumente, Riten zu Erinnerung transformiert. Medien fungieren hierbei als Schaltstelle zwischen der individuellen und soziokulturellen Dimension der kulturellen Tradierung.

Medien sind zwar Vermittlungsinstanzen und Transformatoren kulturellen Wissens im Rahmen des Erinnerungsprozesses. Jedoch bilden Medien die Vergangenheit nicht einfach nur ab, sondern sind mit ihren Formen in der Lage vergangene Wirklichkeit zu rekonstruieren. Medien sind also keine neutralen Träger von Information, sondern erzeugen durch eine Form erst das, was übermittelt wird.[292]

---

290 Vgl. Assmann [2004] S. 56.

291 Assmann [2004] S. 57.

292 Vgl. Krämer [1998] S. 14.

> „Ohne Medien keine Form und ohne Form kein Medium, und in der Zeit ist es möglich, diese Differenz ständig zu reproduzieren."[293]

Wie auch Aleida und Jan Assmann der Auffassung sind, dass das kulturelle Gedächtnis im Wesentlichen mit den Kommunikationsmedien einer Gesellschaft in Wechselwirkung steht, vertritt auch Esposito die These, das die Form des Gedächtnisses das Ergebnis der Wechselwirkungen zwischen Differenzierungsformen der Gesellschaft und den verfügbaren Kommunikationstechnologien ist.[294]

Speicher- und Verbreitungsmedien ergänzen „das objektgebundene Gedächtnis durch ein mobileres Gedächtnis, das laufend neu erzeugt werden kann, aber im Aufschreiben auch Entscheidungen zwischen Erinnern und Vergessen erfordert."[295]

Man kann drei wesentliche Funktionen von Medien feststellen: Speicherung, Zirkulationsfähigkeit und Abruffähigkeit. Die Speicherfunktion sorgt dafür, dass Inhalte über Zeitabschnitte hinweg verfügbar gehalten werden und die Zerfallsgefahr eingedämmt wird. Deshalb werden in Bibliotheken beispielsweise Bücher aus säurehaltigem Papier gescannt, um nicht völlig verloren zu gehen.[296] Elektronische Datenträger unterliegen allerdings einem ähnlichen Problem, so dass muss auch hier für eine Bestandssicherung gesorgt werden muss.

Die Zirkulationsfähigkeit von Medien ist heute unabhängiger von Zeit und Raum als vor der Erfindung elektronischer Datenverarbeitung. Kommunikation ist auch ohne Interaktion synchronisierbar und dies wird durch die Massenmedien unterstützt.

---

293 Luhmann [1998] S. 199.

294 Esposito [2002] S. 10.

295 Luhmann [1998] S. 586.

296 Das Unternehmen Google und die Bayerische Staatsbibliothek in München haben eine Vereinbarung getroffen, nach der der Bestand digitalisiert wird und mit dem Google-Werkzeug Booksearch durchsuchbar und online lesbar gemacht wird. Folglich Seidler [2007].

> „Wenn es in der Evolution der Verbreitungsmedien durchgehende Trends gibt, die mit der Erfindung der Schrift beginnen und in den modernen elektronischen Medien ihren Abschluss finden, dann sind es [...] der Trend von hierarchischer zu heterarchischer Ordnung und der Verzicht auf räumliche Integration gesellschaftlicher Operationen."[297]

Die Abruffunktion setzt einen Erinnerungsprozess in Gang. Erll erarbeitet hieraus den Terminus *cadres médiaux*, der analog zu Halbwachs' *cadres sociaux* dem Individuum einen Zugang zu kollektiven Rahmen des Gedächtnisses bietet. Allerdings sind für Halbwachs Medien nur neutrale Vermittlungsinstanzen.

> „Mediale Rahmen sind gewöhnlich ebenso unsichtbar wie die Luft, die wir atmen. Im normalen Leben spürt man ihre Existenz nur, wenn man [ihnen] Widerstand leistet."[298]

„Kommunikation ist Prozessieren von Selektion"[299] und diese Synthese „besteht aus Information, Mitteilung und Verstehen."[300] Kommunikationsmedien stellen die Voraussetzung von Kommunikation dar und unterscheiden sich in drei Arten „Unwahrscheinliches in Wahrscheinliches zu transformieren."[301] So ist die Sprache das Medium, das eine Information, die über das Wahrnehmbare hinausgeht, mitteilungsfähig macht. Dies geschieht mittels akustischen und optischen Zeichengebrauchs.

Die verschiedenen Kommunikationsmedien entwickelten sich parallel zur gesellschaftlichen Evolution. So haben sich aufgrund von Sprache weitere Kommunikationsmedien entwickelt, die die Kommunikation von den Bedingungen der Oralität und der direkten Interaktion unter Anwesenden löste. Durch Verbreitungsmedien wie der Schrift, dem Druck und den elektronischen Medien wird „eine immense Ausdehnung der Reich-

---

297 Luhmann [1998] S. 312.

298 Halbwachs [1985] S. 19.

299 Luhmann [1984] S. 194.

300 Luhmann [1998] S. 190.

301 Luhmann [1984] S. 220.

weite des Kommunikationsprozesses"[302] erreicht. Eine tragende Rolle spielt hierbei die Befreiung von reiner gedächtnisgebundener Überlieferung in oralen Gesellschaften. Durch schriftbasierte Speichermedien konstituierte sich erstmals ein externes Gedächtnis außerhalb des individuellen Gedächtnisses, das Erinnern und Vergessen bewusst entscheidbar macht.

Die Evolution der Gesellschaft steht also in unmittelbarem Zusammenhang mit der Entwicklung von Kommunikationsformen und umgekehrt. Ohne die eine Entwicklungsform ist das evolutive Voranschreiten der anderen Komponente nicht möglich, „vielmehr kommt es zu einer immer komplexeren Struktur ihrer Überlagerung und Durchkreuzung."[303] Über die Jahrtausende hat sich aus der mündlichen Sprache die Schrift entwickelt, erfand man den Buchdruck, woraus die elektronischen Medien und die Massenmedien folgten, die nach Luhmanns Auffassung als gesellschaftliches Funktionssystem operieren. Dabei ist „das grundlegende Kommunikationsmedium [...] die Sprache"[304] geblieben. Denn die Autopoiesis eines Systems setzt den Fortgang der Kommunikation obligatorisch voraus und dieser wäre ohne Sprache nicht möglich, auch wenn sprachlose Kommunikation mitunter stattfinden kann.[305]

Sowohl die Gesellschaft als auch die Kommunikation wandeln sich durch evolutive Entwicklungen, wobei das Verhältnis zirkulär zu denken ist:

> „Gesellschaft ist nicht ohne Kommunikation zu denken, aber auch Kommunikation nicht ohne Gesellschaft."[306]

Es gibt also keine kausale Entwicklungsrichtung, denn die Evolution von Gesellschaft und Kommunikation sind nicht voneinander zu trennen: Die Gesellschaft ist ein Kommunikationssystem. So lässt sich die Hypothese

302 Luhmann [1984] S. 221.

303 Assmann [1996] S. 109.

304 Luhmann [1998] S. 205.

305 Luhmann [1998] S. 206.

306 Luhmann [1998] S. 13.

aufstellen, dass Bibliotheken nicht existieren würden, hätte es keine Medienevolution gegeben.

Aber wäre die gesellschaftliche Kommunikation, wie sie sich heute konstituiert, auch ohne Bibliotheken genauso anschlussfähig, wenn das Erinnern und Vergessen kulturell-geistiger Errungenschaften nicht mehr organisiert wäre? Zumindest wäre der semantische Themenvorrat, den Luhmann ‚Kultur'[307] nennt, verschwunden und eine Anschlusskommunikation an die bisherige gesammelte gesellschaftliche Kommunikation nur schwer möglich.

In der Entwicklung der Schrift sieht Aleida Assmann die Zweiteilung des kulturellen Gedächtnisses begründet. So tragen das Funktions- und das Speichergedächtnis maßgeblich dazu bei, dass das kulturelle Gedächtnis sich verändern kann und kultureller Wandel zugelassen wird. Durch eine stete Grenzverschiebung zwischen den Gedächtnisteilen findet ein Austausch statt. Diese Grenzverschiebungen werden durch Spannungen zwischen den Generationen oder zwischen Gruppen und Gemeinschaften ausgelöst und bewirken die Dynamik des kulturellen Gedächtnisses und seiner Fähigkeit zum Wandel.

Die Ausdifferenzierung der Medienlandschaft verlangt nach Strukturen, die sie systematisieren und organisieren, um ihre Abruffunktion zu gewährleisten und der Entropie entgegenzuwirken. Medien, die Erinnerungsinhalte vom individuellen Gedächtnis auf das soziale Gedächtnis externalisieren, müssen um die Überlieferung, die Zirkulation und Zugänglichkeit zu sichern, systematisch organisiert werden.

Komplexe Gesellschaftsformen benötigen also leistungsfähige Technologien für die Speicherung und Aufbereitung von Medien. Die wichtigsten Eckpunkte, die eine institutionalisierte Organisation von Medien notwendig gemacht haben, sind die Erfindung der Schrift, der Buchdruck, die digitalen und elektronischen Speichermedien, telekommunikative Vernetzung und das Internet. Einrichtungen wie Bibliotheken, die Wissensmanagement betreiben, basieren ebenso auf dem exponentiellen

---

[307] Luhmann [1998] S. 313f, 409.

Wachstum der Informationsmengen wie dem wachsenden Informationsbedürfnissen, die sich aus der Medienevolution entwickelt haben.

Die Anforderungen an Bibliotheken müssen sich also im Zuge der gesellschaftlichen Ausdifferenzierung von Funktionssystemen und ihren Subsystemen ebenso verändert haben wie neue Speicher- und Verbreitungsmedien entstanden sind. Sie sind Organisationen, die sich „der Pflege des ‚historischen' Wissens einer Gesellschaft"[308] widmen.

> „Während das ‚aktuelle' Wissen einerseits in naturwissenschaftlicher Forschung und Technik zirkuliert, tragen sie Sorge dafür, dass Zeugnisse und Artefakte, die für die Gesellschaft ihre aktuelle Bedeutung verloren oder noch nicht wiedergewonnen haben, nicht nur geschützt und aufgehoben, sondern darüber hinaus konserviert, katalogisiert, aufbereitet, gedeutet und wieder zugänglich gemacht werden."[309]

Daraus lässt sich die Folgerung ziehen, dass sich der allgemeine soziale Wandel[310] und der Wandel von Kommunikationstechnologien analog vollziehen.

Wie bereits erwähnt, entstand der Bedarf nach Bibliotheken erst mit dem Überwechseln einer auf mündlicher Tradition existierenden Gemeinschaft zu einer schriftbasierten Gesellschaft. Ebenfalls kann man in diesem Zusammenhang feststellen, dass die Notwendigkeit nach einem gesellschaftlichen (externen) Gedächtnis erst besteht, seitdem man in der Lage ist, Kommunikation abzuspeichern - und das in Form von Medien, die an einem Ort systematisch gesammelt werden. Der Bedeutungszusammenhang zwischen Gedächtnistheorie und Medienevolution führt in Bezug auf den Gegenstandsbereich der Bibliothek zu einem Konstrukt: Erinnerungen, in denen Wissen, Werte und Normen sowie Traditionen

---

308 Assmann [2004] S. 52.

309 Ebd.

310 Sozialer Wandel ist in diesen Zusammenhängen als „Veränderung in den Strukturen eines Kollektivs, das heißt in den Regeln und Regelmäßigkeiten inklusive der damit einhergehenden Werte und Einstellungen, die eine Gesellschaft kennzeichnen" zu verstehen. Münch/Schmidt [2005] S. 201.

und Erkenntnisse enthalten sind, die ein Kollektiv betreffen, werden in Form von Medien aus dem gesellschaftlichen Kommunikationsprozess gezogen, durch eine Bibliothek selektiert und systematisch geordnet und organisiert.

Nach Esposito besteht ein „gegenseitiger Anpassungsdruck und eine ständige Wechselwirkung“[311] zwischen den im Laufe der gesellschaftlichen Evolution stattfindenden Differenzierungsformen der Gesellschaft und den Kommunikationstechnologien. Sie geht sogar davon aus, dass „das Gedächtnis der Gesellschaft jeweils das Ergebnis dieser Dynamik ist.“[312] Und diese Dynamik wiederum hängt mit der „zugrunde liegenden Struktur von Gesellschaft und mit dem Komplexitätsgrad von Kommunikation“[313] zusammen. Um diese These zu unterstützen, richtet sich im nächsten Kapitel der Blickwinkel auf die operative Ebene der Bibliothek: Die Ordnung der Medien.

4.1.1 Zur medialen Wissensordnung: Von der klassischen Bibliothek zur modernen Dienstleistungseinrichtung

Der Übergang von oraler zu literaler Kultur bedeutet nicht nur eine Veränderung der Übermittlungs- und Speichermethoden von Wissen, sondern auch eine Veränderung hinsichtlich der Rekonstruktionsmethoden. Mündliche Tradierung basiert erstens auf der Erzählweise und kann zweitens durch optische Reize unterstützt werden. Während bei oraler Tradierung Bilder erinnert werden, die auf das erlebte Ereignis rekurrieren, kehrt sich der Mechanismus bei literaler Tradierungsweise um: Über die Rezeption von Texten entstehen Bilder. Erinnert wird nun kein bewegtes Bild, das durch Ereignischarakter im Gedächtnis verankert ist, sondern anhand von Zeichenkombinationen, die einen Sinn verschlüsseln und erst während des Erinnerungsprozesses Bilder im Gedächtnis auslösen.

311 Esposito [2002] S. 38.

312 Ebd.

313 Esposito [2002] S. 39.

Die räumliche Ordnung einer Bibliothek vereint beides, indem sie einerseits durch eine Aufstellungssystematik Wissen in Form von Medien anordnet und andererseits diese Ordnung nach inhaltlichen Kriterien organisiert. Ordnung wird von Innen nach Außen gestülpt, indem mündliche Überlieferung schriftlich fixiert wird, nun optisch rekonstruierbar ist und nicht mehr allein durch akustische Signale in einer optischen Form wie Theaterstücken oder rituellen Zeremonien rezeptionsfähig gemacht wird.

Das gesammelte und gespeicherte Wissen und seine Ordnung in einer Bibliothek sind nicht statisch. Diskurse ändern sich im Laufe der Geschichte ebenso wie sich die Verbreitungs- und Kommunikationsmechanismen der Übermittlung von Wissen ändern. Die Bibliothek sorgt dafür, Medien „in einer speziellen Weise [zu] ordnen und zueinander in Beziehung [zu] setzen."[314] Aufgrund dieser Ordnung stellt die Bibliothek der Wissenschaft die Grundlage zur Erforschung neuen Wissens bereit, denn neue Erkenntnisse basieren immer auf den bereits vorhandenen Erkenntnissen. Die Bibliothek ermöglicht also durch die Zugänglichmachung von Medien einen Rückgriff auf Vergangenheit. Sie stellt Medien zur Verfügung, die Wissen tradieren und macht diese durch die Herstellung einer Ordnung in der Gegenwart rezeptionsfähig. Mit anderen Worten, sie hält Wissen in Form von Kommunikationsmedien anschlussfähig.

Die „Kodifizierung von Gedächtnisinhalten in prägnanten Bildformeln, und »loci«, der Zuordnung dieser Bilder zu spezifischen Orten eines strukturierten Raumes"[315] ist genau jenes Merkmal, das Bibliotheken mit der Metapher des Gedächtnisses in Verbindung stellt. Und zwar sind Gedächtnisinhalte in Form von Medien materialisiert und damit entsprechend einer Bildformel visualisiert. Die Medien sind mit einer Identitätskodierung versehen, der Signatur, die jedes einzelne Medium identifizierbar macht sowie dessen Standort bestimmt. Damit ist ein spezieller Ort mit dem Medium verknüpft, an dem es auffindbar ist. Die Systematik, mit der die Signaturen bestimmt werden, spiegelt sich im Bibliotheksraum wieder, der so eine einheitliche Struktur verkörpert. Dieses Schema

314 Stocker [1997] S. 81.

315 Assmann [1991] S. 14.

der „topologische[n] Ordnung [...] suggeriert Organisation, Ökonomie, Verfügbarkeit - alles Aspekte, die das künstliche Gedächtnis dem natürlichen voraushat."[316]

Die räumliche Wirkung einer Bibliothek erwächst also aus der Anordnung der Medien, die weitgehend noch Bücher sind und prägt die assoziativen Vorstellungsbilder von Bibliotheken noch heute. Die Gleichförmigkeit der Bücherregale erzielt nicht nur eine dekorative Wirkung, sondern verknüpft damit auch die Vorstellung der Klarheit von Wissen und Erkenntnis. Diese Präsentationsform des Wissens geht aus der entstehungsgeschichtlichen Tradition der Bibliothek hervor. Als Bestandteil eines heiligen Tempels differenzierte sich die Bibliothek zwar zu einer relativ eigenständigen Einrichtung aus, verliert aber niemals ganz den Kontext zum heiligen Ort und der „Beziehung zum unsichtbaren Göttlichen."[317] Dickhaut zieht den Ordo-Gedanken heran, der von der Annahme ausgeht, dass eine allumfassende gottgewollte Ordnung das menschliche Dasein begründet und danach auch das Wissen einer Bibliothek zu ordnen ist.[318] Die Metapher „Tempel der Weisheit"[319] spielt gleichermaßen darauf an, dass die bibliothekarische Ordnung des Wissens etwas Heiliges impliziert.

Mit der Auflösung der kirchlichen Monopolstellung nach der Reformation und spätestens mit der funktional differenzierten Gesellschaftsordnung, erfährt die Bibliothek einen Funktionswandel.

Sie reduziert die Komplexität des Wissens auf eine systematische Ordnung. Diese Reduktion von Komplexität filtert schließlich das „totale Wissen"[320] heraus. Jochum beschreibt das „in den unzähligen Büchern enthaltene Wissen" als „loci communes", die „über verschiedene alphabetisch-sequentiell geordnete Indizes (Verfasseralphabet, Sachalphabet)

---

316 Assmann [1991] S. 21.

317 Jochum [1999] S. 96.

318 Dickhaut [2005] S. 301.

319 Dickhaut [2005] S. 302. Hierzu ausführlich Schneider [2000]

320 Jochum [1998] S. 17.

angeboten werden."[321] Über ,Orte', Standorte und deren identifizierte Kodierung der Signatur ist jedes Medium lokalisierbar.

Das Instrument des bibliothekarischen Gedächtnisses ist dabei die Erschließung. Sie stellt die Schemata zur Verfügung, die notwendig sind um die Ordnung aufrecht zu erhalten und immer wieder erinnern und anwenden zu können.

In den Jahren zwischen 1677 und 1680 arbeitet Leibniz seine Pläne für die ideale Bibliothek aus. Seine Priorität liegt nicht auf der Quantität des Bestandes, sondern auf den „Kern-Büchern", die von allen Wissensgebieten die wichtigsten Bücher meinen.[322] Er war darauf bedacht, die Bücher in einer systematischen Anordnung aufzustellen, damit die Benutzung der Bestände so einleuchtend wie möglich gemacht werden konnte. Die auf Gabriel Naudé[323] zurückgehende Aufstellungssystematik nach Hochschuldisziplinen nahm Leibniz als Grundlage seiner Bibliothekssystematik, die sich im Wesentlichen auf die Fächer Theologie, Medizin, Jurisprudenz, Geschichte, Philosophie, Mathematik und die Schöne Literatur beschränkte. So spiegelte die Aufstellungsordnung der Bibliothek den Kosmos des Wissens der Universität wieder und erlaubte den Gelehrten eine einfache und schnelle Suche nach ihrer Literatur.

Die Bezeichnung der Bibliotheksorganisation als einer göttlichen Ordnung, die dem ,Kreis der Erkenntnis' entsprechen sollte, wurde vom Münchner Bibliothekar Johann Michael Denis beschworen.

> „Bibliotheken sind die wahren Musentempel, Rüsthäuser der menschlichen Kenntnisse, die Dämme wider den Einbruch der Unwissenheit, die Vorrathskamern, in welche die Ausbeute aller Geistsarbeiten zur Nahrung der Nachkunft gesammelt werden kann, die Mausoleen, in denen der unsterbliche Nachlaß der edels-

321 Jochum [1998] S. 18.

322 Leibniz [1927] S. 15.

323 Gabriel Naudé war französischer Bibliothekar und wurde durch seine 1627 verfasste Schrift: „Advis pour dresser une bibliothèque" (zu dt. Hinweis zum Aufbau einer Bibliothek) bekannt, dem ersten Handbuch des französischen Bibliothekswesens. Folglich Jochum [1999]

ten Seelen, derer irdische Ueberbleibsel nur hier und dort zerstreuet verehrt werden, beisammen ruht, die angenehmsten Lustgärten, in welchen auf jeden Schritt neue Blumen emporsprossen, und Vergnügen um sich düften [...]"[324]

Die sieben Wissenschaftsgebiete sollten die „sieben Säulen der Weisheit" des Salomonischen Tempels widerspiegeln und in der Aufstellungssystematik nicht nur äußerlich, sondern auch inhaltlich als Kanon rekonstruierbar sein.[325] Das göttliche Prinzip der Ordnung erklärt auch, weswegen die Theologie als die signifikanteste Fachgruppe erachtet wurde und „wie die Schöpfung, so die Ordnung des Wissens über ebendiese Schöpfung und damit auch die Bibliothek"[326] beschaffen sein sollte.

Die Ordnung erweist sich auch innerhalb der Systematik als hierarchisch göttlich. Der Mensch als Geschöpf Gottes verlagert sozusagen sein individuelles Gedächtnis in die Bibliothek als organisierten Raum. Als ausgelagertes Moment des individuellen Gedächtnisses eines Bibliothekars gilt der Bestand nicht als unüberblickbarer Raum, sondern als unmittelbarer Gedächtnisinhalt des Bibliothekars. So betont Leibniz auch die Bedeutung der „Kern-Bücher", die als textuelle Erinnerungsfiguren[327] keine Dubletten erfordern.

„Jedes Buch, das den gleichen Inhalt noch einmal böte, wäre nicht nur überflüssig, sondern würde die Gedächtnisfunktion der Bibliothek beeinträchtigen [...]. Und jede Lektüre, die über den unmittelbaren Zweck, eine Gedächtnislücke zu füllen, hinausginge, wäre aus demselben Grund von übel und dem seit Platons Phai-

---

324 Denis [1795] S. 262.

325 Vgl. Jochum [1995] S. 349.

326 Ebd.

327 Jochum spricht von „textuellen Erinnerungsbildern". Jochum [1995] S. 349. Allerdings beziehe ich mich auf die Terminologie Jan Assmanns, der eindeutig die narrative Komponente, eben einer Erinnerungs*figur*, herausstellt. Siehe dazu Assmann [2005] S. 38.

> dros tradierten Verdacht ausgesetzt, das Gedächtnis zu schädigen."[328]

Der Bibliothekar ist zu dieser Zeit also das Gedächtnis der Bibliothek, das er leibhaftig verkörpert und den Gelehrten sein Wissen als äußeren Gedächtnisraum zur Verfügung stellt. Ebenso bildet die Ordnung der Bücherregale das Gedächtnis der Gelehrten ab, die im Falle einer Gedächtnislücke „nur diejenigen loci in der Bibliothek aufsuchen [müssen], die den leeren loci ihres individuellen Gedächtnisses entsprechen."[329]

Ende des 18. Jahrhundert wird diese Auffassung einer Bibliotheksorganisation durch Albrecht Christoph Kayser erschüttert. Für ihn spielt weder die wissenschaftliche Gelehrtheit des Bibliothekars eine Rolle, noch erachtet er den systematischen Katalog als sinnvoll um eine Bibliothek schnell und effektiv nutzen zu können. Kayser vertritt die Auffassung eine Bibliothek müsse einrichten und verwalten und so dividiert er schließlich Bibliothek und Wissenschaft auseinander.[330]

> „Schnelle Auffindung der Bücher ist das erste und wichtigste Bedürfnis einer Bibliothekseinrichtung."[331]

Mit dieser Äußerung überführt er die Bibliothek aus dem Kosmos der Wissenschaft in die Verwaltungsdimension. Das „neue bibliothekarische Gedächtnis" Kaysers entreißt dem individuellen Gedächtnis des Bibliothekars die Kontrolle und verlagert es in „schriftlich niedergelegte Verwaltungsgrundsätze."[332] Die Aufstellungssystematik verliert ihre grundlegende Bedeutung und verweist jegliche Ordnungskontrolle auf serielle alphabetische Kataloge. Die Rolle des Bibliothekars kann also gewissermaßen mit einer Kopplungsfunktion umschrieben werden, die operativ zwischen dem Wissen der Gelehrten und der Ordnung dieses Wissens vermittelte.

---

328 Jochum [1995] S. 349.

329 Jochum [1998] S. 16.

330 Jochum [1995] S. 350.

331 Kayser [1790] S. 5.

332 Jochum [1995] S. 351.

Das 19. Jahrhundert ist durch Friedrich Adolf Ebert geprägt, der in Dresden und Wolfenbüttel waltete und die Tradition des Bibliothekars als „Organ zwischen Vor- und Nachwelt“[333] nicht aufgeben mochte. Sein Konzept umfasst die historische Einteilung der Bibliothekssystematik und zielt im Wesentlichen darauf ab, einen Kompromiss zwischen der verwaltungstechnischen Komponente der Bibliothekspraxis und dem „Localgedächtnis“[334] des Bibliothekars zu finden, indem er Überschneidungen zum Gedächtnisraum der Wissenschaftler sucht.

> „Ist ihm schon ein treues und vestes Behalten von Titeln, Namen und Zahlen zur leichteren Führung seines Amtes unentbehrlich, so ist es doch fast noch mehr ein sicheres Localgedächtnis; denn derjenige Bibliothekar, der immer nur seinen Katalog handhaben muss, um zu finden, was er sucht ist fürwahr ein sehr beklagenswerther Mann!“[335]

Die Konsequenzen beschreibt Jochum als verheerend für die Identität des gesamten Berufsstandes, der „den Traum vom Universalgelehrtentum“[336] fortträumte - was im Übrigen bis heute im Klischeebild des klassischen Bibliothekars fortbesteht. Ebert bezeichnet die Bibliothek sogar als „stilles Heiligtum“ und wird kurz darauf 1834 von der Bücherflut überfordert und auch an seine körperlichen Grenzen gebracht, als er „erschöpft von der Bibliotheksleiter fiel.“[337]

Mit der steigenden Buchproduktion und neuen technischen Herstellungsverfahren war um 1900 endgültig klar, dass mit einer systematischen Aufstellung die gigantisch gewachsenen Bestände nicht mehr zu bewältigen waren und so stellte man die Aufstellungssystematik auf

---

333 Ebert [1820] S. 10.

334 Ebert [1820] S. 14.

335 Ebert [1820] S. 15.

336 Jochum [1995] S. 353.

337 Der nach München berufene Göttinger Bibliothekar Julius Wilhelm Hamberger erlitt ein ähnlich groteskes Schicksal wie Ebert. Er sollte die Münchener Hofbibliothek (heute die Bayerische Staatsbibliothek) nach dem Vorbild der Göttinger Bibliothek systematisieren, „musste aber bereits nach drei Jahren völlig verwirrt in eine Heilanstalt eingewiesen werden.“ Jochum [1998] S. 22/23.

Numerus currens um. Zusätzlich sorgte auch der Staat für eine Vorantreibung der Bibliothek zum Verwaltungsorgan von Schrift und Buch, indem die Instruktionen für die alphabetischen Kataloge der preußischen Bibliotheken, die so genannten Preußischen Instruktionen, entwickelt wurden.

Nachdem man die Büchermengen durch eine maximale Raumausnutzung einigermaßen in den Griff bekommen hatte, kamen die Folgen der Umstellung der Bibliothek von einem ‚heiligen Ort' zur Verwaltungsanstalt vollends ans Tageslicht. Der Wert eines Buches konnte von keinem Bibliothekar mehr bestimmt werden, da er über enzyklopädisches Wissen hätte verfügen müssen. Außerdem war die Aufstellungssystematik nach den Wissenschaftsdisziplinen gerade erfolgreich durch die Platz sparende Aufstellung nach Numerus currens ersetzt worden, die ein alphabetisch-sequentielles Katalogverfahren notwendig machte und jegliches individuelles Bibliothekarsgedächtnis für überflüssig erklärte. Wichtig war von nun an nur noch die Kompetenz, die Kataloge benutzen zu können um das Gesuchte zu finden.

Die Expansion des Buchdrucks machte also ein Ordnungsprinzip notwendig, nach welchem die Bücher organisiert werden konnten. Strukturierte Verortungssysteme und Wissensklassifikationen sorgten dafür, dass die Bücher auffindbar waren. Um die Komplexität der Büchermassen zu reduzieren, wurden Auffindungs- und Verortungssysteme entwickelt. Konrad Gessner machte es sich zum Ziel nicht nur die Ordnungssystematik einzuteilen, sondern gleichzeitig die Wissensvermittlung an den Leser effizienter zu gestalten, „um Übersichtlichkeit herzustellen und die Tradierung von Wissen zu gewährleisten."[338]

Dabei spielte in seinem Entwurf eines Rasters zur Verortung von Büchern, der *Bibliotheca universalis*, eine traditionelle Technik der Textverarbeitung eine große Rolle.[339] Man muss sich *loci communes* als alphabetisch-sequentiell geordnete Indizes vorstellen, die das Wissen aus den Büchern in zentrale Begriffe und thematische Stichworte komprimieren und den

[338] Zedelmaier [1992] S. 59.

[339] Jochum [1998] S. 18.

Benutzer auf die gesuchte Stelle verweisen.[340] Alles, was als erinnerungswürdig erscheint, soll abruffähig und auffindbar sein in einem „virtuellen Thesaurus menschlichen Wissens."[341]

In der frühen Neuzeit fanden sich zwei Arten typologischer Verweissysteme. Erstens biobibliographische und literarhistorische Sekundärinformationen und zweitens Erschließungskriterien, die auf dem systematischen Grundriss der Wissenschaften basierten.[342]

Nach der „göttlichen Erfindung" des Buchdrucks war eine Herstellung von Indices erforderlich, um Ordnung schaffen zu können. Gessner entwickelte nach seinem eigenen Prinzip eine frühe Vorform des Zettelkatalogs, indem er Bücher exzerpierte und das, was wichtig erschien, notierte. War das Blatt voll beschrieben, wurde es zerschnitten und die einzelnen Zettel in einer bestimmten Ordnung auf ein neues Papier geklebt. Die Zuordnung der Zettel konnte im Nachhinein noch korrigiert werden, indem der Leim mit Wasser angefeuchtet wurde. Gessner statuierte damit eine Art Zettelkasten in Buchform, dessen „Ziel und Zweck [...] ein schnelles Auffinden der Bücher"[343] implizieren sollte.

Das Wissen veränderte und erweiterte sich zu dieser Zeit immens und damit auch die Möglichkeiten seiner Ordnungsweisen.

> „Aber die Aufstellung selbst war nicht nur Repräsentation, sondern auch Operation, und zwar in einem von der Erwerbung unterscheidbaren Sinn."[344]

Eine weitere Reduktion der steigenden Komplexität erreicht die Einführung von Regelwerken der formalen Erschließung, wie die genannten Preußischen Instruktionen im Jahre 1899.[345]

---

340 Jochum [1998] S. 18 und Zedelmaier [1992] S. 63.

341 Müller [1996] S. 86.

342 Zedelmaier [1992] S. 64.

343 Zedelmaier [1992] S. 116.

344 Schneider [2004] S. 331/332.

345 Halle [2004] S. 35.

> „Wenn spezifische Regeln eine Ordnung konstituieren, die festlegt, welche Aussagen als Wissen gelten, dann werden damit gleichzeitig andere Aussagen ausgeschlossen."[346]

Dem geht eine Prämisse voraus, die Wissen als allgemein definiert und in Form von Medien zugänglich macht, die in der Bibliothek gesammelt werden. In der Bibliothek wird entschieden, welches Wissen - analog welche Medien - aufgenommen wird und unter welchen Kriterien es im Bestand einklassifiziert wird.

> „Der Zerfall des gemeinsamen Gedächtnisraumes war nun auch organisatorisch fassbar geworden und fand seinen sichtbarsten Ausdruck schließlich ab 1910 in der Gründung der Kaiser-Wilhelm-Institute, die moderne Forschung endgültig als Spezialforschung etablierten."[347]

Die Bibliotheken reagierten auf den offensichtlichen Funktionswandel, indem sie ein Netzwerk bildeten, das solche Bibliotheken, die aufgrund ihres zu geringen Etats die Bücherflut nicht bewältigen konnten in einen neu geschaffenen Verbund mit einbezog. Dieses Netzwerk legte den Grundstein für die bis heute funktionierende Fernleihe, die sich mit Hilfe des Deutschen Gesamtkatalogs stabilisieren konnte. Mit der Entwicklung befindet sich das Bibliothekssystem, zumindest auf der Ebene der Ordnungssystematiken, auf dem Weg zum funktional differenzierten System.

Aus der Bezeichnung „Bücherschatz" wurde zu Beginn des 20. Jahrhunderts der „Bücherbestand". Der Bibliothekar kann es sich nicht mehr leisten ein gelehrter Sammler zu sein, der mit passioniertem Blick seine Schätze hortet. Mittlerweile ist er der Verwalter eines mehr oder minder großen Medienbestands, den es zu organisieren gilt und dessen Inhalte ihn nur auf der Ebene der Erschließung zu interessieren haben.

Die medienevolutiven Entwicklungen führen zu einer grundlegenden Veränderung der Rolle und Funktion des Bibliothekars. Die ständig steigende Buch- und Wissensproduktion zwingt ihn zur Aufgabe des ge-

---

346 Stocker [1997] S. 44.

347 Jochum [1995] S. 354.

meinsamen Gedächtnisraums mit den Gelehrten. Vielmehr findet ein Transformationsprozess statt, der sein individuelles Bibliothekars-Gedächtnis in das soziale Gedächtnis der Bibliothek als System überführt. Vergleichbar ist dieser Prozess mit dem Übergang von oraler zu literaler Übermittlung von Wissen und Tradition. Seit das individuelle Gedächtnis eines Gruppenmitglieds nicht mehr ausschlaggebend für eine Weitertradierung von kultureller Identität ist, tritt das Medium Schrift in unterschiedlichen Formen für die Übermittlung ein.

Die historische Perspektive auf die Entwicklung der Aufstellungssystematiken von Bibliotheken führt zu der Feststellung, dass das räumliche Bild der Ordnung aus pragmatischen Gründen resultiert. Der Gleichförmigkeit der Bücherregale liegt eine ökonomische Ursache zugrunde. Je kleiner der Bestand einer Bibliothek, desto einfacher gestaltet sich die Aufstellung und desto unwahrscheinlicher ist die Aufstellung in Magazinen. Seit der Bücherflut, dem rasanten Anwachsen der Bestände im 17. und 18. Jahrhundert wird eine Gliederung in Magazinbibliothek und Freihand- bzw. Lesesaalbestände immer sinnvoller und fast obligatorisch. Denn gerade heute sind Bibliotheken zusehends von Platzproblemen dominiert. Aber neben den pragmatischen Aspekten spielte lange Zeit der Ordo-Gedanke eine tragende Rolle. Die „göttliche Ordnung" assoziiert einen Aspekt der Machterhaltung durch Wissen und dessen Ordnung. Nicht umsonst war der Begriff ‚Bibliothek' dem der ‚Bibel' bis zum ausgehenden Mittelalter gleichgesetzt.[348] Der Zusammenhang zwischen Religion, Macht und Bibliotheken erfuhr auch in Bezug auf die Ordnung Unterfutterung. Und ebenso wie sich die Ausdifferenzierung der Gesellschaft vom religiösen System hin zum politischen System bewegt hat, änderte sich auch das Ordnungsgefüge und die Aufstellungssystematik in Bibliotheken von einer religiös konnotierten Ordnung zu einer wissenschafts- und ökonomisch beeinflussten Ordnungsstruktur, wie sie in den modernen Gebrauchsbibliotheken anzutreffen ist.

Das absolute Ende der klassischen Bibliothek im Sinne der Bücher-Schatzkammer ist mit der Erfindung des Internets besiegelt. Gilt die Bü-

---

348 Dickhaut [2005] S. 302.

cherflut als einschneidendes Ereignis kann man die Erfindung und breite Nutzungsmöglichkeit des Internets als außerordentliche Zäsur für die bibliothekarische Arbeit sehen. Schon jetzt sind die elektronischen Daten und Informationen nicht mehr überschaubar, geschweige denn konservierbar. Die klassische Bibliothek, die sich aus Unmengen von Büchern zusammensetzte, hat eine Ausdifferenzierung auf der Ebene der Speicher- und Verbreitungsmedien hinter sich, die keineswegs abgeschlossen ist. Die moderne Dienstleistungseinrichtung Bibliothek hat neben Büchern und anderen Printmedien nun ein „online environment"[349], das eine datentechnische Vernetzung meint und Texte abruffähig macht, die sich nicht im Raum der örtlichen Bibliothek befinden, sondern virtuell abruffähig sind.

Die räumliche Ordnung einer Bibliothek ist zwar nach wie vor konstitutiv, dennoch verliert sie an Priorität gegenüber der Ordnung der Zeit. Elektronische Datenbanken, Online-Kataloge, Ausleihbestellungen über den WEB-OPAC sind von der Rechengeschwindigkeit der Computersysteme abhängig und werden laufend Optimierungsprozessen unterzogen.

Die technischen Entwicklungslinien lassen sich zusammenfassend auf die Drucktechnik als Ausgangspunkt der maßgeblichsten Einflussfaktoren für das Bibliothekswesen reduzieren.

Im 16. Jahrhundert wird der Katalog erfunden. Die frei zugängliche systematische Aufstellung gilt als Charakteristikum dieser Epoche. Im 19. Jahrhundert wird die systematische Aufstellung aufgrund der Bücherflut abgeschafft und Kataloge als Erschließungsinstrument eingeführt. Der Katalog liegt zu dieser Zeit in Buchform vor, sozusagen als „Meta-Buch"[350] und ist ein Speicher des Gespeicherten. Ende des 19. Jahrhundert findet der Übergang zum Zettelkatalog statt und nach dem Zweiten Weltkrieg sucht die Schreibmaschine ihren Einsatz in der Katalogisierung. Die Verfilmung und Verfichung auf Zelluloid rettet manche Texte, die auf säurehaltigem Papier gedruckt sind vor dem Zerfall. Die Erfindung des Computers und die Digitaltechnik bedeuten einen ähnlichen

---

349 Jochum [1995] S. 358.

350 Plassmann [2006] S. 47.

Innovationseinschnitt wie die Erfindung des Buchdrucks, insbesondere in Anwendungen wie der Ausleihverbuchung und Katalogisierung.

Abschließend bleibt festzustellen, dass je vielfältiger das Angebot an Kommunikationsmedien wird, desto mehr Reaktionsmöglichkeiten hat eine Bibliothek, um auf ihre Umwelt und deren Komplexität zu reagieren. Bibliotheken selektieren und speichern Medien und schaffen Zirkulationswege, um die Gedächtnisinhalte der Medien in der Gesellschaft anschlussfähig zu halten und sie vor dem sozialen Vergessen zu bewahren. Die materiale Dimension der Gedächtnis-Bildung findet sich also in Bibliotheken insofern, als dass sie Medientechnologien zur Verbreitung und Tradierung von Gedächtnisinhalten in räumlicher und zeitlicher Hinsicht bereitstellen. Die räumliche Ordnung einer Bibliothek macht die Überlieferung von Wissen, ‚konnektiven Strukturen' und kultureller Identität sichtbar.

Die Bibliothek selbst definiert die soziale Dimension der Gedächtnis-Bildung, denn in ihr findet der Transfer von materialer zu sozialer Dimension statt, gewissermaßen als eine „sozialsystemische Institutionalisierung"[351] von Gedächtnis.

351 Erll [2004] S. 16.

5 Bibliothek und Gedächtnis

5.1 Erinnern und Vergessen: Was ist Gedächtnis?

Die kulturwissenschaftliche Untersuchungsmethode der Bibliothek will keineswegs einen geschichtlichen Abriss der allgemeinen Gedächtnisreflexion anstreben. Vielmehr soll erörtert werden, in welchem Zusammenhang ‚Gedächtnis' und ‚Bibliothek' stehen - und zwar unter medienevolutiven und kultursoziologischen Aspekten. Später ist die Frage zu klären, wie Luhmanns Systemtheorie, und im Speziellen der Begriff des Gedächtnisses mit der kulturwissenschaftlichen Gedächtnistheorie verknüpft werden kann und inwiefern sich die beiden Theoriekonzepte ergänzen oder widersprechen. Während die Assmannsche Gedächtnistheorie wechselseitige Zusammenhänge zwischen Kultur und Gedächtnis, also kultureller Erinnerung und kollektiver Identitätsbildung aufzeigt, präferiert Luhmanns systemtheoretische Perspektive die Frage nach dem Prozess des Vergessens.

Woraus hat sich die Thematisierung des Gedächtnis-Begriffs in der Kulturwissenschaft überhaupt entwickelt? Erll führt drei wesentliche Punkte dafür an, die sich kurz gefasst aus (1) den historischen Transformationsprozessen wie beispielsweise kulturelle Auseinandersetzungen und Erinnerungen an geschichtliche Ereignisse, (2) dem Wandel und der Wirkung der Medientechnologien wie etwa die Erfindung des Buchdrucks und die digitale Revolution sowie (3) der geistes- und wissenschaftsgeschichtliche Dimension, die die Folgen des Poststrukturalismus und der postmodernen Geschichtsphilosophie in einem Gedächtnis- bzw. Erinnerungsdiskurs sieht, zusammensetzen.[352]

Aus kulturwissenschaftlicher Perspektive spielen Begriffe wie Identität, Symbole, Text und Medien schon eine fundamentale Rolle. Das Gedächtnis wird dabei dezidiert als Bestandteil und Produkt kultureller Prozesse

352 Erll [2005] S. 3f.

empfunden. Aber was ist unter dem Begriff ‚Gedächtnis' überhaupt zu verstehen, wenn eine kulturwissenschaftliche Perspektive der Untersuchung zugrunde liegt?

Als zentraler Oberbegriff steht das ‚kollektive Gedächtnis' für „all jene Vorgänge organischer, medialer und institutioneller Art, denen Bedeutung bei der wechselseitigen Beeinflussung von Vergangenem und Gegenwärtigem in soziokulturellen Kontexten zukommt."[353] Das kollektive Gedächtnis subsumiert also alle Phänomene der Erinnerungskultur einer Gesellschaft.

Unter diesem Gesamtkomplex findet sich eine Vielzahl von Begriffsauslegungen[354], von denen für die vorliegende Arbeit zwei als am wichtigsten erachtet werden: Das soziale Gedächtnis (Maurice Halbwachs) und das kulturelle Gedächtnis (Aleida und Jan Assmann). Weitgehend einig ist sich die Gedächtnisforschung darüber, dass das Gedächtnis etwas Bestandsloses ist und deshalb nicht beobachtbar sein kann. Wie Gedächtnis beschaffen ist und funktionieren bzw. wirken kann, ist deshalb nur im Rahmen spezifisch soziokultureller Zusammenhänge möglich zu erörtern.

Die vorliegenden Überlegungen zum Gedächtnis-Begriff zielen auf eine bestimmte gesellschaftliche Einrichtung ab, die metaphorisch gerne als ‚Ort des Gedächtnisses' bezeichnet wird: Die Bibliothek. Als fester Bestandteil unserer Gesellschaft hat sie eine seit Jahrtausenden tradierte Bedeutung inne, die sich im Wandel der Zeit verändert hat. Die Bibliothek ist Sammelstätte für schriftbasierte Texte, Medien, Bücher und gilt als Ort und Speicher des konzentrierten Wissens. Sie ermöglicht den medialen Zugriff auf längst vergangene Epochen und macht damit Kultur rekon-

---

353 Erll [2005] S. 6.

354 Um einige wichtige Vertreter zu erwähnen, angefangen bei Maurice Halbwachs, der später eingeführt wird; Aby Warburgs kulturhistorische Forschungen zu einem europäischen Bildgedächtnis; Pierre Noras *lieux de mémoire;* Aleida und Jan Assmanns Konzept des ‚kulturellen Gedächtnisses'; Jeffrey Olick, der von ‚zwei Kulturen' in der Gedächtnisforschung spricht; schließlich natürlich die systemtheoretische Perspektive auf den Gedächtnis-Begriff durch Mirjam-Kerstin Holl und Elena Esposito, die in Anlehnung an Niklas Luhmanns Gesellschaftsverständnis das Gedächtnis eruieren.

struierbar und reproduzierbar. Gegenstand dieser Untersuchung ist deshalb die Frage, wie die Bibliothek mit ‚Gedächtnis' in Verbindung steht und wie sich diese assoziative Durchdringung erklärt.

Das Kapitel 5 stellt einen Kontext zwischen der kulturwissenschaftlichen Gedächtnistheorie von Aleida und Jan Assmann, die Aspekte wie Kollektivität, Medienevolution und Kultur schwerpunktmäßig problematisiert, und der Luhmannschen Gedächtnis-Definition her. Da die Bibliothek unmittelbar an Schrift, Buch und Medien gebunden ist, können ihre Rolle und ihre Örtlichkeit nicht unabhängig von medienevolutiven Entwicklungen bestimmt werden, wie im vorangehenden Kapitel bereits beschrieben wurde. So wird die Schrift, die überhaupt als Auslöser für die Ausbildung von Bibliotheken gilt, als Instrument gesehen, das dem individuellen Gedächtnis eine externe Auslagerung erlaubt und so zeit- und raumübergreifend wirken kann. In Form von Büchern gilt die Schrift als Gedächtnisträger, der das Erinnern vereinfacht und rekonstruierbar macht. Die Bibliothek als Sammelort solcher Gedächtnisträger subsumiert damit Erinnerungen und hält sie systematisiert verfügbar.

Die Begriffe ‚kollektives Gedächtnis', aber auch ‚kulturelle Erinnerung' und ‚soziales Vergessen' sind ohne einen speziellen Kontext kaum zu definieren. Die Metaphorisierung des Gedächtnis-Begriffs schließt den wesentlichen Aspekt der Kultur mit ein.

> „Kultur ermöglicht Kommunikation durch Herstellung eines homogenen synchronen Zeitrahmens für die Mitglieder einer Gesellschaft."[355]

Kultur stellt einen dynamischen Zusammenhang zwischen Gedächtnis, Kommunikation und Medien her und zielt somit direkt auf das bibliothekarische Wirkungsfeld.

Will man Kultur und Gedächtnis kontextualisieren, trifft man nach Halbwachs' Ausführungen auf den amerikanischen Soziologen Jeffrey Olick. Er differenziert das kollektive Gedächtnis in *collected memory*, das

---

[355] Schmidt [1994] S. 317. Die Kommunikation ist bei Luhmann ein Synchronisationsinstrument. Siehe dazu Luhmann [1998] S. 821.

sozial und kulturell geprägte individuelle Gedächtnis, und *collective memory*, das in Form von Medien und Institutionen metaphorisch als Gedächtnis bezeichnet wird. Erst das Zusammenwirken dieser beiden Bereiche ermöglicht Kultur und das Entstehen von Erinnerungskultur.[356] Daran knüpft auch Esposito an, deren systemtheoretische Perspektivierung zwischen psychischer und sozialer Gedächtnisform unterscheidet.[357] Festzuhalten ist, dass die Bibliothek kraft ihres Wirkungsfeldes als Ort der Speicherung und Zugänglichmachung von Wissen in Form von Medien als Metapher des Gedächtnisses bezeichnet wird und aufgrund kollektiver Werte und Normen agiert, sich also an das soziokulturelle Umfeld anzupassen weiß.[358]

Um der Thematik näher zu kommen, sollen drei Theorieansätze über Gedächtnis eruiert und anschließend in einer Zusammenführung mit dem System der Bibliothek kontextualisiert werden. Es handelt sich dabei um die systemtheoretische Definition von Gedächtnis bei Niklas Luhmann, die soziologische Untersuchung des ‚kollektiven Gedächtnisses' durch Maurice Halbwachs und die kulturwissenschaftliche Perspektive auf den Gedächtnis-Begriff von Aleida und Jan Assmann. Im Zentrum soll eine Verquickung der systemtheoretischen und kulturwissenschaftlichen Betrachtungsweisen des Gedächtnis-Begriffes stehen.

Indem Assmann/Assmann sich vielmehr mit dem Aspekt des Erinnerns befassen, während Luhmann sich auf die Funktion des Vergessens fokussiert, verfolgen beide Theorien einerseits unterschiedliche Herangehensweisen. Andererseits gelingt genau damit die Ergänzung zwischen den Theorien, die beide den Wandel von Gedächtnis in Abhängigkeit zu sozialen und medientechnischen Veränderungen stellen. Der für die vorliegende Arbeit wichtigste Überschneidungspunkt beider Konzepte ist die Gleichsetzung von Gedächtnis mit Kultur, die einem System die Selbstbe-

---

356 Vgl. Olick [1999] S. 333-348.

357 Vgl. Esposito [2002]

358 Wie Erll ausführt, bildet sich Kultur nicht allein in Medien und Institutionen ab, sondern ist auf Individuen angewiesen. Diese Reziprozität ist Bedingung für die Ausbildung von Kultur. Folglich Erll [2005] S. 98.

schreibung erlaubt und so zur Identitätsbildung- und Weiterentwicklung beiträgt.

Diese grundlegende Komponente dient als Ausgangspunkt, um die Leistungen einer Bibliothek als Funktionalisierung des kulturellen Gedächtnisses zu betrachten. Der eklatante Unterschied zwischen den Gedächtnis-Konzepten besteht in der Definition der Beschaffenheit bzw. der Bestandsförmigkeit des Gedächtnisses. Dieser Aspekt erfordert eine duale Perspektivierung: Während Luhmann dem Gedächtnis jegliche Speichermentalität abspricht, sehen Assmann/Assmann genau darin die zentrale Erkenntnis, denn das Gedächtnis braucht Trägerschaften und sozialsystemische Institutionalisierung. Aus der Kombination beider Ansätze soll eine Merkmalsdichte gefiltert werden, die die Bibliothek als Speichersystem des kulturellen Gedächtnisses beschreibbar machen soll.

Luhmann befasst sich in seinem Werk *Gesellschaftsstruktur und Semantik* aus dem Jahr 1995 in einem eigenen Kapitel mit dem Begriff der Kultur. Um in den folgenden Abhandlungen keine Verwirrungen zu stiften, soll an dieser Stelle ein Vergleich der Definitionen des Kultur-Begriffs dargestellt werden, auf den die gedächtnisspezifischen Ausführungen von Luhmann und Assmann/Assmann aufbauen.

Wenn Assmann/Assmann die Aufgaben der Kultur als die „Ermöglichung von Kommunikation durch die Herstellung von Gleichzeitigkeit"[359] beschreiben und damit einen gemeinsamen Lebenshorizont, in dem man sich begegnen und verständigen kann, meinen, widerspricht das zwar nicht der Luhmannschen Vorstellung von Kultur. Luhmann konstatiert aber, dass es „keinen Zeitunterschied zwischen den erlebenden Subjekten geben"[360] darf. Der Zeithorizont muss egalisiert sein und in diesem Aspekt decken sich die beiden Theorieansätze.

Kultur erfüllt also eine koordinative Aufgabe und ermöglicht es einer Gruppe oder einem System kommunizieren zu können und dadurch gemeinsam interagieren zu können. Kultur sorgt also für die Kontinuierung

359 Assmann/Assmann [1994] S. 114.

360 Zitiert aus Assmann/Assmann [1994] S. 115.

von Kommunikationsstrukturen. Sie ist Prämisse dafür, dass nicht jede Generation, neu entstehende Gruppe oder System wieder von vorne beginnen muss, den gemeinsamen kulturellen Hintergrund zu definieren.

Assmann/Assmann nennen dies die Überführung der synchronen Dimension in die diachrone Dimension der Kultur wenn sie sagen, dass „das Gedächtnis das Organ der Diachronie [ist], die Ermöglichung von Ausdehnung in der Zeit."[361] Im Übertragenen ist damit die Speicherung und Wiederherstellung ‚konnektiver Strukturen' gemeint. Speicherung macht Wiederholbarkeit von Mustern möglich und Kultur gewissermaßen reproduktionsfähig im Sinne „einer bruchlosen Kontinuierung der symbolischen Sinnwelt, der Handlungsweisen und Gestaltgebung."[362]

Damit bleibt festzuhalten, dass Assmann/Assmann die Funktion des Gedächtnisses aus zwei grundlegenden Funktionen herleiten: Speicherung und Rekonstruktion. Rekonstruktion setzt eine klare Unterscheidung zwischen Gestern und Heute, Vergangenheit und Gegenwart voraus. Kultur wird als System verstanden, „das zum Zweck der Selbstorganisation und Reproduktion auf Selbstbeschreibung angewiesen ist."[363]

Plakativ gesehen, entspricht dies genau der Luhmannschen Vorstellung des Kultur-Begriffs, der sich im 18. Jahrhundert erst formiert hat, als die Technik des Lesens und Schreibens allgemeine Verbreitung findet. Die Selbstbeschreibung der Gesellschaft konnte mit Hilfe des modernen Kultur-Begriffs, der sich von dem biologischen Kultur-Begriff zusehends differenzierte, neu organisiert werden.

> „Kultur heißt jetzt nicht mehr Pflege von..., sondern meint eine besondere Art von Beobachtung mit Blick für Vergleichsmöglichkeiten."[364]

Der klare Zusammenhang zwischen der Verschriftlichung der Gesellschaft und der Ausbildung des Kultur-Begriffs ist dabei grundlegend.

---

361 Assmann/Assmann [1994] S. 115.

362 Assmann/Assmann [1994] S. 115.

363 Assmann/Assmann [1994] S. 117.

364 Luhmann [1998] S. 957.

Durch die Erfindung der Schrift wird es möglich, Wiederholungen zu initiieren, die sich materiell fixieren lassen und nicht mehr auf das individuelle Erinnerungsvermögen eines Gesellschaftsmitglieds angewiesen sind. Mit der Möglichkeit des Rekonstruierens von „identisch wahrnehmbaren, wiederholbaren Ereignissen"[365] entsteht Redundanz und zugleich auch Varietät, der mit dem Vergleichsmechanismus, den die Kultur zu liefern in der Lage ist, Einhalt geboten wird. Gemeint ist hiermit die Operation des Gedächtnisses, das laufend zwischen Vergangenheit, Gegenwart und Zukunft unterscheidet und so ständig zwischen Selbst- und Fremdreferenz oszilliert. Gedächtnis ist diejenige Operation eines sozialen Systems, die das „Verhindern der Selbstblockierung des Systems durch ein Gerinnen der Resultate früherer Beobachtungen"[366] arrangiert.

Allerdings ist die Kultur dabei „keine Lagerhalle der Symbole"[367], wie Burkart ausführt. Genau an diesem Punkt kommen Luhmann und Assmann/Assmann in ihren Definitionen nicht überein: Kultur wird von Luhmann nicht als Bestand von Tradition verstanden, der sich in Einrichtungen wie Bibliotheken oder Museen sichtbar und rekonstruierbar macht.

Kultur ist kein Grundbegriff der Systemtheorie Niklas Luhmanns. Er fasst im Gegensatz zu Parsons, der das „kulturelle System"[368] in seiner Theorie behandelt, Kultur „weder als komplementäre Systemform zu sozialen Systemen, wie bei Parsons, noch im Sinne eines Funktionssystems der Gesellschaft."[369] Den Kultur-Begriff, wie ihn Luhmann rekonstruiert, definiert sich nicht aus Werten, sondern mit dem Interesse am Vergleichen.

---

365 Burkart [2004] S. 22.

366 Luhmann [1998] S. 579.

367 Burkart [2004] S. 23.

368 „Die Gesamtheit von sinnstiftenden Regeln und ihrer Symbolik, die einem Handlungszusammenhang seine Bedeutung geben, bildet ein Subsystem des Handlungssystems, das […] als kulturelles System bezeichnet" wird. Morel [2007] S. 158.

369 Burkhart [2004] S. 17.

> „Alles wird zu Kultur, wenn es nur vergleichend beobachtet wird. Wissen und Bildung werden nun offensiv dargestellt, werden ‚als Kultur sichtbar gemacht'."[370]

Die Kultur definiert Luhmann deshalb nicht als System, so wie er es mit der Religion, der Kunst, der Wirtschaft oder der Politik herausgestellt hat.

> „Funktionssysteme sind also die Orte, an denen Semantiken abgerufen, Selbstbeschreibungen hergestellt werden. Jedes Funktionssystem entwickelt eigene Reflexionstheorien und Semantiken, Themen und Medien, Codes und Programme. Deshalb kann Kultur (Semantik/Selbstbeschreibung) kein eigenes Funktionssystem sein."[371]

In seinem Spätwerk spricht Luhmann von der Kultur als dem Gedächtnis der Gesellschaft. Kultur sei „der Filter von Vergessen/Erinnern und die Inanspruchnahme von Vergangenheit zur Bestimmung des Variationsrahmens der Zukunft."[372] Burkart bezeichnet in diesem Zusammenhang Kultur als „Seismograph der Zukunft" und weist darauf hin, dass die Definition des Kultur-Begriffs in der Systemtheorie vor allem deshalb so problematisch sei, weil er sich eben nicht als „Bestand von Tradition versteht."[373] Kultur ist letztlich als eine differenzielle Einheit des Erinnerns und Vergessens zu betrachten, welche die Möglichkeit des Selbstbeobachtens und das heißt zugleich des Unterscheidens von anderen Kulturen, ermöglicht.

Luhmanns Gedächtnis-Begriff lehnt die Terminologie des Speicherns ab. Gedächtnis speichert nicht, sondern erkennt Wiederholungen von Mustern und macht Kultur bzw. Kommunikationen dadurch reproduktionsfähig.

Assmann/Assmann machen hingegen den Vorschlag, Tradition durch Gedächtnis zu ersetzen, denn Tradition wird im gesellschaftlichen Rah-

---

370 Burkhart [2004] S. 15.

371 Burkhart [2004] S. 28.

372 Luhmann [1998] S. 588.

373 Burkart [2004] S. 23.

men als eine „kulturelle Energie“[374] verstanden. Luhmann hingegen verfolgt ebenfalls das Prinzip der Substituierung, indem er Gedächtnis durch Kultur ersetzt. Und auch er sieht einen Zusammenhang zwischen Tradition, Gedächtnis und Kultur:

> „Tradition ist jetzt nicht mehr die Selbstverständlichkeit dessen, was das Gedächtnis präsentiert, sondern eine Form der Beobachtung von Kultur“[375]

Trotz aller Gegensätzlichkeiten der Theorieansätze lassen sich doch einige Überschneidungen und Ähnlichkeiten zusammenfassen. Der auffälligste Berührungspunkt ist der von beiden Theorien festgestellte Zusammenhang zwischen Wissensorganisation und Medienevolution. Die Entwicklung der Kommunikationsformen ist wesentlicher Bestandteil in beiden Konzepten und weist auch auf argumentativer Ebene Analogien auf. Sowohl Luhmann als auch Assmann/Assmann betonen die gleichen richtungsweisende Faktoren, die zur Ausdifferenzierung von Gedächtnis führen: Die Wissensvermehrung und die Ausdifferenzierung der Gesellschaft, die Etablierung von Schrift als dem Leitmedium der Kultur und die damit verbundene Medienevolution.[376]

Gedächtnis kann nicht ohne Sozialität entstehen. Unbestritten ist auch, dass zwischen Gedächtnis und dem Faktor Zeit ein besonderes Verhältnis herrscht. Da Zeit irreversibel ist und kein System in der Vergangenheit operieren kann, braucht es nach Luhmannscher Ansicht eine Zusatzeinrichtung, die dafür sorgt, dass Entscheidungen, die in der Vergangenheit getroffen wurden, rekonstruierbar bleiben, um Handlungen, die in der Gegenwart geschehen, darauf aufbauen zu können. Zeit und Gedächtnis setzen sich wechselseitig voraus, denn Systeme könnten keine Strukturen aufbauen, wenn nichts erhalten bliebe, was einmal passiert ist, um daraus lernen und Erwartungen formulieren zu können.[377] Andererseits könnte sich nichts Neues und Innovatives entwickeln, wäre alles, was sich ein-

---

374 Ebd.

375 Luhmann [1998] S. 590.

376 Vgl. Assmann [2001], Luhmann [1995b]

377 Luhmann [1996] S. 310.

mal in der Vergangenheit ereignet hat, noch existent und relevant. Dieser relativierende Mechanismus zwischen Vergessen und Erinnern, Löschen und Bewahren muss durch eine Instanz geregelt sein, die Reflexionsfähigkeit besitzt. Wir nennen sie das Gedächtnis.

Abgesehen von der Wahl der Betrachtungsperspektive hat das Gedächtnis eine in sich widersprüchliche Doppelfunktion - Erinnern und Vergessen, und auch die Zeit wirkt sowohl irreversibel als auch kumulativ. Bei der Auseinandersetzung mit Gedächtnis begegnet man also stets antonymischen Sachverhalten. Die Synthese aus der systemtheoretischen Gedächtnis-Definition und der kulturwissenschaftlichen Bestimmung des Begriffs soll dieser Reziprozität einen Rahmen bieten und am Gegenstand der Bibliothek eruiert werden.

5.1.1 Niklas Luhmanns Gedächtnis-Begriff

Luhmanns Auseinandersetzung mit dem Begriff des Gedächtnisses ist der Phase seines Spätwerkes zuzuordnen, taucht ‚Gedächtnis' in seinem ersten im Jahr 1984 veröffentlichten Hauptwerk *Soziale Systeme* doch nur wenige Male auf. In seinem zweiten Hauptwerk *Die Gesellschaft der Gesellschaft* aus dem Jahr 1997 hingegen widmet er dem Gedächtnis ein eigenes Kapitel, in welchem er stellenweise auch den Assmannschen Gedächtnis-Begriff kritisch thematisiert. Trotzdem ist der Gedächtnis-Begriff kein zentraler Aspekt seiner Gesellschaftstheorie, erst recht nicht, wenn man ihn in Zusammenhang mit seinem Kultur-Begriff stellt, der wenig Priorisierung in seiner Gesellschaftstheorie erfährt. Tatsächlich äußert er sich erst in seinen späteren Schriften zum Begriff der Kultur und stellt ihn in unmittelbaren Zusammenhang mit Gedächtnis. Er führt seinen Gedächtnis-Begriff ein, der präzisiert damit umschrieben werden kann, dass jedes soziale System ein Instrument zur Konsistenzprüfung benötigt, das zwischen Vergangenheit, Gegenwart und Zukunft unterscheiden kann.

Dass Systeme ein Gedächtnis ausbilden, ist „ein Nebenprodukt der basalen autopoietischen Operationsweise, die das System reproduziert; und zwar ein Nebenprodukt, von dem das System abhängig wird, sobald es seine Operationen temporalisiert, also als Ereignisse produziert, die mit ihrem Auftreten schon wieder verschwinden."[378]

Holl fasst zusammen, dass ‚soziales Gedächtnis' kommunikative Mechanismen beinhaltet, die Wissen organisieren und Zeitdifferenzen überbrücken ohne dabei an bestimmte Individuen gebunden zu sein.[379] Luhmanns Begriff des sozialen Gedächtnisses vermeidet strikt jegliche Analogie zu individuellen Gedächtnissen, die sich zu einem Kollektiv anreichern und dann soziales bzw. kollektives Gedächtnis konstituieren. Für Luhmanns Verständnis vom sozialen Gedächtnis sind Bewusstseinsysteme aus den gedächtnisspezifischen Operationen auszuschließen und als Umwelt anzusehen.[380]

> „Die Mitwirkung des sozialen Gedächtnisses an der Autopoiesis sozialer Systeme beruht auf deren Selbstorganisation und damit auf einer eigenen Basis für das laufende Diskriminieren von Vergessen und Erinnern."[381]

Vergangenheit wird durch diachrone Verknüpfungen von Beobachtungen rekonstruierbar. Die Beobachtungen ändern sich aber im Laufe der Zeit, weil sich Beobachtungsperspektiven oder Kontexte ändern, von denen aus Beobachtungen gemacht werden. Jedes sinnverarbeitende System muss also eine Einrichtung besitzen, die „die Zeitdimension und die Differenz von 'System' und ‚Umwelt' miteinander verbindet" und dafür ist das Gedächtnis zuständig.[382]

Gedächtnis bedeutet stark verkürzt ausgedrückt, die Rekursivität der kommunikativen Operationen, d.h. dass Operationen auf ihr eigenes Ergebnis wieder anwendbar sind. Die Operationen können vergessen werden, sobald auf ihre Resultate eine Anschlussoperation folgt. Luhmann

---

378 Luhmann [1995b] S. 44.

379 Holl [2003] S. 170. Luhmann selbst macht eindeutig klar, dass „das soziale Gedächtnis keineswegs das [ist], was Kommunikationen als Spuren in individuellen Bewusstseinssystemen hinterlassen." Luhmann [1998] S. 583.

380 Luhmann [1996] S. 316.

381 Ebd.

382 Holl [2003] S. 165.

spricht hier vom „Löschen der Spuren“[383], was paraphrasiert Vergessen bedeutet. Nach seiner Auffassung ist das die primäre Funktion des Gedächtnisses und dies geschieht meist unbemerkt, um zu verhindern, dass das Erinnern das Vergessen sabotiert. Dieser Ansatz widerstrebt der in der kulturwissenschaftlichen Gedächtnisforschung üblichen Auffassung, dass etwas Vergangenes wieder auffindbar ist und zugänglich gemacht werden kann. Vielmehr hat es aus systemtheoretischer Perspektive die Funktion „im laufenden Mitwirken an den Operationen des Systems deren Entscheidungen in die Vergangenheit zu befördern, die Spuren zu löschen und die Vergangenheit zu invisibilisieren.“[384]

Die Zeit scheint überhaupt eine besondere Bedeutung einzunehmen, wenn man bedenkt, dass die konservierten Medien in einer Bibliothek in ihrer Gesamtheit Zeit akkumulieren. Dabei ist genau der Vorgang der bibliothekarischen Medienselektion schon ein Prozess, der Gedächtnis voraussetzt.

Bei der Auswahl neuer Medien bezieht sich jede Entscheidung auf frühere Entscheidungen, die zum gegenwärtigen Bibliotheksbestand geführt haben. Durch diese Unterscheidung wird eine erneute Entscheidung erzielt. Die Funktion einer Bibliothek bildet sich auch in Abhängigkeit zu ihrer Trägerschaft ab. Das Bestandsprofil und der Sammelauftrag rekurrieren auf die Rolle und Bestimmung des Trägers einer Bibliothek und damit entsteht auch ihre operative Entscheidungsgrundlage. Der Sammelauftrag ist präzise und programmatisch definiert und schließt alles andere außerhalb des Interessenbereichs aus. In ihrem Operieren bezieht sich die Bibliothek ausschließlich auf ihr durch Schemata festgelegtes Profil. Anders ausgedrückt, sie unterscheidet in ihrem gesamten Handeln bei der Medienakquise, bei der Öffentlichkeitsarbeit als auch bei der Regelung der Zugänglichkeit, um nur einige Beispiele zu nennen, auch zwischen festgelegten Beschlüssen aus der Vergangenheit und der Zielsetzung, ihren Auftrag und ihr Zweckprogramm in der Zukunft zu erfüllen. Sie kann ihrem Auftrag nur gerecht werden, wenn sie zwischen diesen in

---

383 Luhmann [1996] S. 311.

384 Luhmann [1996] S. 312.

der Vergangenheit festgelegten Entscheidungen und in der Zukunft liegenden Zielen pendelt und abwiegt. Die Fähigkeit durch Schemata Wiederholungen bzw. immer wiederkehrende relevante Informationen zu erkennen und zu resorbieren, bezeichnet ein Merkmal ihrer Funktion im Hinblick auf ihre Trägerschaft.

Eine juristische Bibliothek wird deshalb niemals Jugendliteratur anschaffen, weil das Schema, mit dem sie relevante Informationen für sich erkennt, darin keinen Wiedererkennungswert finden wird und folglich keine Information erkennt.

Damit ist der Mechanismus eindeutig: Die Bibliothek erkennt in ihren Arbeitsvorgängen, in diesem Falle wäre die Erwerbungsabteilung zuständig, dass zwischen Jugendliteratur und ihrem Sammelauftrag, dem Programm, kein konsistenter Zusammenhang besteht, woraufhin diese Information sofort dem Vergessen anheim fällt.

Gedächtnis testet also alle anlaufenden Operationen und unterscheidet, welche fortgesetzt und welche nicht ausgeführt werden. So werden ständig Kapazitäten für neue Informationsverarbeitung frei. Auf die Bibliothek als Organisation übertragen bedeutet dies, dass sie genau abwägt, welche Medien relevant und somit bewahrenswert sind, und welche erst gar nicht in den Bestand aufgenommen werden, weil sie für das Bibliotheksprofil bedeutungslos sind. Für eine einzelne Bibliothek hat nicht jedes Medium ‚Sammelwert' und landet somit auf direktem Weg ins Vergessen. Dies ist nicht gleichbedeutend mit ‚sozialem Vergessen', denn schließlich reduziert die Wahrscheinlichkeit, dass eine Bibliothek mit geeignetem Profil das bestimmte Medium für sich selektiert, die Möglichkeit des sozialen Vergessens.

Andererseits konstatiert Luhmann, dass Gedächtnis nicht als eine Art Archiv begriffen werden kann, „in dem Vergangenes aufbewahrt und bei geeigneter Ordnung wiedergefunden werden kann." Das Gedächtnis ist keine „feste Masse vorhandener Zeichen, die irgendwo gespeichert sind."[385]

---

385 Luhmann [1995b] S. 45.

Der fundamentale Unterschied zwischen der systemtheoretischen Definition von Gedächtnis und der kulturwissenschaftlichen Auslegung ist, wie er explizit betont, dass Gedächtnis kein Speicher im Sinne „einer möglichen Rückkehr in die Vergangenheit [...], auf die man bei Bedarf zurückgreifen kann"[386] ist „als Struktur eines Systems kann Gedächtnis offenbar nicht äußerlich sein."[387] Das Gedächtnis speichert also keine Daten oder Informationen im Sinne eines bewusstseinsexternen Raums oder Orts, der Gedächtnisinhalte greifbar und begehbar macht. Gedächtnis ist vielmehr eine bestandslose Form, die ausschließlich in der Gegenwart operiert, genauer gesagt, die Differenz von Vergangenheit und Zukunft ‚virtuell' verwaltet. Es kontrolliert, „von welcher Realität aus das System in die Zukunft blickt."[388]

Das Gedächtnis ist die Einrichtung, die dafür zuständig ist, zwischen den laufenden Operationen das selektiv festzuhalten, was immer wiederkehrt und deshalb Anschlussfähigkeit herstellt. Die Wiederholung bestimmter Kommunikationen, Ereignisse oder Entscheidungen erzeugen im Gesellschaftssystem eine Rekursivität. Diese Rekursivität bedeutet nichts anderes, als dass auf Ergebnisse von Operationen wiederum solche Operationen Anwendung finden, ohne wiederholt werden zu müssen, sobald an ihre Resultate angeschlossen wird.[389] Die Gesellschaft kann also etwas als bekannt voraussetzen und muss deshalb nicht bei jeder Operation von einem neuen Informationsstand ausgehen, denn die Organisation der Bibliothek verhindert dies durch ihr Speichersystem.

Der Bestand an Wissen wird organisiert, verwaltet und zugänglich gehalten. Damit sammelt die Bibliothek tatsächlich einen „Vorrat an ver-

386 Luhmann [1998] S. 578.

387 Esposito [2002] S. 184.

388 Luhmann [1998] S. 581. Oder wie Paul Ricoeur bemerken würde: „Das Gedächtnis ist ein stets aktuelles Phänomen, eine gelebte Verbindung zur ewigen Gegenwart [...]." Er bezieht sich hier allerdings auf Pierre Nora, für den ein „vollkommenes Gedächtnis" sowohl Vergangenheit als auch Gegenwart mit einschließt, allerdings jegliche Spur oder Vermittlung schon zum Bruch des wahren Gedächtnisses führt, das dann in der Form der Geschichte mündet. Ricoeur [2004] S. 619.

389 Luhmann [1996] S. 311.

gangenen Ereignissen"[390], der ihr jegliches gedächtnisbildende Merkmal damit abspricht. Aber andererseits konstituiert sich die Bibliothek aus Funktionen, die „immer nur gegenwärtig benutzt werden" und die den Zugang zu neuen Informationen ermöglichen, folglich die Autopoiesis der Gesellschaft am Laufen erhalten und die „Selbstblockierung des Systems durch ein Gerinnen der Resultate früherer Beobachtungen" [391] verhindern.

Die Menge an Informationen wächst immer weiter und mit ihr die Beständigkeit von bestimmtem Wissen, das durch stetes Abrufen fortlaufend im gesellschaftlichen Kommunikationsprozess zirkuliert. Esposito beschreibt dies eingängig, wenn sie sagt, dass Wiederholung und Redundanz die Identifizierung von Unterschieden überhaupt erst ermöglichen.[392] Die „Errichtung von Identität"[393] ist genau jenes, was das Gedächtnis zu erzeugen in der Lage ist, indem es Wiederholungen erkennt oder unbekannte Ereignisse von solchen differenziert und dabei als informativ oder eben als vergessenswert behandelt. Identität erlaubt also einerseits das Entstehen von Redundanz und andererseits eine Steigerung der Varietät.

Aus den festgelegten Bestandskriterien erschließt sich die Bibliothek ihre Entscheidungen und erzeugt dadurch gleichzeitig eine immer dichter werdende Einheit von Bestandsmerkmalen und unverwechselbaren Eigenschaften. Die Kopplung an ein Funktionssystem oder ein anderes System beruht auf wechselseitigen Abhängigkeiten. So sind die inhaltlichen Bestandskriterien, die einer Bibliothek zugrunde liegen auf die Funktion des sie tragenden Systems ausgerichtet. Andererseits sorgt die Bibliothek dafür, dass das System stets mit relevanten Informationen beliefert wird, um die Anschlussfähigkeit der systembildenden Kommunikationen ga-

390 Luhmann [1993] S. 118.

391 Luhmann [1998] S. 578.

392 Esposito [2002] S. 25.

393 Esposito [2002] S. 25.

rantieren zu können. Sie oszilliert ständig zwischen Selbst- und Fremdreferenz und stellt damit eine Ordnung her.[394]

> „Die Formen, in denen das geschieht, also die Unterscheidungen, mit denen das Gedächtnis arbeitet, evoluieren mit der Evolution und wirken dann in ihr mit."[395]

Die Strukturen einer Bibliothek bestimmen den Komplexitätsgrad ihrer Systemoperationen und damit gilt auch, dass der Komplexitätsgrad von diesen Strukturen abhängig ist. Sah man Bibliotheken vor 1900 noch als Büchersammlungen, sind sie heute zu komplexen Dienstleistungseinrichtungen evoluiert, die ihre Strukturen der gesellschaftlichen Komplexität immer weiter anpassen.

Beispielhaft ist hier die Entwicklung von Speicher- und Verbreitungsmedien, die eine immer differenziertere Art und Weise ermöglichen, Information abzuspeichern und gleichzeitig stetig mehr Informationen zu produzieren. Das Abspeichern von Information in einem Medium muss daher erstmals als eine Variante des Vergessens angesehen werden.[396] Der Informationsgehalt muss nicht sofort rekonstruierbar sein, es genügt die Spur zu erinnern, um auf die Information bei Bedarf zugreifen zu können. Die Priorität, die den Gedächtnisinhalten zukommt, entsteht aus der Häufigkeit der Abruf- und Wiederholungsfrequenz. Je öfter etwas abgerufen wird, desto wichtiger wird dieser transportierte und immer wieder rekonstruierte Sinngehalt. So entsteht ein Vorrat an Themen, der immer wieder abgerufen wird und zirkuliert und dadurch für eine Kontinuierung bestimmten Wissens sorgt. Dieser Themenvorrat, der selektiert, organisiert und geformt vorliegt, ist der kulturelle Themenvorrat, den Luhmann Semantik[397] nennt. Kultur als Gedächtnis der Gesellschaft

---

394 Vgl. Esposito [2002] S. 26.

395 Luhmann [1998] S. 593.

396 Vgl. Esposito [2002] S. 30. Esposito greift hier auf einen Vergleich zur Assmannschen Gedächtnistheorie zurück, nach der erst einmal alle Daten im Speichergedächtnis gesammelt werden und von da aus durch an Sozialität gebundene Medien 2. Grades Zugänglichkeit erreichen.

397 Siehe dazu Kapitel 8 Begriffsdefinitionen

sei dann „der Filter von Vergessen/Erinnern und die Inanspruchnahme von Vergangenheit zur Bestimmung des Variationsrahmens der Zukunft".[398]

Zusammenfassend und auf den Punkt gebracht, sei festgestellt:

> „Kultur ist, so können wir festhalten, das Gedächtnis sozialer Systeme, vor allem des Gesellschaftssystems."[399]

Das Gedächtnis präferiert das Vergessen, um die Kommunikation der Gesellschaft am Laufen zu halten, eine Selbstblockierung zu verhindern und gesellschaftliche Evolution entwicklungsfähig zu halten. Und genau dazu benötigt die Gesellschaft Einrichtungen wie Bibliotheken, die für die Kontinuierung von Wissen sorgen. Gegenwart konstituiert sich also aus einer Unterscheidung von Vergangenheit und Zukunft und diese Unterscheidung wird durch Gedächtnis ständig neu ausgewertet. Identität erleichtert dabei das Diskriminieren zwischen Erinnern und Vergessen. Die Funktion des Vergessens wird nur dann gehemmt, wenn ‚Objekte' als Eigenwerte erkannt werden, „an denen entlang das System Stabilität und Wechsel beobachten kann."[400]

5.1.2 Maurice Halbwachs' Mémoire Collective

Als Schüler von Emile Durkheim und Henri Bergson stellt Halbwachs mit seiner These der sozialen Bedingtheit des Gedächtnisses einen entscheidenden Neuansatz in den Mittelpunkt und ebnet den Weg für eine soziologische Gedächtnisforschung.

Die wichtigsten Ergebnisse seiner Forschungen sind in den Werken *Les cadres sociaux de la mémoire* von 1925 und *La mémoire collective* von 1950 zu finden. Seine Studien können in drei Bereiche eingeteilt werden, die sich in (1) der sozialen Bedingtheit individueller Erinnerung, (2) der Formen und Funktionen eines generationenübergreifenden Gedächtnisses und (3)

[398] Luhmann [1998] S. 588.

[399] Luhmann [1995b] S. 47.

[400] Luhmann [1998] S. 580. Anstatt von Objekten würden Assmann/Assmann hier von Erinnerungsfiguren sprechen.

der Ausdehnung des Begriffs des *mémoire collective* auf die gesamtkulturelle Traditionsbildung und Überlieferung gliedern. Die zentrale These seiner Forschungsarbeit über das kollektive Gedächtnis ist dessen soziale Bedingtheit. Im Gegensatz zu seinem Mentor Bergson grenzt Halbwachs sich vom Geist-Körper-Dualismus ab und konzentriert sich in seinem Konzept auf die sozialen Rahmenbedingungen, die er als konstitutiv für jedes individuelle Gedächtnis betrachtet. Seinem Ansatz zu Folge gibt es „kein mögliches Gedächtnis außerhalb derjenigen Bezugsrahmen, deren sich die in der Gesellschaft lebenden Menschen bedienen, um ihre Erinnerungen zu fixieren und wiederzufinden."[401] Jedes individuelle Gedächtnis ist seiner Meinung nach durch die soziale Umgebung und Sozialisation geprägt. Und diese Sozialisation kommt nur durch Interaktion in sozialen Gruppen, also durch Kommunikation, zustande. Die Hypothese, dass auch Einrichtungen wie Bibliotheken durch die aktive Teilnahme am Kommunikationsprozess ein Teilsystem des kollektiven Gedächtnisses sind und sich dadurch in die sozialen Bezugsrahmen integrieren, soll erörtert werden.

Ein kollektives Gedächtnis, das sich innerhalb verschiedener individueller Gedächtnisse ausbildet, kann nach Halbwachs nur im Rahmen eines soziokulturellen Umfeldes heranwachsen. Insofern ist Halbwachs' Begriff des ‚kollektiven Gedächtnisses' nicht als Metapher zu verstehen. Anders ausgedrückt, das was wir erinnern, konstituiert sich nicht nur durch eigene Erfahrungen, sondern auch durch mitgeteilte Erfahrungen anderer, die als bedeutsam geltend gemacht werden und den eigenen Horizont mit ausbilden. Mit der Terminologie der *cadres sociaux*[402], die die Erinnerung konstituieren und festigen, ihnen sozusagen einen imaginären Rahmen geben, begründet er seinen Denkansatz. Die *cadres sociaux* organisieren individuelle Erinnerungen in einer kollektiven Dimension. Das individuelle Gedächtnis existiert also durch Kommunikation.

Da der Mensch Mitglied in mehreren Gruppen ist (Familie, Arbeitsplatz, Nation etc.), ist er von verschiedenen sozialen Rahmen tangiert und be-

---

401 Halbwachs [1966] S. 121.

402 Halbwachs [1966]

zieht sich in seinen Erinnerungen auf unterschiedliche Bereiche seines sozialen Umfeldes. Als Teil einer Gesellschaft nehmen Menschen an den gegebenen sozialen Ordnungsrahmen teil und partizipieren damit auch an den metaphorischen sozialen Rahmen, die ihr kollektives Gedächtnis bilden. Halbwachs begreift die *cadres sociaux* als soziale und kulturelle Dimension, in der Erinnerungen des kollektiven Gedächtnisses „verwaltet" werden. Kollektives und individuelles Gedächtnis bedingen sich also wechselseitig, denn „jedes individuelle Gedächtnis ist ein »Ausblickspunkt« auf das kollektive Gedächtnis."[403] So kommt eine tiefe Differenzierung individueller Gedächtnisse zustande, die Schnittmengen erzeugt und damit ein kollektives Gedächtnis formiert.

> „Die Erinnerungen bilden jeweils ein »unabhängiges System«, dessen Elemente sich gegenseitig stützen und bestimmen, sowohl im Individuum als auch im Rahmen der Gruppe."[404]

Das kollektive Gedächtnis verfährt also rekonstruktiv, was bedeutet, dass das „was die Gesellschaft in jeder Epoche mit ihren jeweiligen Bezugsrahmen rekonstruieren kann"[405], in sozialen Sinn- oder Bezugsrahmen, *cadres sociaux*, bewahrt wird. Wenn etwas vergessen wird, erfährt dieser Sinnrahmen eine Auflösung und die Erinnerungen zerfallen. Jan Assmann beschreibt dies damit, dass es die Kommunikation sei, durch die das Gedächtnis lebe und sich erhalte, bräche diese ab, wäre Vergessen die Folge.[406] Sobald sich die Bezugsrahmen also ändern, geht etwas von der kommunizierten Wirklichkeit verloren, „weil diese Rahmen von einem Zeitabschnitt zum anderen wechseln."[407]

Erinnern ist als Antonym zum Vergessen zu verstehen. Wie verhält es sich mit dem Vergessen in Halbwachs' Theorie? Die *cadres sociaux* bewahren und erhalten Erinnerungen. Das bedeutet gleichermaßen, dass das

---

403 Halbwachs [1985] S. 31.

404 Assmann [2005] S. 37.

405 Halbwachs [1966] S. 390.

406 Assmann [2005] S. 37.

407 Halbwachs [1966] S. 368.

was vergessen wird, außerhalb dieser Rahmen verschwimmt und nicht länger im kollektiven Gedächtnis bleibt. Wenn eine Gruppe also nur das aus der Vergangenheit erinnern kann, was in der Gegenwart in einem sozialen Bezugsrahmen involviert ist, dann erklärt sich das Vergessen „aus dem Verschwinden dieser Rahmen oder eines Teiles derselben."[408] Dafür ist eine Erinnerung „um so reicher, je größer die Anzahl jener Rahmen ist, in deren Schnittpunkt sie auftaucht, und die sich in der Tat kreuzen und teilweise gegenseitig decken."[409]

Die Erinnerungsfähigkeit einer Gruppe hängt nach Halbwachs immer mit der Verknüpfung einer Form zusammen. Solche konkreten Formen, wie er sagt, können Ereignisse, Personen oder Orte sein, die durch Bildhaftigkeit in Verbindung mit Begrifflichkeit[410] ein „Erinnerungsbild"[411] ergeben und damit Eingang in ein Gruppengedächtnis finden. Solche Erinnerungsbilder (-figuren) sind durch drei wesentliche Merkmale bestimmt: Zeit/Raumbezug, Gruppenbezug und Rekonstruktivität.

Das kollektive Gedächtnis ist auf die stete Aktualisierung erlebter Zeit ausgerichtet. Ansonsten könnten keine neuen sozialen Bezugsrahmen entstehen und das kollektive Gedächtnis nicht rekonstruktiv verfahren. Das heißt genauer, dass im kollektiven Gedächtnis nur diejenige Vergangenheit erinnerbar ist, welche die Gesellschaft oder Gruppe „in jeder Epoche mit ihrem jeweiligen Bezugsrahmen rekonstruieren kann."[412] In der Gegenwart werden die *cadres sociaux* laufend aktualisiert und was an Erinnerungen nicht mehr reorganisiert werden kann, tritt in das Verges-

---

408 Ebd.

409 Halbwachs [1966] S. 368.

410 „Die gesellschaftlich lebenden Menschen gebrauchen Wörter, deren Bedeutung sie verstehen: das ist die Bedingung des kollektiven Denkens. Jedes (verstandene) Wort wird aber von Erinnerungen begleitet, und es gibt keine Erinnerungen, denen wir nicht Worte entsprechen lassen könnten." Halbwachs [1966] S. 368.

411 Halbwachs [1966] S. 25 f. Jan Assmann legt sich auf den Begriff „Erinnerungsfigur" fest. Er versteht darunter kulturell geformte, gesellschaftlich verbindliche „Erinnerungsbilder" und bezieht sich damit, wie Halbwachs, nicht nur auf „ikonische", sondern auch narrative Formen. Assmann [2005] S. 38.

412 Halbwachs [1966] S. 390.

sen ein, zersetzt sich mit der Auflösung des sozialen Rahmens und ist nicht mehr „Element des gesellschaftlichen Ideensystems."[413]

Ebenso verhält es sich mit dem Raumbezug. Wie eben erwähnt, ist jede Gruppe Teil eines sozialen Ordnungsrahmens, sowohl räumlich als auch metaphorisch gesehen. Jan Assmann umschreibt diesen Sachverhalt eindeutig, wenn er sagt, „das Gedächtnis braucht Orte, tendiert zur Verräumlichung."[414] Zu erläutern ist dies anhand der Tatsache, dass jede Gruppe sich ortsbezogen formiert um ihre Zusammenkunft zu sichern, „die nicht nur Schauplätze ihrer Interaktionsformen abgeben, sondern Symbole ihrer Identität und Anhaltspunkte ihrer Erinnerung"[415] liefern. Daraus lässt sich folgern, dass ohne identitätsstiftenden, zeitlich aktualisierbaren - rekonstruierbaren - Raum keine Gemeinschaft entstehen und sich erhalten kann. Erinnerungen brauchen Raum, sowohl ortsbezogen, als auch metaphorisch betrachtet. Das Gruppengedächtnis muss sich anhand von räumlichen, zeitlichen und sozialen Beziehungen konstruieren. Die Gruppe erstellt sozusagen ein Selbstbild und Selbstverständnis im Sinne einer Selbstbeschreibung, das sich in Ortscharakter, Zeitbezug (Kontinuität) und Gemeinsamkeiten (Schnittmengen) nach außen hin sichtbar macht. Mit diesem Selbstbild erzeugt die Gruppe eine Differenz zu anderen sich postulierenden Gruppen, „zudem bildet sie ein Bewusstsein ihrer Identität durch die Zeit hindurch aus, so daß die erinnerten Fakten stets auf Entsprechungen, Ähnlichkeiten, Kontinuitäten hin ausgewählt und perspektiviert zu werden pflegen."[416]

Die sozialen Rahmen gestalten sich aus der Sozialität des Menschen heraus, die für Vermittlung und Übermittlung von Sprache unabdingbar ist. Es wurde festgestellt, dass erst durch Interaktion und Kommunikation kollektive Erfahrungen gemacht und verbreitet werden können, die dann wiederum als erinnerbar in den sozialen Rahmen verortet werden.

413 Halbwachs [1966] S. 389 f.

414 Assmann [2005] S. 39.

415 Assmann [2005] S. 39.

416 Assmann [2005] S. 40.

Was bei Halbwachs fast ausgespart bleibt, ist der Blick auf medienevolutive Entwicklungen. Er klammert die signifikante Bedeutung der Entwicklung der Kommunikationsmedien nahezu gänzlich aus, obwohl er der Sprache eine fundamentale Rolle einräumt:

> „Es ist die Sprache und das gesamte System der damit verbundenen Konventionen, die uns jederzeit die Rekonstruktion unserer Vergangenheit gestattet."[417]

Trotz seiner These, dass soziale Bezugsrahmen aus der Interaktion und Kommunikation sozialer Gruppen hervorgehen, also auch Medien darin eine Rolle spielen müssen, versteht er Medien als reine Vermittlungsinstanzen, die den sozialen Zugang zum Gedächtnis ermöglichen.[418] Dass Medien aber auch als Auslagerungssubstanzen von Gedächtnis gedacht werden können, verfolgt er in seinem Ansatz nicht. Erll führt in ihren Ausführungen die modifizierte Begriffswendung *cadres médiaux* ein, die sie als „mediale Rahmen des Erinnerns" bezeichnet und darin „die gedächtnisbildende Macht der Medien" [419] ausgedrückt sieht.

Halbwachs' Tendenz, das Gedächtnis aus der individuellen Erinnerungsfähigkeit abzuleiten und daraus auf eine Gruppenzugehörigkeit zu schließen, was in Wechselwirkung schließlich zu einem kollektiven Gedächtnis führt, sieht die gleichzeitige Untersuchung sozialer Kommunikationsmechanismen und deren Auswirkungen auf Speicherkapazitäten des Gedächtnisses nicht vor.

Über Medien sind verschiedene Kommunikationsformen möglich, die in einem Interaktionsrahmen gemeinschaftsbildend sind. Vor allem findet das Individuum über Medien Zugang zu den ‚kollektiven Rahmen des Gedächtnisses'. Zu differenzieren ist deshalb Halbwachs' Medien-Begriff. Medien sind für ihn nur „Vehikel, die einen ungehinderten Zugang zu einer umfassenderen sozialen Dimension des Gedächtnisses ermögli-

417 Halbwachs [1966] S. 369.

418 Halbwachs [1985] S. 50.

419 Erll [2005] S. 140/142.

chen."[420] Deshalb dient der Halbwachssche Medien-Begriff den weiteren Untersuchungen als solcher nicht - gilt es doch, medienspezifischer Gedächtniserzeugung große Beachtung zu schenken, wenn man die Externalisierung von Gedächtnis herausstellen möchte und ihre gedächtnisbildende Funktion mit ihrem Aufbewahrungsort der Bibliothek kontextualisieren will. Hier knüpft auch die in seiner Theorie fehlende Miteinbeziehung von Schrift und Kommunikationsmedien an, weshalb im Folgenden auf seine Theorie nicht näher eingegangen wird. Im Folgenden Kapitel soll deshalb Aleida und Jan Assmanns Weiterentwicklung des Gedächtnis-Konzeptes eingeführt werden, das die Geschichte der Verbreitungsmedien und Kommunikationsformen mit den Funktions- und Erscheinungsweisen von Gedächtnis verknüpft.

5.1.3 Aleida und Jan Assmann: Die Ausdifferenzierung des kulturellen Gedächtnisses

Mit ihren Beiträgen zur Forschung über das kollektive Gedächtnis knüpfen Aleida und Jan Assmann an Maurice Halbwachs' Gedächtnistheorie an. Zu ihren Hauptwerken zählen *Das kulturelle Gedächtnis - Schrift, Erinnerung und politische Identität in frühen Hochkulturen* 1992 von Jan Assmann und *Erinnerungsräume - Formen und Wandlungen des kulturellen Gedächtnisses* 1999 von Aleida Assmann. Seit Ende der 80er Jahre prägt ihr Begriff ‚kulturelles Gedächtnis' nahezu jede wissenschaftliche Auseinandersetzung, die sich mit dem Phänomen des Gedächtnisses beschäftigt, sei es in der Soziologie, in der Geschichtswissenschaft, Literaturwissenschaft, Medienwissenschaft oder der Psychologie. Aus dieser Bandbreite von Forschungsfeldern und methodischen Zugängen eröffnet sich die große Anschließbarkeit ihrer Theorie, die im Folgenden kurz eingeführt wird und anschließend eine Untersuchung der Bibliothek mit kulturwissenschaftlicher Perspektivierung ermöglichen soll.

Die Gedächtnistheorie von Assmann/Assmann fokussiert sich auf soziale Mechanismen, anstatt auf individuelle und biografische Aspekte ausgerichtet zu sein wie es beispielsweise Halbwachs verfolgt. Damit lässt sich

[420] Erll [2005]. S. 141.

später ein Bezug zum Gedächtnis-Begriff Niklas Luhmanns herstellen, dessen oft zu abstrakte Perspektive dadurch vergegenständlicht werden kann.

Das Assmannsche Konzept des sozialen Gedächtnisses[421] baut zwar auf dem Gedächtnis-Begriff von Halbwachs auf, unterscheidet aber zwei Rahmen des sozialen Gedächtnisses. Sie differenzieren einerseits in das ‚kommunikative Gedächtnis', das im Wesentlichen auf Alltagskommunikation basiert und andererseits in das ‚kulturelle Gedächtnis', das kulturelle Objektivationen und symbolische Kodierungen trägt. Den Fokus ihrer Forschungen setzen Assmanns auf das ‚kulturelle Gedächtnis'-Feld, deshalb erfolgt an dieser Stelle eine kurze Abgrenzung der beiden „Gedächtnis-Rahmen".[422]

Das kommunikative Gedächtnis besteht aus inhaltlich veränderbaren Elementen, die durch Interaktionen im Alltag entstehen und daher nur in einem begrenzten Zeitfenster existent sind. Es handelt sich dabei um „biographische Erinnerungen"[423], die Menschen, besser gesagt Zeitgenossen, miteinander teilen und bezieht sich auf die gegenwärtig noch „lebende" Vergangenheit. Das kommunikative Gedächtnis ist stark personenbezogen und verarbeitet „Geschichtserfahrungen im Rahmen individueller Biographien."[424] Fallen diese Erinnerungsträger und die Zirkulation solcher Erinnerungen über mündliche Kommunikation aus, verschwindet auch das kommunikative Gedächtnis und wird durch ein Neues ersetzt. Jan Assmann erklärt dies exemplarisch anhand des Holocaust, dessen Überlebende langsam aussterben und damit auch „dieser

421 Assmann/Assmann verwenden den Fachausdruck des ‚sozialen Gedächtnisses', anstatt den des ‚kollektiven Gedächtnisses'. Deshalb wird im Folgenden der Terminus ‚soziales Gedächtnis' verwandt, wenn vom kollektiven Gedächtnis die Rede ist. Zudem entspricht ‚sozial' auch eher der Luhmannschen Terminologie. Er lehnt den Terminus ‚kollektives Gedächtnis' ab, weil er sich nicht mit kongruenzbildenden Erinnerungen von Bewusstseinssystemen befasst, die in einem gemeinsamen sozialen Rahmen entstehen. Vielmehr untersucht er wie „das Gedächtnis der Gesellschaft und ihrer Teilsysteme funktioniert." Luhmann [1998] S. 583.

422 Assmann/Assmann [1994] S. 119.

423 Assmann [2005] S. 52.

424 Assmann [2005] S. 120.

allein durch persönlich verbürgte und kommunizierte Erfahrung gebildete Erinnerungsraum"[425] verblasst.

„Was heute z. T. noch lebendige Erinnerung ist, wird morgen nur noch über externe Speicher-Medien vermittelt sein"[426] denn das kommunikative Gedächtnis operiert ohne externe Medien, „informell, wenig geformt und durch Interaktion."[427] Die Prämisse für einen Übergang ins kulturelle Gedächtnis sind also die Speicher-Medien, die es nachfolgenden Generationen ermöglichen, längst in der Vergangenheit liegende „fundierende Erinnerung"[428] wieder rekonstruierbar zu machen.

Aber allein durch das Vorhandensein „von Medien in der großen Datenbank objektivierter Vergangenheit"[429], wie Jan Assmann das kulturelle Gedächtnis umschreibt, ist noch nicht garantiert, dass Erinnerungen wieder in die Gegenwart Eintritt finden. Um dies zu erreichen, bedarf es Medien zweiten Grades, die für die Aktivierung der Medien ersten Grades sorgen. Dieser bimodale Medien-Begriff differenziert sich also in Medien ersten Grades, die Dokumente genannt werden und Informationen kodifizieren als auch speichern, während die Medien zweiten Grades, die als Monumente[430] bezeichnet werden, auch auf Kodifikation und Speicherung von Information beruhen, „plus sozial bestimmtem und praktizierten Erinnerungswert."[431] Ausschlaggebend ist also der modale Unterschied zwischen biografischen Erinnerungen, die in loser Form kodifi-

425 Assmann [2005] S. 50.

426 Assmann [2005]. S. 120.

427 Assmann/Assmann [1994] S. 120.

428 Assmann [2005] S. 52.

429 Assmann [2005]. S. 120.

430 Krippendorff reiht sich mit seiner Definition von Monumenten in die Assmannsche Perspektive ein. Ihm zu Folge sind Monumente „Manifestationen einer Geschichte und einer Zukunft, in der es keine Änderungen gibt. Monumente garantieren die Dauerhaftigkeit sozialer Beziehungen [...]." Krippendorff [1994] S. 81. Auch Assmanns attestieren Monumenten im Zusammenhang mit der Tätigkeit des kulturellen Gedächtnisses „die Sicherung und Kontinuierung einer sozialen Identität." Assmann/Assmann [1994]. S. 121.

431 Assmann/Assmann [1994] S. 121.

zierter Dokumente im kommunikativen Gedächtnis gespeichert werden und den fundierenden Erinnerungen, die durch feste Objektivationen, sprachlicher oder nichtsprachlicher Art, als Monumente zu begreifen sind und Zugang zum kulturellen Gedächtnis ermöglichen. Das kommunikative Gedächtnis wird von Jan Assmann dem Gegenstandsbereich der Oral History[432] zugerechnet und soll hier deshalb auch nicht näher behandelt werden.[433]

Das Verhältnis von Medialität und Gedächtnis hat in der kulturwissenschaftlichen Gedächtnisforschung vergleichsweise wenig Beachtung gefunden. Borsò benennt den Grund dafür, dass Medien per se als „sekundäre, externe Hilfsmittel"[434] angesehen werden, ohne ihre genaue Hintergrundfunktion im Bezug auf das Gedächtnis zu eruieren.

> „Durch Materialisierung auf Datenträgern sichern die Medien den lebendigen Erinnerungen einen Platz im kulturellen Gedächtnis."[435]

Für die Assmannsche Gedächtnistheorie sind Medien allerdings von großer Bedeutung. Sie sehen im Übergang von oralen in literale Gesellschaften signifikante Unterschiede, die sogar tief greifende Strukturveränderungen im sozialen Gedächtnis mit sich bringen.[436] Medien sind also die Schnittstelle zwischen individueller und soziokultureller Dimension des sozialen Gedächtnisses.[437]

Aber was genau definiert das kulturelle Gedächtnis als solches?

---

432 Die Oral History verfolgt in ihrem Ansatz die unmittelbar zurückliegende Vergangenheitszeitraum von 80-100 Jahren und fokussiert sich auf die Durchdringung von Geschichte und Gedächtnis auf individueller Ebene. Der Ansatz interessiert sich für Erinnerungen von kollektiver Relevanz, die an organische individuelle Gedächtnisse gebunden sind und trifft durch Interviews mit Zeitzeugen Rückschlüsse auf historisches Wahrnehmungs- und Erinnerungsverhalten. Vgl. Erll [2005] S. 50/51.

433 Assmann [2005] S. 51.

434 Borsò [2001] S. 9.

435 Borsò [2001]. S. 120.

436 Assmann/Assmann [1994] S. 121.

437 Siehe hierzu Kapitel 4.

> „Unter dem Begriff kulturelles Gedächtnis fassen wir den jeder Gesellschaft und jeder Epoche eigentümlichen Bestand an Wiedergebrauchs-Texten, -Bildern und -Riten zusammen, in deren ‚Pflege' sie ihr Selbstbild stabilisiert und vermittelt, ein kollektiv geteiltes Wissen vorzugsweise (aber nicht ausschließlich) über die Vergangenheit, auf das eine Gruppe ihr Bewußtsein von Einheit und Eigenart stützt."[438]

Die wichtigsten Merkmale des kulturellen Gedächtnisses sind also, dass soziale Gruppen bzw. Gesellschaften ihre Identität aus dem kulturellen Gedächtnis bilden und dies rekonstruktiv geschieht. Das kulturelle Gedächtnis ist, ganz im Gegensatz zum kommunikativen Gedächtnis, auf mediale Formen angewiesen, um Sinn bilden zu können.

Das kulturelle Gedächtnis konstituiert Erinnerungen, die an feste Objektivationen gebunden sind. Das bedeutet, dass es einen festen Bestand an Inhalten bzw. Sinn mit Hilfe von Medien strukturiert und kontinuiert. Diese Inhalte sind als Ereignisse aus der absoluten Vergangenheit zu verstehen, die eine Gemeinschaft bzw. Gesellschaft als solche fundieren. Das kulturelle Gedächtnis zeichnet sich also durch seine rekonstruktiv verfahrende, identitätsstiftende Funktion und vor allem durch einen hohen Grad an Geformtheit aus, was konkret die Abhängigkeit zu Medien bedeutet. Aus diesem Aspekt ergibt sich für die Gemeinschaft des kulturellen Gedächtnisses eine „klare Wertperspektive"[439] und schließlich das Selbstbild der Gruppe.

> „Gesellschaften imaginieren Selbstbilder und kontinuieren über die Generationenfolge hinweg eine Identität, indem sie eine Kultur der Erinnerung ausbilden."[440]

Bei dieser Initiierung von kultureller Identität spielt die Erfindung der Schrift eine signifikante Rolle. Schriftlichkeit hat enorme Auswirkungen auf die medialen Formen und Vergegenwärtigung von Vergangenheit,

---

438 Assmann [1988] S. 15.

439 Erll [2005] S. 29.

440 Assmann [2005] S. 18.

wie in Kapitel 4 festgestellt werden konnte. Schriftlose Gesellschaften finden durch Festivitäten und Ausübung von Riten einen Zugang zu ihrer Vergangenheit. Im Gegensatz dazu sind literale Gesellschaften jederzeit in der Lage mit einem Griff zum Buch oder anderen Speichermedien in einen anderen Zeitrahmen zu springen. Diese Inszenierung von Vergangenheit übernehmen in unserer heutigen Gesellschaft Organisationen wie Bibliotheken, die die Erhaltung solcher Speichermedien sichern und für deren Zugänglichkeit sorgen. Assmann/Assmann rekurrieren aus den Konsequenzen der Verschriftlichung von Gesellschaft eine zusätzliche Untergliederung des Gedächtnisses. Das soziale Gedächtnis teilt sich in zwei Gedächtnis-Rahmen, kommunikatives Gedächtnis und kulturelles Gedächtnis. Das hier relevante kulturelle Gedächtnis gliedert sich in einen so genannten bewohnten Teil, das Funktionsgedächtnis, und in einen so genannten unbewohnten Teil, das Speichergedächtnis.

	Speicher-Gedächtnis	**Funktionsgedächtnis**
Inhalt	Das Andere, Überschreitung der Gegenwart	Das Eigene, Fundierung der Gegenwart auf einer bestimmten Vergangenheit
Zeitstruktur	anachron: Zweizeitigkeit, Gestern neben dem Heute, kontrapräsentisch	diachron: Anbindung des Gestern an das Heute
Formen	Unantastbarkeit der Texte, autonomer Status der Dokumente	Selektiver = strategischer, perspektivischer Gebrauch von Erinnerungen
Medien und Institutionen	Literatur, Kunst, Museum Wissenschaft	Feste, öffentliche Riten kollektiver Kommemoration
Träger	Individuen innerhalb der Kulturgemeinschaft	Kollektivierte Handlungssubjekte

Unterschiede zwischen Speichergedächtnis und Funktionsgedächtnis. In: Assmann/Assmann [1994] S. 123.

Der bewohnte Teil, das Funktionsgedächtnis, bezieht sich auf sinnhafte, durch eine bestimmte Vergangenheit fundierte Gegenwart, es bindet das Gestern an das Heute.[441]

---

441 Assmann/Assmann [1994] S. 123.

Das Speichergedächtnis, der unbewohnte Teil, „umschreibt eine Region, die stets größer ist als das Bewusstsein."[442] Diese bewusstseinsüberragende Dimension ergibt sich aus der Konsequenz der Schrift, die ja mehr zu speichern vermag, als jeweils aktualisiert oder benötigt wird. Daraus resultiert auch die unstrukturierte Masse an Datenelementen, die diesen völlig unsystematisierten Vorratsspeicher speisen. Es beinhaltet ebenso „identitätsabstraktes Sachwissen"[443] als auch in der Vergangenheit liegende Handlungsoptionen, die keine Anwendung fanden.

Aleida Assmann beschreibt das Speichergedächtnis als „Gedächtnis zweiter Ordnung"[444], ein Gedächtnis der Gedächtnisse, das in sich aufnimmt, was seinen vitalen Bezug zur Gegenwart verloren hat."[445] Dadurch hält es einen Vorrat bereit, aus dem das Funktionsgedächtnis einerseits bei Bedarf schöpfen kann und andererseits wird dadurch die Möglichkeit für kulturelle Veränderungen optioniert. Das Funktionsgedächtnis und das Speichergedächtnis tragen maßgeblich dazu bei, dass das kulturelle Gedächtnis sich verändern kann und kulturellen Wandel zulässt. Durch eine ständige Grenzverschiebung zwischen den beiden Gedächtnisteilen findet ein Austausch zwischen „geschichtlichem Wandel und historischen Erfahrungen"[446] statt. Diese Grenzverschiebungen werden durch Spannungen zwischen den Generationen oder zwischen

---

442 Assmann/Assmann [1994] S. 122.

443 Ebd.

444 Sie bezieht sich dabei besonders auf die Abgrenzung von Geschichte und Gedächtnis, die sie als „zwei Modi der Erinnerung" deklariert. Assmann [2006] S. 134. Sie geht dabei von Nietzsches kulturpessimistischer Deutung der beiden Begriffe ‚Gedächtnis' und ‚Geschichte' aus. Für ihn steht Geschichte mit Erinnern und Gedächtnis mit Vergessen in Verbindung. Assmann wehrt sich dabei gegen die „schroffe Polarisierung von Geschichte und Gedächtnis" und möchte die beiden Begriffe produktiv aufeinander anwenden. Assmann [2006] S. 134. Dennoch ist nicht von der Hand zu weisen, dass Nietzsches These von einem „Dammbruch des Wissens" gewisse prophetische Züge impliziert, denkt man an die Datenüberflutung seit der Existenz des Internets. Nietzsche [1924]

445 Assmann [2006] S. 134.

446 Assmann [2005a] S. 25.

Gruppen und Gemeinschaften ausgelöst und bewirken die Dynamik des kulturellen Gedächtnisses und seiner Fähigkeit zum Wandel.

Das Funktionsgedächtnis konfiguriert, selektiert und perspektiviert den Gebrauch von Erinnerungen.[447] Ausdruck finden diese in Form von Festen, Riten aber auch Symbolen, Grabmälern oder Tempeln, die kulturellen Sinn vergegenwärtigen.[448] Diese symbolischen Erinnerungsüberlieferungen geschehen auf mentaler Dimension und beeinflussen das Denken der Erinnerungsgemeinschaft. Darauf folgt der Schritt auf die sozialdimensionale Ebene, die die stützenden Rahmen für die individuellen Erinnerungen konstituieren. Bibliotheken gehören zu solchen gesellschaftlichen Systemen, die das kulturelle Gedächtnis mittragen, indem „die räumlich geordnete konventionelle Bibliothek ein Ort [ist], der den hermeneutischen Raum der Überlieferung sinnlich erfahrbar macht."[449]

Das Speichergedächtnis liefert passiv inkohärente Elemente, die vom Funktionsgedächtnis als „komponiert, konstruiert, verbunden"[450] hervorgehen und damit Sinn transformieren. Das Funktionsgedächtnis leistet im Sinne Luhmanns eine Aktualisierung des Wissens. Dabei werden eben auch Zeithorizonte miteinander verknüpft und die Vergangenheit als „legitimierende und fundierende Vorgeschichte der Gegenwart"[451] betrachtet. Für Luhmann stehen soziale Differenzierung und regressive Sinnverknüpfung in Abhängigkeit zueinander. Holl resümiert, dass so „Entwicklungsbedingungen mitmemoriert [werden] und das Aktuelle durch seine Vorgeschichte verstehbar gemacht"[452] wird.

Diese Überlegungen lassen sich auf die Funktionen von Bibliotheken übertragen, was im folgenden Kapitel dargelegt werden soll.

---

447 Assmann [2006]. S. 123.

448 Assmann [2005] S. 21.

449 Jochum [1998] S. 28.

450 Assmann/Assmann [1994] S. 122.

451 Assmann/Assmann [1994] S. 129.

452 Holl [2003] S. 178.

6 Die Bibliothek als Speichersystem des kulturellen Gedächtnisses

Der historisch-systematische Untersuchungsaufbau hat die Bibliothek als soziales System in ihrer Ausdifferenzierung dargestellt und dabei die Beziehungen, die sie in ihrer jeweiligen Differenzierungsform zu ihrer Umwelt unterhält, veranschaulicht. Dabei wurden zwei Seiten berücksichtigt: Die Innenseite der Bibliothek als System und die Außenseite, die sich in Form einer Differenz von Bibliothek und ihrer Umwelt statuiert. Durch Input/Output-Prozesse und dadurch entstehende Kopplungen konnten die Austauschabläufe zwischen der Bibliothek und ihrer aufgabenbezogenen Umwelt, den Funktionssystemen, beschrieben werden. Die Ausdifferenzierungsentwicklung der Bibliothek als soziales System in die Form einer Organisation, die sich in die gesamtgesellschaftliche Ordnung eingliedert, konnte zeigen, dass die Funktion einer Bibliothek jeweils in Abhängigkeit zu ihrer Trägerschaft steht. Bibliotheken erfüllen mit ihrer Funktion Aufgaben des kollektiven Interessenbereichs unserer Gesellschaft und stehen dementsprechend unter Beeinflussung von zwei Bereichen, die sich in der Trägerschaft und der Nutzerschaft konkretisieren. Ihren Auftrag erfüllen Bibliotheken, indem sie Input aus ihrer aufgabenbezogenen Umwelt beziehen und diesen in Leistungen transformieren. Als Output stellen sie Dienstleistungen zur Verfügung, die zur Benutzung ihres Medienbestandes beitragen. Die Funktionserfüllung einer Bibliothek ist in drei wesentliche Komponenten gegliedert, die sich im Programm des Bestandsaufbaus, den Skripts in der Bestandserschließung und der Bestandsvermittlung, die Input in Output sichtbar transformiert und so schließlich eine Leistung bereitstellt.

Diese Leistungserbringung ist durch die Struktur der Bibliothek als Organisation definiert. Demnach ist der organisatorische Aufbau in hierarchische Ebenen gegliedert, die die Aufgabenverteilung in einzelne Sequenzen zerlegen und den verschiedenen Arbeitsbereichen Handlungsschemata zuschreiben, die zur Bewältigung der sowohl systeminternen als auch der umweltbedingten externen Komplexität beitragen. Die Darstellung der strukturellen Kopplungen zu den Funktionssystemen hat demonstriert, wie vielfältig und reziprok die Austauschprozesse zwischen Bibliotheken und den Funktionssystemen wie dem Wissenschaftssystem, dem Wirtschaftsystem und dem politischen System sind. Mit dem Übergang von segmentärer Differenzierung zu funktionaler Differenzierung konnte die Korrelation zwischen gesellschaftlichen Entwicklungsprozessen und der Ausdifferenzierung des Bibliothekssystems erklärt werden. Durch strukturelle und operative Kopplungen sind Bibliotheken mit fast allen gesellschaftlichen Funktionssystemen verknüpft. Die Eigenschaften der funktional differenzierten Gesellschaftsform charakterisiert auch das Bibliothekssystem, das so in der Lage ist arbeitsteilig und kooperativ vorzugehen.

Die steigende Komplexität einer Gesellschaft spiegelt sich also in den Strukturen des Bibliothekssystems wieder. Bibliotheken sind Organisationen, deren Funktion es ist, Speicher- und Verbreitungsmedien systematisch ihrem Auftrag nach zu selektieren, zu erschließen, zu konservieren und zugänglich zu machen.

Im Verlauf der systemtheoretischen Analyse der Bibliothek wurde ihre systemkonstituierende Operationsweise des Entscheidens untersucht, die anhand der zeitlichen Differenz ‚vorher' und ‚nachher' Zeithorizonte koppelt. In ihrem Operieren stellt die Bibliothek als Organisation also Zusammenhänge zwischen Vergangenheit, Gegenwart und Zukunft her und ermöglicht so ihren autopoietischen Fortbestand, indem sie nach systeminterner Konsistenzprüfung mit ihrer Umwelt zu kommunizieren in der Lage ist.

Im Anschluss daran wurde die Wirkung der Medienevolution auf das Gesellschaftssystem beobachtet und ein Zusammenhang zum sozialen Gedächtnis festgestellt: Medien kompensieren akkumulierte Zeit und bilden eine Schnittstelle zwischen der individuellen und soziokulturellen Dimension des sozialen Gedächtnisses. Erinnerungskultur rekurriert auf die Wechselwirkung zwischen Medien und Gedächtnis, wodurch eine Kopplung entsteht, die in der gesellschaftlichen Einrichtung der Bibliothek vereint wird. In Bibliotheken wird die materiale Dimension mit der sozialen Dimension des kulturellen Gedächtnisses symbiotisiert und so ein Fortbestehen der gesellschaftlichen Kommunikationsstrukturen gewährleistet. Dabei wurde berücksichtigt, dass seit der Erfindung der Schrift die gesellschaftlichen Kommunikations- und Erinnerungsformen einem grundlegenden Wandel unterlegen sind, der sich weiterhin in Entwicklung befindet.

Im Bezug auf den Gedächtnis-Begriff wurde eine Untersuchung der systemtheoretischen Anschauung Niklas Luhmanns und der kulturwissenschaftlichen Definition von Aleida und Jan Assmann vorgenommen und trotz der Gegensätzlichkeit der Theorieansätze eine Merkmalsdichte herausgefiltert. Die grundlegenden Faktoren, die soziales Gedächtnis bedingen, setzen sich aus drei wesentlichen Komponenten zusammen: Die Wissensvermehrung und die damit einhergehende gesellschaftliche Ausdifferenzierung, die Erfindung und Etablierung der Schrift als dem Leitmedium unserer Kultur und die daraus resultierende Medienevolution.

Die Reziprozität des Gedächtnisses in der Doppelfunktion von Erinnern und Vergessen wird im Bibliothekssystem kraft der Operationsweise des Entscheidens synthetisiert. Darüber hinaus organisieren Bibliotheken eine mediale Ordnung von Wissen, die ‚konnektive Strukturen' aufrecht und anschlussfähig hält. Die Selektion, Speicherung und systematische Zugänglichmachung von Verbreitungsmedien reduziert den Komplexitätsgrad gesellschaftlicher Wissensverarbeitungsprozesse und erreicht damit Anschlussfähigkeit, indem eine Rekonstruktion von Wissen aus der Vergangenheit möglich ist, auf dessen Fundament gegenwärtiges und zukünftiges Wissen aufbaut.

Die systemtheoretische Beobachtung hat die Bibliothek in ihren Organisationsstrukturen und den Beziehungen zu ihrer Umwelt beleuchtet, während die kulturwissenschaftliche Perspektive aufgezeigt hat, was Gedächtnis ist und wie es sich konstituiert. Nun gilt es die beiden Untersuchungsmethoden zusammen zu bringen und die Rolle der Bibliothek als Speichersystem für das kulturelle Gedächtnis zu analysieren.

Solange es Bibliotheken gibt, assoziiert man mit ihnen die Ansammlung und Anordnung von Wissen in Form von Büchern und anderen Medien. Der Vorgang des Sammelns von Speicher- und Verbreitungsmedien, die systematisch ausgewählt und geordnet werden, weist parallele Züge zum

Vorgang des Erinnerns auf. Aus einer Masse von Daten wird selektiert, die Auswahl wird aufbereitet und systematisch zirkulierfähig gemacht. Neben der Konservierung von Wissen und Erkenntnissen stellt dessen Rekonstruktionsmöglichkeit nach Abruf den ausschlaggebenden Aspekt bibliothekarischer Arbeit dar. Mit Hilfe der Bibliothekssystematik und des Recherchekatalogs sind Speichermedien identifizierbar und ermöglichen den Zugang zu deren überlieferten Inhalten. Damit ermöglicht die Bibliothek, Wissen und Erkenntnisse abruffähig und zirkulationsfähig zu halten.

Vergleichbar mit dem im 18. Jahrhundert gängigen Konzept der Universalbibliothek ist das gesamte Bibliothekssystem auf das nahezu vollständige Sammeln und Erschließen der Literatur- und Kommunikationsmedien ausgerichtet. Als Organisationen selegieren sie Speicher- und Verbreitungsmedien aus dem gesellschaftlichen Kommunikationsprozess und halten somit einen semantischen Themenvorrat anschlussfähig. In diesem Zusammenhang wurde festgestellt, dass Gedächtnisbildung drei Ebenen voraussetzt: Erstens die Ebene des psychischen oder individuellen Gedächtnisses von Personen. Aber-

> „Ein soziales Gedächtnis muss sich außerhalb von (was nicht heißt unabhängig von) psychischen Gedächtnisleistungen bilden."[453]

Das bedeutet zweitens, dass eine Vermittlungsebene zwischen psychischer Gedächtnisleistung und der Ausbildung eines sozialen Gedächtnisses bestehen muss, die Gedächtnisinhalte von der psychischen Ebene externalisiert. Durch Speicher- und Verbreitungsmedien werden Gedächtnisinhalte materialisiert und von Interaktion unabhängig gemacht. Mit Gedächtnisinhalten sind nicht nur Erinnerungen an Ereignisse gemeint, sondern ebenso Wissen und Erkenntnisse, die im Laufe der gesellschaftlichen Evolution entstanden sind. Es handelt sich also um eine Anhäufung von gesellschaftlich konstitutiven Erkenntnissen, Werten, Normvorstellungen, Wissen und Erinnerungen. Die Gedächtnisinhalte fixieren Sinn, der zum wiederholten Gebrauch zur Verfügung steht.[454] Mit diesen Ge-

---

453 Luhmann [1998] S. 217.

454 Vgl. Luhmann [1993] S. 126/127.

dächtnisinhalten ist die Selbstbeschreibung eines gesellschaftlichen Systems möglich.[455] Daran anknüpfend spricht Luhmann von semantischen Strukturen, die „bewahrenswerten Sinn identifizieren, festhalten, erinnern oder dem Vergessen überlassen."[456] Das Bibliothekssystem ist für die Organisation solcher Strukturen zuständig.

Die gesellschaftliche Organisation von Erinnerungen, Information und Wissen und ihre Übermittlung hängen also von den Speicher- und Verbreitungsmedien, die in Bibliotheken gespeichert werden, ab. Erst durch den Prozess des Erinnerns von kognitiven Mustern in Form von Medienrezeption wird Vergangenheit vergegenwärtigt und Diachronie hergestellt. Bibliotheken organisieren Medien, d.h. die Anschlussfähigkeit und Weitergabe von kommunikativen Ereignissen. Sie sind also Organisationen, die gesellschaftliche Erinnerungen in Form von Medien speichern, determinieren und damit Zeithorizonte koppeln und synchronisieren.

> „Texte, in denen die Kultur sich realisiert, fungieren als nichtpersonale Träger des Gedächtnisses, indem sie zum einen als ‚Akkumulatoren' kulturellen Sinns und zum anderen als dessen ‚Generatoren' auftreten. Entscheidend [...] ist, dass der akkumulierte Sinn nicht ‚lagert', sondern im Kulturgedächtnis ‚wächst'. Das Gedächtnis ist mithin kein passiver Speicher, sondern ein komplexer Textproduktionsmechanismus."[457]

In Kapitel 4 wurde dargelegt, dass Gedächtnisbildung über Medien geschieht und deshalb erst die Notwendigkeit nach Sammel- und Speicherorten für dieselben entsteht. Bibliotheken sind Orte, die mediale Gedächtnisträger systematisch speichern. Sie sind Speicher*systeme*, weil sie durch Strukturen, Programme und Schemata Medien organisieren und deren Inhalte rekonstruktionsfähig halten.

---

455 Vgl. Martens [2003] S. 177.

456 Luhmann [1998] S. 538.

457 Lachmann [1996] S. 47. Das Argument von Lachmann, Gedächtnis sei kein passiver Speicher rekurriert auf Luhmanns Gedächtnis-Begriff, demnach das Gedächtnis Wiederholungen von Mustern erkennt und Kommunikation bzw. Kultur reproduktionsfähig macht.

Die funktionale Ausdifferenzierung der Gesellschaft ist auch in den Organisationsstrukturen der Bibliothek zu beobachten. Während im segmentär differenzierten Bibliothekssystem der Bibliothekar als Wissenshüter die Bibliothek mit seinem individuellen Gedächtnis organisierte, fand im Laufe der gesellschaftlichen Weiterentwicklung der Medien eine Auslagerung statt: Die wachsende Menge an Wissen und die damit einhergehende steigende Buchproduktion sowie deren erweiterte Speicherkapazitäten, erforderte den Ausbau von organisierten Handlungsschemata in der Bibliothek. Das individuelle Gedächtnis des Bibliothekars musste eine Auslagerung erfahren und zwar auf Medien wie Registerbände, Zettelkataloge und später elektronische Datenbanken. Der Bibliothekar war fortan der Verwalter dieser externen Gedächtnisspeicher, deren Aufgaben zuvor allein sein individuelles Gedächtnisses erbracht hatte. Er entwickelte sich gewissermaßen vom Wissenshüter zum Wissensverwalter. Sein Lokalgedächtnis übertrug sich auf Medien wie Kataloge und Inventarlisten und markierte den gedächtnisfunktionalen Strukturwandel vom individuellen zum systemischen Gedächtnis. Die Abkopplung des in Form von Bewusstseinsprozessen funktionierenden Gedächtnisses zu einem bestandslosen systemischen Gedächtnis, das jetzt nicht mehr nur auf einem Träger, dem psychischen System, sondern auf vielerlei Medien beruht, macht die Bibliothek zu einem Speichersystem.

Gedächtnis wird von Luhmann als der Mechanismus aufgefasst, der dem gesellschaftlichen System die jeweilige Basis mitteilt, auf deren Entscheidungsgrundlage die weitere Produktion von Sinn erfolgen wird. Um diese Selbstreflexion durchführen zu können, braucht die Gesellschaft Formen. Dazu gehört die Kontinuität, die für die Fortsetzung der Autopoiesis des Systems sorgt. Zugleich müssen Veränderungen zugelassen werden, um weiterhin spezifische Aufgaben erfüllen zu können. Drittens müssen Systemzustände der Vergangenheit mit gegenwärtigen Zuständen und künftigen Zuständen synthetisiert werden, um eine Unterscheidung der eigenen Operationen beobachten zu können.[458]

---

[458] Vgl. Porath [1995] S. 77/78.

Bei Luhmanns Gedächtnis-Definition kann man also feststellen, dass das Gedächtnis eines Systems die Selbstbeobachtung und Selbsterhaltung steuert. Das Hauptmerkmal des sozialen Gedächtnisses bezeichnet er als ‚Rekursivität', die selektive „gegenwartsbasierte Beobachtungen von Vergangenem" meint, indem „ein System Erinnerungen an vergangene Ereignisse"[459] herstellt und dabei eine Differenz zwischen Vergangenheit und Gegenwart erzeugt, die entscheidungsweisend für die Zukunft ist. Das Gewinnen gemeinsamer Merkmale wird über den Vorgang des Vergleichens erzielt, wobei aktuelle Ereignisse mit solchen, die die Erinnerung vorrätig hält und die durch in der Vergangenheit liegende Entscheidungen entstanden sind, in Beziehung zueinander gesetzt werden. Die strukturellen Kopplungen zwischen Bibliotheken und anderen Organisationen wie Universitäten, Verlagen oder Länderregierungen geben der Vermittlung und Tradierung von kultureller Identität das Fundament, auf das die Bibliothek in ihren Entscheidungen angewiesen ist. Das bedeutet, die Bibliothek entscheidet nach Schemata und befolgt die Skripts, auf deren Grundlage sie ihre Funktion aufbaut. Diese Schemata sorgen dafür, dass der Mechanismus der Wahrnehmung bei Entscheidungen, wie der Medienerwerbung immer wieder erkannt und befolgt wird. Ohne diese Wahrnehmung kann keine Erinnerungs- oder Vergessensleistung stattfinden.

> „In dieser Hinsicht befindet sich der Sitz des Gedächtnisses nicht in den Büchern, sondern einzig im Katalog, d.h. in der Verknüpfung zwischen möglichen Informationen."[460]

Der wichtigste Aspekt hierbei ist wie auch bei Assmann/Assmann die Kopplung von Zeithorizonten, die das soziale Gedächtnis arrangiert.[461] Das jeweilige Selbstbild einer Gesellschaft besteht immer aus gegenwartsbasierten Beobachtungen, was zu der Konsequenz führt, dass „alle Systeme, die ein ‚re-entry' der Unterscheidung von System und Umwelt ins System vollziehen, eine ‚memory function' benötigen, die ihnen

---

459 Holl [2003] S. 164.

460 Esposito [2002] S. 340.

461 Luhmann [1998] S. 593f.

die Gegenwart als Resultat einer unabänderlichen Geschichte bekanntmacht."[462] Um eine System-Identität ausbilden zu können, was mit Hilfe der rekursiven Verfahrensweise des kulturellen Gedächtnisses geschieht, die ständig zwischen der Gegenwart und der Vergangenheit differenziert, ist Kontinuität erforderlich. Diese Kontinuität der Wissens- und Erinnerungsorganisation wird von Bibliotheken unterstützt.

Die Kontinuierung von sozialen und kulturellen Mustern ist auch beim Assmannschen Gedächtnis-Begriff zentral. Das soziale Gedächtnis bei Assmann/Assmann arbeitet ebenfalls mit Rekonstruktivität, indem es bewährte Sinnstrukturen kontinuiert und dabei Zeithorizonte übersteigt.[463] Gemeinsam haben beide Theorien, dass das ‚soziale Gedächtnis' als diachron zu verstehen ist, durch Kommunikation Beobachtungen zu verknüpfen in der Lage ist und damit Veränderungen aufzuzeigen und zu bedingen vermag. Der kommunikative Aspekt des sozialen Gedächtenisses spielt also bei beiden Theorien eine signifikante Rolle und setzt eine inhärente Beziehung zwischen der evolutiven Entwicklung der Medien und des sozialen Gedächtnisses voraus. Wissensevolution steht in Abhängigkeit von sozialen und medientechnischen Entwicklungen, die letztlich zur Ausdifferenzierung des Bibliothekssystems geführt haben.

Der Oberbegriff ‚soziales Gedächtnis' impliziert bei Assmann/Assmann ein Konstrukt, das sich aus Wissensorganisation, Zeichensystemen, Kommunikationsformen und Verbreitungsmedien konstituiert und durch soziale Prozesse aufrechterhalten wird. Die Bedeutung des Begriffs ‚Kultur' spielt dabei eine große Rolle, wie bereits im vorherigen Kapitel dargestellt wurde. Kultur definiert sich in Verknüpfung mit dem sozialen Gedächtnis. In dieser gekoppelten Beziehung ist die Reproduktion der gesellschaftlichen Selbstbeschreibung konzeptionalisiert. Kultur „wirkt verknüpfend und verbindend, und zwar in zwei Dimensionen: der Sozialdimension und der Zeitdimension."[464] Insofern ist eine, zumindest semiotische Gleichsetzung von ‚Kultur' und ‚Gedächtnis' naheliegend.

---

462 Luhmann [1998] S. 576.

463 Assmann/Assmann [1994] S. 115.

464 Assmann [2005] S. 16.

> „Kultur ist, so können wir festhalten, das Gedächtnis sozialer Systeme, vor allem des Gesellschaftssystems. Kultur ist, anders gesagt, die Sinnform der Rekursivität sozialer Kommunikation."[465]

Beide Phänomene, Kultur und Gedächtnis, sorgen für die Ausbildung eines Erfahrungs- und Erwartungsraumes, „der durch seine verbindliche Kraft Vertrauen und Orientierung stiftet."[466] Das Instrument, das diese Ausbildung veranlasst, ist das kulturelle Gedächtnis, das diese ‚konnektiven Strukturen' „eines gemeinsamen Wissens und Selbstbilds" in Form von Erinnerungen „an eine gemeinsam bewohnte Vergangenheit bewahrt."[467]

Vermehrt sich aber die Erinnerungsmenge, die unstrukturierte „amorphe Masse von Daten, Informationen, Erinnerungen gibt es kein Subjekt mehr, dem sie sich noch zuordnen ließe."[468] Die einzigen Kriterien, die eine klare Disparität schaffen, sind Gebrauchsformen und Funktionen der beiden Gedächtnisdimensionen Speichergedächtnis und Funktionsgedächtnis.

Stellt man das Funktionsgedächtnis in den Vordergrund und das Speichergedächtnis in den Hintergrund, so stellt sich die Frage nach den Wechselwirkungen zwischen beiden Ebenen. Erll spricht zutreffend von dem „Grad der Durchlässigkeit zwischen ihnen, der die Möglichkeit von Veränderung und Erneuerung bestimmt."[469]

Im Bezug auf das Agieren einer Bibliothek lässt sich hier ein Vergleich herleiten. Der Funktionsgedächtnis-Teil der Bibliothek spielt sich im Vordergrund ab, und zwar im Freihandbereich und im Lesesaal. Hier werden Bestände strategisch genau positioniert und aktualisiert und für alle

---

465 Luhmann [1995b] S. 47.

466 Ebd.

467 Luhmann [1995b] S. 17.

468 Luhmann [1995b] S. 123.

469 Erll [2005] S. 32.

Nutzer jeder Zeit verfügbar gehalten.[470] Der Speichergedächtnis-Teil der Bibliothek erschließt sich in ihren Magazinen, die die Bestände horten und bei einer Anfrage herausgeben. Die Unantastbarkeit wird hier im Verhältnis zum Raum konstituiert, der jegliche spontane Zugriffe verhindert. Die beiden Gedächtnis-Teile stehen so im Austausch miteinander und organisieren die Transformation von passiven Datenansammlungen aus der Vergangenheit zum aktiven Erinnerungsprozess durch den Benutzer.

Bibliotheken gliedern sich als Speichersysteme in Magazin- und Freihandbestände und bilden damit eine Untergliederung ab, die sich mit der Ausdifferenzierung des kulturellen Gedächtnisses in Speicher- und Funktionsgedächtnis vergleichen lässt. Aus Sicht des Benutzers nimmt der Bibliotheksbestand die Rolle eines Speichergedächtnisses ein, aus dem er schöpfen und damit auf individueller Ebene Erinnerungen aktivieren kann. Der Funktionsgedächtnis-Teil des Freihandbereichs zeichnet sich dagegen durch seine allgemeine Relevanz sowie fundierende Signifikanz aus, die sich in der absoluten Zugänglichkeit für alle ausdrückt. Während also der Freihandbereich diesen Teil des Funktionsgedächtnisses der Bibliothek abbildet, geschieht dasselbe mit dem Magazinbereich als Speichergedächtnisteil der Bibliothek. Das Magazin enthält alle Medien, die kodifiziert und systematisiert gespeichert sind und nur durch Medien zweiten Grades erreichbar gehalten werden, also durch sozial bestimmten und praktizierten Erinnerungswert.[471] Das heißt, um über solche Medien zweiten Grades, die sich in Form von Katalogen, Inventarlisten und Datenbanken konstituieren, den Zugang und zugleich die Aktivierung von Erinnerungen zu erhalten, ist bereits schon ein soziales Erinnerungsmoment erforderlich. Die Suche nach einem bestimmten Medium im Katalog setzt das Erinnern an ein bestimmtes Ereignis, eine bestimmte Information oder bestimmtes Wissen voraus. In diesem Moment

470 Der Zeitbegriff bezieht sich auf die Öffnungszeiten der Bibliothek, sofern es sich nicht um über Internet zugängliche Volltexte handelt, die ortsunabhängig abrufbar sind. Außerdem tritt der Aspekt der akkumulierten Zeit, die durch die gespeicherten Inhalte der Medien geformt wird, in Erscheinung.

471 Vgl. Assmann/Assmann [1994] S. 121.

findet ein Erinnerungsprozess statt, der durch eine Suchanfrage im Recherchekatalog in Aktion tritt. Schlagworte oder Suchbegriffe prozessieren den Erinnerungsvorgang durch *cadres médiaux* im individuellen Gedächtnisrahmen und führen zu einem Rechercheergebnis. Dieses Ergebnis findet sich in Form eines Speichermediums materialisiert und ermöglicht die Rekonstruktion von Erkenntnissen und Wissen aus der Vergangenheit. Die Botschaft, die in Form von Text in Speichermedien kodiert ist, kann nun vom Rezipient aufgenommen bzw. verstanden werden. Das Speichermedium erzeugt in diesem Moment Anschlussfähigkeit von Kommunikation.

	Speicher-Gedächtnis (Magazin)	**Funktions-Gedächtnis** (Freihandbereich, Lesesaal, Veranstaltungsbereich)
Inhalt	Alle gesammelten Medien. Auch kostbare, seltene Medien, die geschützt werden müssen.	Selektiver Bestand, der von kollektiver Bedeutung ist und hohe Frequentierung erfährt. Grundlagenliteratur.
Zeitstruktur	Langfristige Speicherung	Aktualitätsanspruch, von zeitlich überdauernder Relevanz, aber aktualisierungsfähig, also mittelfristige Speicherung.
Formen	Platz sparend, Numerus currens	Systematik, Interessenkreise.
Institutionen/Medien	Universalbibliothek, nationale Bibliotheken	Stadtbibliothek, Mediothek. Orientierungsgebend, schaffen Kommunikationsräume, Gruppenbezug, gemeinsam erlebte Erinnerungsräume. Benutzerbereiche.

Tabelle in Anlehnung an Assmann/Assmann [1994] S. 123.

Bibliotheken sind also in ihrer Funktion eines Speichersystems des kulturellen Gedächtnisses so gegliedert, dass sie „kulturelles Wissen aufbewahren, konservieren, erschließen und zirkulieren lassen."[472] Die Biblio-

[472] Assmann [2006] S. 140.

thek ist somit als eine Einrichtung zu definieren, die die Willkür des alltäglichen Vergessens in Abrede stellt und damit eine Perspektivierung auf die Vergangenheit erzeugt, sie rekonstruierbar und nutzbar macht.

Bibliotheken entlasten also das Funktionsgedächtnis der Gesellschaft, indem sie kulturelles Wissen strukturiert sammeln und zugänglich machen. Um soziale Kommunikation anschlussfähig halten zu können, ist die Gesellschaft auf eine solche Organisation angewiesen. Die Gefahr kodifizierte identitätsstiftende Kommunikationsmedien dem Vergessen zu überlassen, würde die Autopoiesis des gesellschaftlichen Systems gefährden, weil sich keines seiner Mitglieder mehr auf vergangene Ereignisse berufen könnte und somit auch die Strukturen der bestehenden Handlungs- und Wertnormen nicht mehr nachvollziehbar wären. Die Bibliothek als Speichersystem kontrolliert „von welcher Realität aus das System [die Gesellschaft] in die Zukunft blickt."[473]

> „Hätten wir kein Erinnerungsvermögen, so wüssten wir nichts von Ursächlichkeit, folglich auch nichts von jener Kette von Ursachen und Wirkungen, die unser Ich oder unsere Person ausmachen."[474]

Das, was Hume hier auf die individuelle Gedächtnis-Ebene bezieht, lässt sich auch auf die soziale Ebene übertragen. Entscheidungen, die in der Vergangenheit einmal getroffen wurden und auf deren Basis eine Gesellschaft existiert, wären rückblickend nicht mehr rekonstruierbar, würden sie nicht zirkulierfähig gehalten werden. Deshalb wäre ein Speichergedächtnis ohne ein Funktionsgedächtnis wahrhaftig sinnlos, denn ein vom Speichergedächtnis abgekoppeltes Funktionsgedächtnis verkäme zu einem „Phantasma" und ebenso umgekehrt, ergäbe ein vom Funktionsgedächtnis abgekoppeltes Speichergedächtnis eine „Masse bedeutungsloser Informationen."[475] Die gegenseitige Abhängigkeit wirkt wie eine stringente Symbiose, die sich gegenseitig stützt, Orientierung gibt und weitere

---

473 Luhmann [1998] S. 581.

474 Hume [2004] S. 338.

475 Vgl. Assmann [2006] S. 142.

gesellschaftliche Ausdifferenzierung fördert. Bibliotheken symbiotisieren dieses Verhältnis:

> „Erinnerungen sind abhängig von der gesellschaftlichen Organisation ihrer Weitergabe und von den dabei genutzten unterschiedlichen Medien." [476]

Im Gegensatz zu Archiven sind Bibliotheken gleichzeitig Orte der Gegenwart und der Vergangenheit. Anders als beim Archiv besteht ihre basale Funktion darin, das gesammelte Wissen und die konservierten Erfahrungen aus der Vergangenheit in der Gegenwart anschlussfähig zu halten. Für die Gegenwart ist die Bibliothek deshalb wichtig, weil sie Ort der Aktualität und Erfahrung ist und damit den Kommunikationsprozess auf Anschlussfähigkeit hin behandelt. Vergangenheit und Gegenwart werden kombiniert und fortlaufend in die Zukunft weiterübermittelt. Das „Produkt", das tradiert wird, um es in aller Kürze zu definieren, ist Kultur, weil „Kultur Gedächtnis ist"[477] und „eine transgenerationelle Übermittlung von Wissen"[478] ermöglicht.

Die Grundlage von Kultur ist also eine Verknüpfung zwischen Gegenwart und Vergangenheit, wodurch Kommunikationsräume geschaffen werden. Gemeinschaften sind dadurch im Stande über ihre Lebenszeit hinaus Botschaften zu erfahren. Das kulturelle Gedächtnis schafft institutionelle und materielle Grundlagen dafür. Es schafft einen Rahmen für Kommunikation über zeitliche Abstände hinweg und macht dadurch Vergangenheit reflektierbar. Bibliotheken ermöglichen überlebenszeitliche Kommunikation, die für nachfolgende Generationen die Voraussetzung schafft die Tradition und das Wissen, die die kulturelle Identität einer Gesellschaft definieren, rekonstruieren zu können.

Gleichzeitig ist das Vergessen Teil der gesellschaftlichen Realität, da immer mehr Informationen produziert werden, die Speicherkapazitäten

---

[476] Burke [1996] S. 95f.

[477] Assmann [2006a]

[478] Ebd.

belegen und damit die Aufnahmefähigkeit für neue Informationen behindert wird.

Bibliotheken eröffnen den gesammelten Medien aus der Vergangenheit eine Existenzverlängerung und statuieren sich als „stumme Zeugen der Vergangenheit."[479]

> „Die räumlich geordnete konventionelle Bibliothek ist ein Ort, der den hermeneutischen Raum der Überlieferung sinnlich erfahrbar macht."[480]

Damit wird kulturelle Überlieferung im individuellen Gedächtnis mit dem Ort der Bibliothek verknüpft, sie wird sozusagen zu einer ‚Erinnerungsfigur'. Der Ort selbst wird dabei zum Subjekt und Träger von Erinnerung. Die Bibliothek als Ort ist deshalb in der Lage „Erinnerung festigen und beglaubigen" zu können, „indem sie sie lokal im Boden veranker[t]."[481] Und das ist durchaus wörtlich zu nehmen, denn ein Ort konstituiert eine langfristige Präsenz, wohingegen Erinnerungen, die an individuelle Gedächtnisse oder Medien gekoppelt sind vergleichsweise zeitlich beschränkte Bestehensdauer besitzen. Es besteht ein wechselwirkendes Verhältnis zwischen dem Ort der Bibliothek und seinen Besuchern. Einerseits bestimmt der Ort, das architektonische Gebäude, die Wahrnehmungs- und Erfahrungsperspektive des Besuchers. Andererseits tragen jene Besucher auch ihre Erfahrungswerte und Handlungstraditionen in die Bibliothek hinein und konstruieren so einen Ortscharakter, der sich als „beständiger Halt für vergängliche Erinnerungen"[482] erweist. In der Bibliothek herrscht keine eklatante Differenz zwischen Vergangenheit und Gegenwart, sondern vielmehr ein fließender Übergang, der für Kontinuierung sorgt.

---

479 Ebd.

480 Jochum [1998] S. 28.

481 Assmann [2006] S. 299.

482 Assmann [2006] S. 410.

> „Es kann das Allernächste in unbestimmte Ferne und das Ferne in bedrängende Nähe rücken."[483]

Der Speicher, das Magazin, steht jenseits aller Erreichbarkeit für den Benutzer. Während der Freihandbereich und die Lesesaalbestände direkt greifbar und begehbar im Vordergrund anberaumt sind. Was Aleida Assmann als die „Kontaktzone"[484] definiert, ist hier im übertragenen Sinn die Verbindung zwischen gesammeltem Wissen und Erkenntnissen aus der Vergangenheit und deren Rezeption in der Gegenwart. Es ist nichts anderes als das, was Stephen Greenblatt in seinen Studien eruiert: nämlich, dass „das technische Medium, durch das die Stimmen der Toten nachhallen und in Rückständen [durch ‚Textspuren'] zugänglich"[485] macht, eine kulturelle Kontinuierung von bestehendem Sinn durch Erinnern aktiviert und damit eine Rekursion auf die Vergangenheit geschieht. Erinnerungen werden, in Form von Medien, bestimmte Plätze *loci communes* zugewiesen, die im Falle der Bibliothek durch Signaturen zu lokalisieren sind, von denen aus sie abrufbar und rezeptionsfähig sind. Durch einen Katalog, der alle Standorte verwaltet, konstituiert sich die Zugriffsoption auf den Medienbestand. Die semantischen Inhalte sind Relikte der Vergangenheit, die wieder Eintritt in die Gegenwart finden können und damit ein Oszillieren zwischen den Zeithorizonten bzw. den Gedächtnis-Rahmen initiieren.

> „Das Gedächtnis ist das Instrument, mit dem der Mensch sich in der Zeit orientieren kann. [...] Es geht dabei nicht um die exakte Bewahrung der Vergangenheit, sondern um eine diachrone Stabilisierung personaler und kollektiver Identität. Die zeitliche Orientierung, die das Gedächtnis leistet, ist immer bezogen auf Relevanzperspektiven und Identitätshorizonte."[486]

---

483 Assmann [2006] S. 337.

484 „Die eigentümliche Verbindung von Nähe und Ferne macht diese zu auratischen Orten, an denen man einen unmittelbaren Kontakt mit der Vergangenheit sucht." Assmann [2006] S. 337.

485 Assmann [2006] S. 179.

486 Assmann [2005a] S. 23.

Die Bibliothek als Ort des Gedächtnisses - als *genitivus objectivus* - ist ein realer Ort aus Mauern und Fenstern, der oft sogar architektonische Merkmale aus Vergangenheit und Gegenwart vereint, die schon alleine sich ins individuelle Gedächtnis einbrennen[487] oder wie Oechslin konstatiert, „dass gesammeltes Wissen Körper und Raum geworden ist, dass Bücher eine wie auch immer strukturierte Ordnung bilden, die sich - zuerst architektonisch abbildet - dem visuellen und haptischen Zugriff unmittelbar erschließt."[488]

Damit konstituieren sich ein Innen- und ein Außenraum auf mehrfacher Ebene. Erstens durch das Gebäude der Bibliothek selbst und zweitens in metaphorischer Dimension, wie Dickhaut assoziiert.[489] Denn um den Leser konstruieren sich eine Außenwelt, der Lesesaal, und seine Innenwelt, die Rekonstruktion von Vergangenheit in Form von Medienrezeption oder die Beschäftigung mit der Zukunft durch Forschungen in der Vergangenheit.

> „Indem der architektonische oder ein anderer geordneter Raum, den sich der Erinnernde einbildet, zum Gedächtnisraum wird, wird das innere Gedächtnis [...] nach außen verlagert. [...] Das von der Imagination in Gang gesetzte Wechselspiel von Innen und Außen wird durch das reale Nach-außen-Tragen, d.h. die Äußerung der Rede, abgelöst."[490]

Die Äußerung der Rede muss dabei nicht in akustischer Weise erfolgen, sondern schließt schriftliche oder bildliche Mitteilungen mit ein. Die antike Gedächtniskunst[491] beugt dem Vorgang des Vergessens vor, indem sie das zu Erinnernde durch ein Bild oder eine Imagination an eine bestimmte Stelle in einem realen Raum platziert, um sich darauf zurück besinnen zu können. Daraus erschließen sich gewisse Ähnlichkeiten zu

487 Hieran knüpft auch die Lesesaalästhetik an, die in beeindruckender Weise von Candida Höfer visualisiert wurde. Siehe dazu Höfer [2005]

488 Oechslin [2001] S. 166.

489 Dickhaut [2005] S. 327.

490 Lachmann [1996] S. 53.

491 Siehe dazu ausführlicher Yates [1990]

Halbwachs' Begriff des Erinnerungsbildes. Erinnern ist ohne Bilder - Gedächtnisbilder - nicht vorstellbar, nicht imaginierbar.

Zu geographischen und sozialen Erinnerungsräumen bezieht sich auch Burke auf Halbwachs:

> „Halbwachs hat einen Aspekt objektiviert, der schon in der klassischen Gedächtniskunst der Renaissance enthalten ist: die Lokalisierung von Bildern, die erinnert werden sollen, an bestimmten Merkorten."[492]

Die Imagination spricht dem Bild fundamentale Bedeutung zu. Es besteht also eine Beziehung zwischen Bild-Metapher und Erinnerung. Im Bezug auf die Bibliothek bedeutet dies, dass das Gedächtnis-Bild auf die mediale Ordnung des Wissens in der Bibliothek rekurriert. Die bibliothekarische Ordnung macht Erinnern möglich und zwar aufgrund der Auffindbarkeit und Abruffähigkeit der Medien. Die Metapher der Bibliothek als Gedächtnis wird dann wiederum von ihrer Funktion getragen, die ein Oszillieren zwischen Erinnern und Vergessen bei der Selektion der zu speichernden Medien voraussetzt und ein Erinnern in der Rezeption dieser Medien möglich macht.

Eine Bibliothek und die Speicher- und Verbreitungsmedien stehen in einem permeablen Verhältnis zueinander. Es ist eine gegenwärtige Vergangenheit, die durch den Funktionsgedächtnis-Teil der Bibliotheken erzeugt wird und es ist eine vergangene Vergangenheit, die durch den Speichergedächtnis-Teil der Bibliotheken geschaffen wird. Zwischen der gegenwärtigen Vergangenheit und der vergangenen Vergangenheit besteht ein Spannungsverhältnis, das das kulturelle Gedächtnis fundiert. Im kulturellen Gedächtnis findet ein dauerhafter Bestand an Themenvorräten Platz, den Aleida Assmann als ‚Kanon'[493] bezeichnet und Luhmann als Semantik. Dieser Kanon ist durch etwaige geschmackliche oder zeitgeistliche Kriterien nicht zu verändern, sondern konserviert Erinnerun-

---

492 Burke [1996] S. 98.

493 „Ein Kanon ist ebenso ein Instrument des Vergessens wie der Erinnerung. Was nicht in den Kanon gelangt, hat allenfalls im Archiv eine Überlebenschance [...]." Assmann [2005a] S. 23.

gen, die eine Gesellschaft beeinflusst haben. Diese konservierten fundierenden Erinnerungen befinden sich im Funktionsgedächtnis. Die Vergangenheit erhält „Asyl in Bibliotheken."[494] Damit bilden Bibliotheken das Fundament für das, was in der Zukunft über die Vergangenheit gesagt werden wird.

Aber auch Bibliotheken selektieren und sondern Medien aus. Also entstehen Lücken, die nicht mehr ins Speichergedächtnis zurückgelangen können. Die Funktion einer Bibliothek impliziert keinen vollständigen Erinnerungsvorrat, denn Lücken entstehen trotz bibliothekarischer Arbeit. Speicher- und Funktionsgedächtnis sind also zwei Operationsmodi des kulturellen Gedächtnisses, die im ständigen Austausch stehen und deshalb kulturellen Wandel bedingen.

Die Organisiertheit des kulturellen Gedächtnisses meint, „institutionelle Absicherung der Kommunikation" und die „Spezialisierung der Träger des kulturellen Gedächtnisses."[495] Das kulturelle Gedächtnis erweist sich als reflexive Ebene, auf der Kontinuität als Tradition beschrieben wird und Kontinuitätsbrüche durch Rekonstruktionen überbrückt werden können.[496] Mit anderen Worten, Wissen muss um überliefert zu werden, an Medien und soziale Formungsprozesse gekoppelt sein und ebenso muss die Absicherung der Anschlusskommunikation organisiert sein.

Im Bezug auf räumliche Bildfelder stellt Aleida Assmann eine Verbindung her, die Bibliothek und Tempel als Komplex von architektonischen Bildfeldern deklariert.[497] Diese Verknüpfung von *imagines* und *loci* als Gedächtnis-Symbolen beschreibt sich sowohl im Ort als auch im Bild als Symbol der Erinnerung.[498] Die Begriffsgrenzen zwischen ‚Bibliothek/Ort' und ‚Bibliothek/Gedächtnis' verschwimmen unter dieser Betrachtungsweise. Aber Dickhaut bemerkt dazu ganz zu recht kritisch, dass in der

494 Assmann [2006a]

495 Assmann/Assmann [1994] S. 14.

496 Holl [2003] S. 174.

497 Vgl. Assmann [1991] S. 14.

498 Vgl. Assmann [2006] S. 298.

kulturwissenschaftlichen Forschung Bibliotheken oft als „Kulturspeicher", der sich „metaphorisch konstituiert"[499], verstanden werden. Die Idee des Speichers rekurriert auf die Idee der Dauerhaftigkeit durch das Medium der Schrift, die in Form von Büchern in der Bibliothek gesammelt wird. Bezeichnet man die Bibliothek als reinen Speicher, so läuft man Gefahr, ihre funktionale Bedeutung zu unterlaufen. Sie ist gerade – und hier besteht Übereinstimmung zu Luhmanns Gedächtnis-Definition – kein passiver Speicherort, sondern in ihrer Tätigkeitsstruktur aktiv, indem sie selektiert und aufbereitet, um Literatur zur Rezeption zu übermitteln und den gesellschaftlichen Kommunikationsprozess anschlussfähig zu halten. Sie ist ein soziales System, das aus Kommunikation besteht und nicht passiv sein kann.

Jan Assmann differenziert beispielsweise die Bedeutung von Speicherorten in dreierlei Basisfunktionen: einen ‚Vorrat' anzuhäufen deutet auf einen Bezug zur Zukunft hin, das aufbewahrende ‚Archiv' rekurriert auf Vergangenheit und die ‚Repräsentation' ist für ihn eindeutig mit der Gegenwart zu kontextualisieren.[500] Kultur findet also durch einen Bibliotheksbestand, der aus der Vergangenheit gewachsen ist durch ‚Repräsentation' Zugang zur Gegenwart. Die Bibliothek ermöglicht, aus diesem ‚Vorrat' Potenzial für die Zukunft des gesellschaftlichen Systems zu schöpfen. Denn nichts anderes geschieht bei der Rezeption von Literatur, die rekursiv auf die Vergangenheit zurückgreift und dabei synchron mit der Gegenwart verbunden wird. Die Bibliothek kompensiert mit der Herstellung und Erhaltung von Ordnung die Entropie der Information und verhindert soziales Vergessen.

Die Funktion einer Bibliothek, Gedächtnisraum und Erinnerungsdimensionen zusammenzubringen, wird allerdings erst durch eine soziale Komponente erreicht. Jan Assmann deklariert die Bibliothek als „Speicher zweiten Grades: ein Speicher des Gespeicherten"[501] und lädt damit zu einem bisher undiskutierten Vergleich ein, der in seinem und Aleida

---

[499] Dickhaut [2005] S. 317.

[500] Vgl. Assmann [2001] S. 31.

[501] Assmann [2001] S. 31.

Assmanns postulierten Theorieaspekt der Medien zweiten Grades[502] nicht erörtert wird.

Die Wahrscheinlichkeit, dass Kommunikation stattfinden kann, wird durch die Kopplung von Medium und Form erreicht. Die Kopplung zwischen Dokumenten, also Medien ersten Grades und Monumenten, Medien zweiten Grades, ermöglicht gleichermaßen ein Zustandekommen von Kommunikation, indem Sozialität erforderlich ist, um die materialisierten Erinnerungen aktivieren zu können. Es handelt sich also um eine Kopplung zwischen Medium und Form, die vergleichbar mit der Kopplung von Dokument und Monument, ein soziales Moment erfordert, um Kommunikation prozessieren zu können. Die Bibliothek kann demnach analog zu den Medien zweiten Grades, als Speicher von kodifiziertem und abgespeichertem Wissen, der erst durch soziale Erinnerungswerte rezeptionsfähig wird, gesehen werden. Dieses duale Moment, ein Speicher, der in seiner Funktion erst durch Sozialität aktiviert werden kann, um individuelle Gedächtnisinhalte mit kollektiven Gedächtnis-Rahmen, den *cadres sociaux*,[503] zu verknüpfen und damit kulturelle Tradierung zu kontinuieren, zeichnet sich in der Zweigliedrigkeit der Bibliothek ab. Funktionsgedächtnis in Form der Freihandbestände und Speichergedächtnis in Form der Magazinbestände stehen in Abhängigkeit zueinander und transformieren Speicherinhalte in kulturelle Erinnerungswerte, wobei Sozialität eben eine grundlegende Rolle spielt.

Das folgende Schaubild soll die Untergliederungsebenen des sozialen Gedächtnisses verdeutlichen und die Position der Bibliothek als Speichersystem des kulturellen Gedächtnisses visualisieren.

---

502 Vgl. Assmann/Assmann [1994] S. 121f.

503 Halbwachs [1966] und Assmann/Assmann [1994] S. 119.

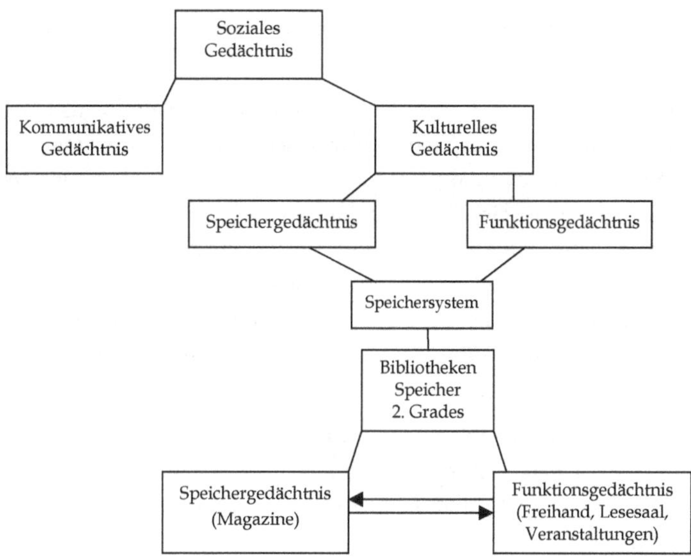

Das Funktionsgedächtnis „wirkt wie ein Scheinwerfer, der innerhalb des kulturellen Gedächtnisraums einen Bereich hell ausleuchtet und gerade dadurch alles andere abdunkelt."[504] Dieses Ausleuchten eines Raumes oder eines Medienbereichs wird in Bibliotheken durch den Katalog, der ein Medium zweiten Grades ist und mit Hilfe von Formen funktioniert, erreicht. Die Erschließung, die Zugänglichmachung und vor allem die Wiederauffindbarkeit des Bibliotheksbestandes sind Leistungen, die Bibliotheken als Speichersysteme des kulturellen Gedächtnisses konstituieren.

> „Das kulturelle Gedächtnis ist keine universale Größe, sondern etwas, das jeweils abhängig ist von den jeweiligen Medien, die in einer Gesellschaft zur Anwendung kommen. Es verändert seine Struktur tief greifend mit dem Medienwandel von Oralität zu Schriftlichkeit, von Schriftlichkeit zu Druck, von Druck zu Foto-

504 Assmann [2005a] S. 27.

> grafie, von Fotografie zu neuen auditiven und visuellen Medien und ihrer Digitalisierung."[505]

Anhand dieser Entwicklungen hat sich auch die Bibliothek als Speichersystem differenziert und sich den gewachsenen Anforderungen angepasst. Sie ist nicht mehr nur ein Speicher des Wissens oder ein ‚Tempel der Weisheit'. Sie ist eine Organisation, die in struktureller Kopplung mit gesellschaftlichen Funktionssystemen für die systematische und organisierte Speicherung von Kommunikationsmedien sorgt, die das kulturelle Gedächtnis unserer Gesellschaft modellieren und sozialisieren. Das aber heißt nicht, dass das kulturelle Gedächtnis in Form der Bibliothek realisiert vorzufinden ist.

> „Was es vielmehr gibt, ist ein kulturelles Gedächtnis, das auf Orte wie Bibliotheken angewiesen ist, in deren staubigen Hallen es längst Vergessenes und für irrelevant Gehaltenes bisweilen zu neuem Leben erweckt."[506]

Dennoch darf der Aspekt nicht in den Hintergrund gestellt werden, dass wenn alles gesammelt werden würde und nichts dem Vergessen anheim fiele, das kulturelle Gedächtnis nicht existieren würden.

> „Riesige, nicht aufsuchbare Bibliotheken, in denen die Bücher nicht auffindbar sind, kämen dem reinen Verlust von Gedächtnis gleich (und nicht dem Vergessen als der anderen Seite der Unterscheidung Erinnern/Vergessen)."[507]

Dies ist dadurch zu begründen, dass jede Bibliothek spezifisch ihrem Programm nach den Bestand aufbaut. Das bedeutet, dass sie durch Schemata Wiederholungen bzw. immer wiederkehrende Irritationen als relevant erkennt und folglich ein konsistenter Zusammenhang zwischen ihrem Programm und dem Sinngehalt des Speichermediums besteht. Das Speichermedium wird erworben und dessen Sinngehalt als erinnerungswürdig deklariert. Für den Fall, dass keine kohärente Beziehung zwi-

---

505 Assmann [2004] S. 59.

506 Jochum [1998] S. 29.

507 Esposito [2002] S. 84.

schen der Information eines Mediums und dem Sammelauftrag der Bibliothek wahrgenommen wird, entscheidet sich die Erwerbungsabteilung bezüglich dieses Mediums bewusst dafür, es dem ‚Vergessen' zu überlassen und nicht für den Bestand anzuschaffen.

> „Eine Bibliothek, die alles enthielte, enthielte nichts: Sie enthielte nichts, weil sie sich von konkreten Traditionsmechanismen und Bedürfnissen der verschiedenen Kulturen getrennt hätte und in dem Versuch, die gesamte Vergangenheit und Gegenwart aufzuzeichnen, sich des kulturellen Wertes des Vergessens versehen hätte, um in diesem Versehen das Gedächtnis endgültig zu löschen."[508]

Trotz des bibliothekarischen Sammelauftrages entstehen Lücken, die konstitutiv für die gesellschaftliche Identität sind. Das Abrufen der Inhalte des kulturellen Gedächtnisses in der Bibliothek bewirkt also eine Kondensierung von gesellschaftlicher Identität, die „die Unterscheidung von Erinnern und Vergessen, mit dem Resultat, dass das System laufend - und das heißt in der gerade aktuellen Gegenwart - mit Redundanz (Erinnern) und Varietät (Räumung durch Vergessen) versorgt [...]."[509]

> „Alle Inhalte des sozialen Gedächtnisses lassen sich verbalisieren. Sinnstiftung und Versprachlichung werden als Synonyme behandelt."[510]

Als Speichersystem entscheidet sie zugunsten der Kultur einer Gesellschaft über die Weitertradierung von Schemata, die Anschlusskommunikation sichern. Bibliotheken bilden somit eine Interpenetrationszone zwischen der Gedächtnisfunktion von Kultur und dem gegenwärtigen Operieren einer Gesellschaft.

Holl betrachtet die gepflegte Semantik - wenn Wissen zu Traditionswerten wird und Kontinuierung erfährt - als Zwischenbereich von Funkti-

---

508 Jochum [1995] S. 359.

509 Japp [2001] S. 197.

510 Vgl. Giesecke[2002] S. 25.

ons- und Speichergedächtnis.[511] Die Bibliothek als Speichersystem des kulturellen Gedächtnisses agiert in diesem Zwischenbereich, weil sie gespeicherte Daten in Form von Medien kodifiziert und zirkulierfähig macht, damit Zeithorizonte verbindet und durch diese Durchlässigkeit kulturellen Sinn anschlussfähig hält.

Aus den beiden Theorien ergeben sich zwei Konstruktionen: die räumliche Metapher des Gedächtnisses und die zeitliche Metapher des Gedächtnisses. Bei der räumlichen Metapher stehen Persistenz und Kontinuität der Erinnerungen im Vordergrund, wie es die Assmannsche Gedächtnistheorie vertritt. Der Zeitfaktor manifestiert sich in Form der Sinngehalte des Bestandes. Bei der zeitlichen Metapher stehen Diskontinuität und Verfall im Vordergrund, wie es Luhmann aus seiner Perspektive verfolgt. Das zeitorientierte Gedächtnismodell priorisiert das Vergessen und die „Unwahrscheinlichkeit der Erinnerung."[512]

Ein Speichersystem des kulturellen Gedächtnisses ist die Bibliothek als Einrichtung des organisierten systematisierten Wissens, weil sie (1) Tradition kontinuiert, indem sie mit Orientierung an ihrem Programm (Bestandsprofil) Speicher- und Verbreitungsmedien selektiert, ordnet, bewahrt und zirkulierfähig hält und (2) so einer Gemeinschaft durch Rekonstruktionsmöglichkeit von Wissen den Weg zu ihren identitätsbildenden Erinnerungsfiguren einrichtet und sedimentiert.

Drei Dimensionen geben Aufschluss darüber, inwiefern Bibliotheken kulturelles Gedächtnis systemisch stützen und repräsentieren. Die Durchdringung der Begriffe ‚Bibliothek', ‚Gedächtnis' und ‚Kultur' konstituiert sich aus den Unterscheidungen, die zu treffen eine Bibliothek in der Lage ist, um auf Erinnerungen zugreifen zu können und diese anschlussfähig zu halten. Damit wird einerseits ein zirkulierender Prozess erzeugt, der die ‚konnektiven Strukturen' stets weitervermittelt und aufrecht erhält und andererseits ein Speicher an Themenvorräten rekonstruktiv gehalten wird, der bei Bedarf wieder aktiviert werden kann.

---

511 Holl [2003] S. 111-113.

512 Holl [2003]. S. 30.

1. Die materiale Dimension zeigt, dass Medien erforderlich sind, um den Zugang zu Erinnerungen zu gewährleisten. Medien bilden die Schnittstelle zwischen individueller und soziokultureller Dimension des sozialen Gedächtnisses.[513]
2. Die soziale Dimension umfasst, dass die Speichermedien gesammelt, geordnet und bewahrt sowie strukturiert werden und des Weiteren auch den Zugang zu dem Reservoir an Speichermedien ermöglichen. Dafür sind Organisationen wie Bibliotheken zuständig.
3. Mit der mentalen Dimension finden schließlich kulturspezifische Schemata ihre Anwendung und ermöglichen damit den Transformationsprozess, der „gemeinsames Erinnern durch symbolische Vermittlung"[514] an Bestand gewinnen lässt.

Die Bibliothek organisiert gespeicherte Daten in Form von Medien, kodifiziert sie und macht sie zirkulierfähig. Damit besteht die Möglichkeit Zeithorizonte zu verbinden und durch diese Durchlässigkeit kulturellen Sinn anschlussfähig zu halten. Als Speichersystem ist die Bibliothek polyvalent, genau wie das Gedächtnis mehrdimensional ist, weil es sich „nicht nur auf einen Vorgang, einen Bestand oder einen Wert, sondern immer auch auf sein Gegenteil [bezieht]. Denn Gedächtnis umfasst immer schon beides: Erinnern und Vergessen."[515]

Das Erinnern benötigt Formen und Techniken der Kodierung (wie Signaturen, Systematik etc.), der Speicherung (durch Kodifizierung und Kanonisierung) sowie Verbreitung und Zirkulation. Bibliotheken bilden „ein Netzwerk symbolischen Handelns, das Bedeutungen trägt, ebenso wie Gesten, Bilder, Schriften, Verhaltensformen Bedeutungen tragen, die nur in einem ständigen Kommunikationsprozess sich öffnen und verständlich werden."[516]

513 Siehe Kapitel 4.

514 Erll [2005] S. 102.

515 Assmann [2004] S. 47.

516 Bauerle-Willert [2001] S. 238.

Wenn Gesellschaft aus Kommunikation besteht, dann wird es solange diese Gesellschaft existiert auch Bibliotheken geben, die als Speichersysteme des kulturellen Gedächtnisses den Kommunikationsprozess anschlussfähig halten, indem sie Speicher- und Verbreitungsmedien selektiv erschließen, konservieren und vermitteln und damit die kulturelle Identität des gesellschaftlichen Systems weitertradieren.

7 Schlussbetrachtungen

Bibliotheken haben einen hohen Stellenwert in Wissenschaft und Forschung und gelten als „Schatzkammer des menschlichen Geistes", so Gottfried Wilhelm Leibniz, seines Zeichens selbst Bibliothekar. Seine Idealvorstellung einer Bibliothek verlangte, alle „Kernbücher" der Wissensgebiete zu sammeln und zu konservieren und stützte sich damit auf die im 17. Jahrhundert noch angestrebte Idee der Universalbibliothek. Ganz im Gegenteil dazu nannte Franz Liszt Bibliotheken „Leichenkammern des Wissens", die in den Tiefen ihrer Bestände Gedankenschätze anstauben ließen. In beiden Fällen ist von Kammern die Rede und somit wahrhaftig von der Örtlichkeit einer Bibliothek. Arthur Schopenhauer enthebt Bibliotheken ihrer Räumlichkeit und tituliert sie als „das sichere und bleibende Gedächtnis des menschlichen Geschlechts."[517]

Heute wird die Bibliothek vielfach als Dienstleistungseinrichtung bezeichnet, als Institution[518] aber auch als Kommunikationsort[519]. Aus der traditionell romantischen Perspektive wird die Bibliothek immer noch als Institution definiert, „in der sich Schrift, Wissen und Gedächtnis überlagern."[520]

Die Bezeichnung der Bibliothek als Dienstleistungseinrichtung wird der Tatsache gerecht, dass virtuelle Bibliotheken keineswegs mehr ortsgebunden sind. Außerdem ist die Bibliothek bei weitem keine reine Büchersammlung mehr. Seit Beginn der Aufklärung haben sich die Raritätenkammern, in denen sich Bücher Handschriften, Globen, Karten, Münzen oder auch Kunstwerke befanden, zu den heutigen modernen Dienstleistungseinrichtungen entwickelt.[521] Die Sammelobjekte haben sich um die

---

517 Hier zitiert nach Frankenberger [2004] S. 12.

518 Mayerhöfer [1980] S. 249.

519 Henning [1986] S. 836.

520 Stocker [1997] S. 73.

521 Köttelwesch [1978] S. 2.

Innovationen der Kommunikationstechnologien erweitert und ausdifferenziert. Im Zeitalter des Internets und der digitalen Datenverarbeitung ist die Bibliothek ein Standort für hoch entwickelte Kommunikationstechnologien zur Vermittlung von Wissen. Trotzdem bleibt die Bibliothek das Symbol für die Schriftkultur unserer Gesellschaft und vielleicht gerade weil schriftliche Kommunikation im Zusammenhang mit dem Internet wieder wichtiger, dafür aber auch schnelllebiger wird, stellen sie einen bleibenden Wert dar. Bibliotheken sind auf dem Weg sich sukzessive an neue Kommunikationstechniken anzupassen und befinden sich nach wie vor in einem Prozess der Ausdifferenzierung. Sicherlich wird künftig die gatekeeper-Funktion von Bibliotheken noch stärker in den Vordergrund rücken, um die Anschlussfähigkeit gesellschaftlicher Kommunikation systematisch und zweckmäßig bündeln zu können. Bibliotheken dürfen in der Realisierung ihrer Aufgaben keine innovativen Strukturveränderungen scheuen und an Relikten aus vergangenen Zeiten festhalten. Die Organisationsstruktur einer Bibliothek muss auf gesellschaftliche Entwicklungen reagieren, entsprechend also moderne technische Ausstattung, qualifizierte Mitarbeiter und virtuelle sowie soziale Dienstleistungen anbieten, um die steigenden Anforderungen bewältigen zu können. Die Medien und Formen gesellschaftlicher Kommunikation werden immer vielfältiger und fordern eine zeitnahe Ausdifferenzierung der bibliothekarischen Dienstleistungen. Die elektronische Datenverarbeitung durch Computer, interne Netzwerke, Selbstverbuchung sowie internationale virtuelle Datenbanken optimieren die Informationsgewinnung, machen aber andererseits Benutzereinführungen und Beratungen auf Interaktionsebene keineswegs überflüssig. In Zeiten gesättigter Märkte erwarten die Bibliotheksbesucher nicht nur die reine Bereitstellung von Medien, Literatur und Informationsquellen, sondern auch deren aktive Vermittlung durch Serviceangebote. Im Rahmen von Dienstleistungen wie Online-Datenbanken, Digitalisierungsprojekten und Rechercheanfragen über Internetportale stehen sich Bücher und Neue Medien nicht als alternative Konkurrenten gegenüber, sondern ergänzen einander. Des Weiteren besteht eine Tendenz dazu, dass Organisationen aus dem Wirtschaftssystem durch Zusammenarbeit und Gemeinschaftsprojekte Bibliotheken immer öfter finanziell fördern und somit strukturelle Kopplungen weiter ausgebaut werden. Die Perzeption bibliothekarischer Arbeit kann sich deshalb nur im gesamtgesellschaftlichen Kontext entfalten, denn „Medium der Erschließung weitreichender Zeiträume ist das kulturelle Gedächtnis, das die Toten mit den Lebenden und diese mit den Nachgeboren verbindet."[522]

Als ein Ordnungs- und Speichersystem konstituiert die Bibliothek die Wahrscheinlichkeit der Anschlussfähigkeit von Kommunikation, indem sie Speicher- und Verbreitungsmedien selegiert, konserviert und zugänglich hält. Die Struktur, die der Bibliothek in ihren Entscheidungen zugrunde liegt, definiert sich in dem ständigen Oszillieren zwischen Vergangenheit, Gegenwart und Zukunft und weist somit Eigenschaften des kulturellen Gedächtnisses auf, das sich aus der antonymischen Doppelfunktion von Erinnern und Vergessen konstituiert.

Die klassische Bibliothek als Salomonischer Tempel der Weisheit im Sinne einer Büchersammlung, die dem ‚Kreis der Erkenntnis' entspricht, hat sich zu einem dienstleistungsorientierten komplexen Bibliothekssystem ausdifferenziert. Die Genese der Bibliothek aus dem alt-ägyptischen Lebenshaus bildet sich jedoch noch immer in der modernen Bibliothek ab. Als religiöse Institution implizierte das Kernstück des Lebenshauses die Bibliothek. Wissen und Weisheit waren somit Teil der Heiligkeit des Ortes als auch der Tradition.[523] Dieser theologische Aspekt realisierte sich in der klassisch systematisch geordneten Bibliothek. Denn diese Aufteilung entsprach den „Sieben Säulen der Weisheit" des Salomonischen Tempels. Das bedeutet, dass die Bibliothek kein beliebiger Raum für zufällig gesammeltes Wissen war, sondern das Wissen als geschlossenen Kanon, als 'Kreis der Erkenntnis' verfügbar machte. Die Reduzierung des Wissens auf die Leibnizschen „Kernbücher" bildete nichts anderes ab als eine göttliche Ordnung, die das absolute Wissen visualisierte: Alles, was durch Gottes Schöpfung jemals gedacht werden konnte, fand sich in diesem *templum domini*. Und umgekehrt galt, wer die Bibliothek betritt, erfährt Gott und seine Schöpfung.

---

522 Assmann [1999] S. 84.

523 Vgl. Assmann [2001] S. 37.

Ganz so pathetisch ist die Bedeutung einer Bibliothek heute nicht mehr. Doch aus einem in sich geschlossenen ‚Kreis der Erkenntnis' ist ein netzwerkartiges ‚System der Erkenntnis' geworden, das sich aus komplexen Strukturen und organisierten Programmen reproduziert, um das kulturelle Gedächtnis der Gesellschaft zu untermauern.

Angesichts des immer weiter wachsenden menschlichen Wissens und den komplexer werdenden Kommunikationsprozessen ist allerdings an eine assoziativ göttliche Ordnung schon lange nicht mehr zu denken.

> „Woran nun vielmehr zu glauben ist, ist die Möglichkeit, jedes Buch durch Katalog und mit Hilfe des Bibliothekars auch finden zu können. Katalog und Bibliothekar garantieren daher den Zusammenhalt inmitten einer Bücherwelt disparater Kenntnisse: nur mit ihrer Hilfe läßt sich das Wort der Schöpfung als Schrift immer weiter schreiben."[524]

---

524 Jochum [1991] S. 75/76.

8 Begriffsdefinitionen

Kommunikation

Die Definition des Begriffs ‚Kommunikation' ist ebenso heterogen, wie die Systemtheorie nicht als einheitlicher Ansatz bezeichnet werden kann. Im Allgemeinen geht man bei einem Kommunikationsprozess von einem Übertragungsvorgang aus. Sowohl in der kybernetischen Literatur der 1950er Jahre als auch in informationstechnischen Untersuchungen hielt man das Sender-Empfänger-Modell als das gängige Kommunikationsmodell. Das Modell ist aus der mathematischen Theorie der Kommunikation hervorgegangen, die Mitte des 20. Jahrhunderts entwickelt wurde. Die Theorie dient aber nicht der Erklärung des Phänomens der zwischenmenschlichen Kommunikation, sondern ist auf die Deutung maschineller Datenübertragung ausgelegt. Nichtsdestotrotz wird üblicherweise angenommen, zwischenmenschliche Kommunikation bestehe aus zwei Aktionen, nämlich dem „senden" und „empfangen" einer Botschaft. Inzwischen findet das binäre Kommunikationsmodell allgemeine Kritik.

Auch Luhmanns Kommunikationsmodell unterscheidet zwei Akteure, nämlich in „Alter", was „Sender", „Absender" und gleichermaßen „Mitteilender" bedeuten kann und in „Ego", womit er „Ich", aber auch „Empfänger" oder „Adressierter", meint. Die Akteure können psychische Systeme aber auch soziale Systeme, wie Institutionen, Instanzen, Organisationen sein. Luhmann nennt diese Akteure „informationsverarbeitende Prozessoren, [...] die sich aufeinander und übereinander auf sich selbst beziehen können."[525] Der wesentliche Unterschied zum gängigen Sender-Empfänger-Modell erfolgt nun, denn die dritte Komponente, der Akt der Annahme des Verstehens, schafft erst die Kommunikation. Kommunikation kommt also zustande „durch eine Synthese von drei verschiedenen Selektionen - nämlich Selektion einer Information, Selektion einer Mit-

525 Luhmann [1984] S. 191.

teilung dieser Information und selektives Verstehen oder Missverstehen dieser Mitteilung und ihrer Information."[526]

Die drei Komponenten müssen zusammen vorkommen um Kommunikation zu erzeugen. Dabei ist Information keine Substanz, die in der Umwelt schon vorhanden ist und nur noch weitergeleitet werden muss, sondern wird erst von einem Beobachter konstituiert. Der Beobachter, oder das System, selektiert aus einem Bereich von Möglichkeiten, was er als Information ansieht und was nicht. Es entsteht also eine Differenz zwischen der selektierten Information und allem anderen, die nur systemintern vom Beobachter gemacht wird. Wenn das System es für sinnvoll erachtet, die Information einem anderen System mitzuteilen, erfolgt bereits die zweite Selektion. Es entsteht wieder eine Differenz und diesmal zwischen der Information und der Mitteilung. Denn der Sender muss sich darüber im Klaren sein, was er inhaltlich mitteilen möchte und wie, also durch welches Medium und welche Form, er es mitteilen möchte. Sind die ersten beiden Selektionen abgeschlossen, muss durch den Empfänger der dritte Akt der Selektion erfolgen, nämlich das Verstehen, dass es sich um eine Mitteilung handelt. Ob der Empfänger den Inhalt der Mitteilung begreift, spielt dabei keine Rolle. Der Kommunikationsvorgang ist also keine Kette von Handlungen (senden und empfangen), sondern eine Synthese.

> „Kommunikation ist die elementare Einheit der Selbstkonstitution, Handlung ist elementare Einheit der Selbstbeobachtung und Selbstbeschreibung sozialer Systeme."[527]

Bewusstseinssysteme bilden die Voraussetzung für Interaktion und somit für das Entstehen sozialer Systeme. Denn Kommunikation kann nur durch Bewusstsein beeinflusst werden. Kommunikation bedeutet, zwischen verschiedenen Optionen zu wählen, wobei jede Selektionsentscheidung „kontingent" ist, das heißt, es wäre auch immer eine andere Wahl möglich gewesen. Charakteristisch für Kommunikation ist also ihre Se-

---

526 Luhmann [1995] S. 115.

527 Luhmann [1984] S. 240.

lektivität. Allerdings ist die Auswahl dann wiederum durch Sinn begrenzt.

Kommunikation ist die Operationsweise, die es sozialen Systemen ermöglicht sich zu bilden, zu erhalten und abzugrenzen. Entgegen der Annahme, Menschen, Individuen oder Subjekte seien die, die handeln und kommunizieren, konstatiert Luhmann, dass nur die Kommunikation kommunizieren kann und, dass erst dadurch Handeln zustande kommt.[528]

Luhmanns Kommunikationsbegriff ist „differenz- und selektionsorientiert."[529] Das bedeutet, dass Kommunikation unter keinen Umständen mit der üblicherweise assoziierten Übertragungsmetapher in Verbindung stehen kann. Denn der Absender verliert den Informationsgehalt seiner Mitteilung nicht, wenn er sie weitergibt. Kommunikation überträgt keine Information. Denn, nicht die Absicht des Senders eine Mitteilung zu machen, erzeugt Kommunikation, sondern die Interpretation des Empfängers eine Mitteilung erhalten zu haben, lässt Kommunikation geschehen. Dabei muss keineswegs ein Erfolg bei der inhaltlichen Verständigung vorliegen, „notwendig ist nur die Autopoiesis der Kommunikation, und diese Autopoiesis wird nicht durch ein télos der Verständigung [...] garantiert."[530] Besonders im Bezug auf schriftliche Kommunikation ist zu beachten, dass der Zeitpunkt des Verfassens einer Nachricht und der Zeitpunkt des Verstehens derselben in der Regel weit auseinander liegen und deshalb bezieht sich die „Zeitpunktgebundenheit der Operation Kommunikation [...] auf den Zeitpunkt des Verstehens [...] einer Differenz von Information und Mitteilung."[531]

In Luhmanns Kommunikationstheorie gehören Medien zwar zu den Voraussetzungen von Kommunikation, sind aber kein Teil der Kommunikation. Im Gegensatz zu anderen Kommunikationstheorien schließt er den Medien-Begriff also nicht in den Kommunikationsbegriff mit ein. Die De-

528 Vgl. Luhmann [1995] S. 113.

529 Luhmann [1984] S. 204.

530 Luhmann [1998] S. 229.

531 Luhmann [1998] S. 72.

finition von Kommunikation unterscheidet sich also von den Voraussetzungen, die für Kommunikation notwendig sind.

Medien

In Luhmanns soziologischer Systemtheorie definiert sich der Medien-Begriff unabhängig vom Kommunikationsbegriff. Medien zählen zwar zur Voraussetzung von Kommunikation, partizipieren aber nicht am Kommunikationsprozess. Ausgehend von der Kommunikation als systemreproduzierender Operation, orientieren sich Kommunikationssysteme an der Unterscheidung von Medium und Form.[532]

> „Die Unterscheidung von Medium und Form soll uns dazu dienen, den systemtheoretisch unplausiblen Begriff der Übertragung zu ersetzen."[533]

Medien erfüllen die Funktion, den Selektionsspielraum der Kommunikation einzugrenzen, ohne dabei die Möglichkeiten der Selektion zu behindern. Ein Medium ordnet gewissermaßen die Möglichkeit, Kommunikation wahrscheinlicher zu machen. Diesbezüglich sind Medien immer in Verbindung mit Formen zu denken.

> „Ein Medium besteht in lose gekoppelten Elementen, eine Form fügt dieselben Elemente dagegen zu strikter Kopplung zusammen."[534]

Ein Medium engt also Selektionen ein, öffnet aber gleichzeitig die Möglichkeit aus verschiedenen Formen auszuwählen. Dabei ist ein Medium wie beispielsweise die Sprache unsichtbar, realisiert sich aber in Formen wie dem Schreiben, Lesen oder Sprechen als fest gekoppelte Verbindung. Formen sind weniger beständig als mediale Substrate, denn „sie erhalten sich nur über besondere Vorkehrungen wie Gedächtnis, Schrift, Buchdruck."[535]

---

532 Luhmann [1998] S. 195f.

533 Luhmann [1998] S. 195.

534 Luhmann [1998] S. 198.

535 Luhmann [1998] S. 200.

Die Medien sozialer Systeme lassen sich in zwei Bereiche klassifizieren: Die Verbreitungsmedien und die symbolisch generalisierten Kommunikationsmedien. Die Verbreitungsmedien verbessern die „Reichweite sozialer Redundanz", indem sie den Empfängerkreis einer Kommunikation erweitern.[536] Luhmann deklariert die Schrift, den Druck und die elektronischen Medien als Verbreitungsmedien. Das System der Massenmedien betrachtet er als gesellschaftliches Funktionssystem. Die symbolisch generalisierten Kommunikationsmedien, auch Erfolgsmedien genannt, sind auf bestimmte Felder und Funktionssysteme einer ausdifferenzierten Gesellschaft spezialisiert. Hierzu zählen Wahrheit, Liebe, Eigentum/Geld, Macht/Recht, religiöser Glaube, Kunst und die zivilisatorisch standardisierten Grundwerte. Allumfassendes und grundlegendes Kommunikationsmedium einer autopoietischen Gesellschaft ist die Sprache.

Der Medien-Begriff von Aleida und Jan Assmann verhält sich zu Luhmanns systemtheoretischer Definition folgendermaßen. Der Assmannsche Medien-Begriff gliedert sich in zwei modale Kategorien: Dokumente und Monumente. Dokumente sind so genannte Medien ersten Grades, die Information kodifizieren und speichern. Die Medien zweiten Grades, die als Monumente bezeichnet werden, unterscheiden sich von den Medien ersten Grades durch einen „sozial bestimmten und praktizierten Erinnerungswert."[537] Hier ist ein Vergleich zu Luhmanns Medium/Form-Definition angebracht: Die Wahrscheinlichkeit, dass Kommunikation stattfinden kann, wird durch die Kopplung von Medium und Form erreicht. Die Kopplung zwischen Dokumenten und Monumenten ermöglicht gleichermaßen ein Zustandekommen von Kommunikation, indem Sozialität erforderlich ist, um die materialisierten Erinnerungen aktivieren zu können. Es handelt sich also um eine Kopplung zwischen Medium und Form, die vergleichbar mit der Kopplung von Dokument und Monument, ein soziales Moment erfordert, um Kommunikation prozessieren zu können.

536 Luhmann [1998] S. 202.

537 Assmann/Assmann [1984] S. 121.

Information

In älteren sozialwissenschaftlichen Modellen wird der Informations-Begriff, ähnlich wie der Kommunikationsbegriff, als Übertragung oder Austausch einer Botschaft betrachtet. Im Allgemeinen soziologischen Gebrauch bezeichnet Information „Prozesse, in denen Kenntnisse und Wissen durch Wahrnehmung, Nachrichtenübermittlung usw. zu Stande kommen."[538]

Luhmann hingegen definiert Information als eine Differenz, die wiederum eine Differenz erzeugt. Eine Information bewirkt daher die Änderung eines Systemzustandes und erzeugt damit eine neue Differenz.

> „Information ist eine überraschende Selektion aus mehreren Möglichkeiten. Sie kann als Überraschung weder Bestand haben noch transportiert werden; und sie muß systemintern erzeugt werden, da sie einen Vergleich mit Erwartungen voraussetzt."[539]

Das bedeutet, dass ein System, sei es ein psychisches oder ein soziales, durch Ereignisse seiner Umwelt irritiert wird und daraus Informationen erkennt.

> „Außerdem sind Informationen nicht rein passiv zu gewinnen als logische Konsequenz von Signalen, die aus der Umwelt empfangen werden."[540]

Information liegt nach Luhmanns Auffassung also nicht als fertige Entität vor, die es nur noch weiterzugeben gilt. Vielmehr ist es die Eigenleistung eines Systems eine Information aus den Ereignissen seiner Umwelt zu selegieren. Das System wird zwar von Umweltreizen irritiert, ob eine Information vorliegt, entscheidet das System aber selbst. Sobald eine Information als solche wahrgenommen wurde, schließt sich eine Wiederholung ihres Sinngehalts aus. Informationen müssen immer etwas Neues implizieren. Information ist die erste der drei kontingenten Selektionen, die zu Kommunikation führen.

---

538 Fuchs-Heinritz [2007] S. 293.

539 Luhmann [1998] S. 71.

540 Luhmann [1998] S. 71/72.

Wissen

Luhmanns Definition von Wissen unterscheidet zwischen alltäglichem und wissenschaftlichem Wissen. Die Unterscheidung stützt sich hauptsächlich darauf, dass wissenschaftliches Wissen neuartig sein muss und im Wissenschaftssystem als geltende Wahrheit angenommen wird. Dem Meinungswissen steht also das wissenschaftliche Wissen gegenüber, das ein „gewisses, unbestreitbares Wissen [ist], sofern nur der Umgang mit Informationen dadurch ermöglicht und erleichtert wird."[541] Wissen steht also eng mit Kognition in Verbindung, die in der Lage ist Redundanzen zu erkennen.

> „Redundanzen werden als Wissen markiert, sie werden wieder erkennbar registriert und dann »ökonomisch« eingesetzt, um allfällige Prüfung neuer Informationen zu konzentrieren und zu beschleunigen."[542]

Wissen lässt sich gegen Information abgrenzen, was die „überraschende Transformation von Nichtwissen in Wissen" bedeutet."[543] Dabei differenziert sich der Wissensbegriff in Abhängigkeit zu den verschiedenen Funktionssystemen. Im Wissenschaftssystem wird Wissen durch Prüfung auf Wahrheit getestet. Das Funktionssystem der Massenmedien hingegen transportiert Wissen, um ein Verstehen der Informationen gewährleisten zu können.

> „Wissen ist immer ein sozial validiertes Verhältnis von Organismus bzw. psychischem System und Umwelt."[544]

Zudem erfordert Wissen kulturelle Kohärenz und kann nicht isoliert geltend gemacht werden. Durch die Unterscheidung von altem und neuem Wissen wird Veränderung konstituiert. Altes Wissen wird dabei nicht vollständig von neuem Wissen ersetzt, denn „zum Gewinn neuen Wis-

541 Luhmann [1998] S. 124.

542 Ebd.

543 Luhmann [2002] S. 97.

544 Luhmann [2002] S. 98.

sens ist immer auch eine Reproduktion alten Wissens erforderlich."[545] Dies begründet sich darin, dass die Notwendigkeit besteht, sich auf altes Wissen berufen zu können, von deren Tatsachenlage man ausgeht und durch dessen Ergebnisse man auf neue Standpunkte gelangen kann.

Im Hinblick auf das Handeln eines Systems lässt sich feststellen, dass Wissen Evolution bedingt, denn erstens „erweitert [Wissen] den Aktionsradius der Individuen"[546] und zweitens „gewinnt man damit die Fähigkeit, Informationen zu erzeugen und zu verarbeiten."[547] Die Aneignung von Wissen setzt heute Medienkompetenz voraus, während sie vor der Erfindung elektronischer Datenverarbeitung lediglich Lesekompetenz erforderte.

Semantik

Soziale Systeme bestehen bei Luhmann nicht aus Menschen, sondern aus aufeinander anschließenden Kommunikationen. Die Programme anhand derer Funktionssysteme ihre Operationen koordinieren sowie das dadurch systemkonstituierende Wissen nennt Luhmann Semantik. Semantik umfasst also gewissermaßen auch die Selbstbeschreibung eines Systems und hängt daher eng mit dem Gedächtnis-Begriff zusammen.[548] Schließlich besteht eine Abhängigkeit zwischen der Anschlussfähigkeit von Kommunikation und dem Gedächtnis einer Gesellschaft, das laufend zwischen Vergangenheit, Gegenwart und Zukunft oszilliert.

Allerdings gibt es verschiedene Typen der Semantik. Es ist hier zu unterscheiden zwischen ‚Semantik' und ‚gepflegter Semantik'. Während Semantik „als bewahrenswert ausgezeichnete kondensierte und konfirmierte Beobachtungen oder kurz Fixierung von Sinn für wiederholten Gebrauch"[549] steht, ist unter gepflegter Semantik solch eine Fixierung von Sinn in Textform zu verstehen und macht damit gesellschaftliche Struk-

---

545 Luhmann [1990] S. 220.

546 Luhmann [2002] S. 100.

547 Luhmann [2002] S. 99.

548 Holl [2005] S. 110.

549 Krause [2005] S. 223.

turveränderungen beobachtbar. Bei der gepflegten Semantik handelt es sich um speziell für Selbstbeschreibungszwecke bereit gehaltene Themenvorräte.

Semantik übernimmt gewissermaßen die „Formung des Wissens“ mit Hilfe der Unterscheidung von Medium und Form.[550] Holl spricht von „Mechanismen, die durch Prozesse die Bildung von sinnhaftem Wissen herbeiführen.“[551] Semantik als solche existiert immer nur im Gebrauch von kommunikativen Operationen.

> „Semantiken regulieren außerdem die verschiedenen Möglichkeiten der Verwendung des Wissens, indem sie die Relationen zwischen den Aufgaben sowie dem Zweck und den Zielen spezifizieren.“[552]

In diesem Sinne impliziert die Kultur einer Gesellschaft einen semantischen Themenvorrat, der Erwartungsstrukturen stabil hält und des Weiteren „Themen [beinhaltet], über die kommuniziert werden kann und die Begriffe, die man in der Erwartung benutzen kann, verstanden zu werden.“[553]

Der historische Zustand eines gesellschaftlichen Systems ist durch Operationen determiniert. Daraufhin bilden sich Strukturen aus, die das Erinnern von Selektionsschemata ermöglichen, auf deren Basis über die folgenden Operationen entschieden wird. Semantik meint also die Struktur der Autopoiesis von Kommunikation.[554] Im 19. Jahrhundert wurde beispielsweise die Religion als allgemein geltende Semantik abgelöst und durch neue Weltanschauungsmuster ersetzt. Politik, Wissenschaft und Wirtschaft bildeten sich distinktiv in Funktionssysteme aus und konstituierten damit eine funktional differenzierte Gesellschaftsform.

---

550 Holl [2003] S. 51.

551 Holl [2003] S. 49.

552 Holl [2003] S. 52.

553 Esposito [2002] S. 21.

554 Luhmann [1990] S. 108.

Sinnhafte Formen, die die Gesellschaft aus einem Bereich von Möglichkeiten selektiert, definiert Luhmann also als Semantiken.[555] Wenn Beobachtungen als bewahrenswert erachtet werden und daraufhin für Wiederholungen aufbewahrt und fixiert werden, ist von Semantiken die Rede. Semantiken sind „ein Vorrat an bereitgehaltenen Sinnverarbeitungsregeln."[556]

---

555 Wobei er selbst bemerkt, dass die Verwendung dieses Begriffs „wortsinnwidrig" ist. Luhmann [1990] S. 107.

556 Luhmann [1980] S. 19.

Bibliographie

Arnold, Werner (Hrsg.): Die Erforschung der Buch- und Bibliotheksgeschichte in Deutschland. Wiesbaden: Harrassowitz, 1987.

Vodosek, Peter [1987]: Die Erforschung der Geschichte Öffentlicher Bibliotheken. S. 441-461.

Assmann, Jan; Hölscher, Tonio (Hrsg.): Kultur und Gedächtnis. Frankfurt am Main: Suhrkamp, 1988.

Assmann, Jan [1988]: Kollektives Gedächtnis und kulturelle Identität. S. 9–19.

Assmann, Aleida; Harth, Dietrich (Hrsg.): Mnemosyne: Formen und Funktionen der kulturellen Erinnerung. Frankfurt am Main: Fischer Taschenbuch Verlag, 1991.

Assmann, Aleida [1991]: Zur Metaphorik der Erinnerung. S. 13–35.

Assmann, Jan [1991a]: Die Katastrophe des Vergessens. Das Deuteronomium als Paradigma kultureller Mnemotechnik. S. 337-355.

Assmann, Aleida [1993]: Arbeit am nationalen Gedächtnis: eine kurze Geschichte der deutschen Bildungsidee. Frankfurt am Main: Campus-Verlag, 1993.

Assmann, Aleida (Hrsg.): Medien des Gedächtnisses. Stuttgart: Metzler, 1998.

Jochum, Uwe [1998]: Die Bibliothek als locus communis. S. 14–30.

Assmann, Aleida [1999]: Zeit und Tradition: kulturelle Strategien der Dauer. Köln: Böhlau, 1999.

Assmann, Jan [2005]: Das kulturelle Gedächtnis: Schrift, Erinnerung und politische Identität in frühen Hochkulturen. München: Beck, 2005.

Assmann, Aleida [2006]: Erinnerungsräume: Formen und Wandlungen des kulturellen Gedächtnisses. München: Beck, 2006.

Assmann, Aleida [2006a]: Bibliotheken und Archive als Speicher des kulturellen Gedächtnisses. Vortrag im Rahmen der Wiener Vorlesung am 19.10.2006 im Rathaus Wien.

Baraldi, Claudio: GLU [1997] Glossar zu Niklas Luhmanns Theorie sozialer Systeme. Frankfurt am Main: Suhrkamp, 1997.

Barck, Karlheinz (Hrsg.): Aisthesis: Wahrnehmung heute oder Perspektiven einer anderen Ästhetik ; Essais. Leipzig: Reclam, 1991.

> **Foucault, Michel:** Andere Räume. S. 34–47.

Bartz, Olaf [2007]: Der Wissenschaftsrat: Entwicklungslinien der Wissenschaftspolitik in der Bundesrepublik Deutschland 1957 - 2007. Stuttgart: Franz Steiner, 2007.

BDB [1993] (Bundesvereinigung Deutscher Bibliotheksverbände) (Hrsg.): Bibliotheken `93. Strukturen, Aufgaben, Positionen. Berlin: Deutsches Bibliotheksinstitut, 1994.

Berg, Henk de (Hrsg.): Rezeption und Reflexion: Zur Resonanz der Systemtheorie Niklas Luhmanns außerhalb der Soziologie. Frankfurt am Main: Suhrkamp, 2000.

> **Werber, Niels [2000]:** Medien der Evolution: Zu Luhmanns Medientheorie und ihrer Rezeption in der Medienwissenschaft. S. 322–360.

Berghaus, Margot [2004]: Luhmann leicht gemacht: Eine Einführung in die Systemtheorie. Köln: Böhlau, 2004.

Bibliotheken [2007]: Bertelsmann Stiftung; Bundesvereinigung deutscher Bibliotheksverbände e.V. (Hrsg.). Gütersloh: Bertelsmann Stiftung, 2004.

Bieri, Susanne: Bibliotheken bauen: Tradition und Vision = Building for books/Schweizerische Landesbibliothek. Basel: Birkhäuser, 2001.

> **Assmann, Jan [2001]:** Bibliotheken in der Alten Welt, insbesondere im Alten Ägypten. S. 31–49.

> **Oechslin, Werner [2001]:** Die Bibliothek und ihre Bücher - des Menschen Nahrung. S. 165–211.

Bauerle-Willert, Dorothée [2001]: Aby Warburgs Daimonium: Die Kulturwissenschaftliche Bibliothek. S. 37–252.

Roudaut, Jean [2001]: Bibliotheken und ihre Menschen. S. 302–304.

Boese, Engelbrecht [1987]: Das öffentliche Bibliothekswesen im Dritten Reich. Bad Honnef: Bock und Herchen, 1987.

Böhme, Hartmut; Scherpe, Klaus R. (Hrsg.): Literatur und Kulturwissenschaften: Positionen, Theorien, Modelle. Reinbek: Rowohlt Taschenbuch Verlag, 1996.

Müller, Jan-Dirk [1996]: Das Gedächtnis der Universalbibliothek: die neuen Medien und der Buchdruck. S. 78–95.

Assmann, Aleida [1996]: Texte, Spuren, Abfall: die wechselnden Medien des kulturellen Gedächtnisses. S. 96–111.

Borges, Jorges Luis: Die Bibliothek von Babel. Stuttgart: Edition Weitbrecht, 1983.

Borsò, Vittoria; Kumreich, Gerd; Witte, Bernd (Hrsg.): Medialität und Gedächtnis: Interdisziplinäre Beiträge zur kulturellen Verarbeitung europäischer Krisen. Stuttgart: Metzler, 2001.

Borsò, Vittoria [2001]: Gedächtnis und Medialität: Die Herausforderung der Alterität. Eine medienphilosophische und medienhistorische Perspektivierung des Gedächtnisbegriffs. S. 23–54.

Braun, Traute [1993]: Regionale Verbundsysteme in der Bundesrepublik Deutschland: ihre Portabilität für wissenschaftliche Bibliotheken in den neuen Bundesländern. München: Saur, 1993.

Bundesvereinigung Deutscher Bibliotheksverbände (BDB) e.V.: Bibliotheksrecht: Rechtsvorschriften für die Bibliotheksarbeit. Wiesbaden: Harrassowitz, 2004.

Burkart, Günter; Runkel, Gunter (Hrsg.): Luhmann und die Kulturtheorie. Frankfurt am Main: Suhrkamp, 2004.

Burkart, Günther [2004]: Niklas Luhmann: Ein Theoretiker der Kultur? S. 11–39.

Busse, Gisela von [1999]: Das Bibliothekswesen der Bundesrepublik Deutschland: ein Handbuch. Wiesbaden: Harrassowitz, 1999.

Buzas, Ladislaus [1978]: Deutsche Bibliotheksgeschichte der neuesten Zeit (1800–1945). Wiesbaden: Dr. Ludwig Reichert Verlag, 1978.

Canfora, Luciano [1990]: Die verschwundene Bibliothek. Berlin: Rotbuch-Verlag, 1990.

Ceynowa, Klaus [1994]: Von der „Dreigeteilten" zur „Fraktalen" Bibliothek: benutzerorientierte Bibliotheksarbeit im Wandel. Würzburg: Königshausen und Neumann, 1994.

Csáky, Moritz; Stachel, Peter (Hrsg.): Speicher des Gedächtnisses: Bibliotheken, Museen, Archive. Teil 1. Wien: Passagen-Verlag, 2000.

> **Assmann, Jan [2000]**: Körper und Schrift als Gedächtnisspeicher. Vom kommunikativen zum kulturellen Gedächtnis. S. 199–213.

Csáky, Moritz; Stachel, Peter (Hrsg.): Speicher des Gedächtnisses: Bibliotheken, Museen, Archive. Teil 2. Wien: Passagen-Verlag, 2001.

> **Assmann, Aleida [2001]**: Speichern oder Erinnern? Das kulturelle Gedächtnis zwischen Archiv und Kanon. S. 15–30.

Denis, Michael [1795]: Einleitung in die Bücherkunde. Wien: Johann Thomas von Trattnern, 1795.

Deutsche Bibliothekskonferenz (Hrsg.): Entwurf eines umfassenden Bibliotheksnetzes für die Bundesrepublik Deutschland. Berlin: Deutscher Büchereiverband; Arbeitsstelle für das Büchereiwesen, 1973.

Dreier, Thomas (Hrsg.): Kulturelles Gedächtnis im 21. Jahrhundert: Tagungsband des internationalen Symposiums ; 23. April 2005, Karlsruhe. Karlsruhe: Universitätsverlag, 2005.

> **Assmann, Jan [2005a]**: Der Begriff des kulturellen Gedächtnisses. S. 21–29.

Duden Herkunftswörterbuch: Etymologie der deutschen Sprache. Dudenredaktion, Band 7. Mannheim: Dudenverlag, 2001.

Ebert, Friedrich Adolf [1820]: Die Bildung des Bibliothekars. Leipzig: Steinacker und Wagner, 1820.

Empfehlungen [1964]: Empfehlung des Wissenschaftsrates zum Ausbau der wissenschaftlichen Einrichtungen. T. 2: Wissenschaftlichen Bibliotheken. Tübingen, 1964.

Empfehlungen [1986]: Empfehlungen zum Magazinbedarf wissenschaftlicher Bibliotheken. Hrsg. vom Wissenschaftsrat. Köln, 1986.

Endruweit, Günter; Trommsdorff, Gisela [2002] (Hrsg.): Wörterbuch der Soziologie. Stuttgart: Lucius und Lucius, 2002.

Engelsing, Rolf [1974]: Der Bürger als Leser: Lesergeschichte in Deutschland 1500–1800. Metzler: Stuttgart, 1974.

Erll, Astrid [2005]: Kollektives Gedächtnis und Erinnerungskulturen: eine Einführung. Stuttgart: Metzler, 2005.

Erll, Astrid; Nünning, Ansgar (Hrsg.): Gedächtniskonzepte der Literaturwissenschaft: Theoretische Grundlegung und Anwendungsperspektiven. Berlin: Walter de Gruyter, 2005.

> **Holl, Mirjam-Kerstin [2005]:** Systemtheorie, Gedächtnis und Literatur. S. 97–122.

Erll, Astrid; Nünning, Ansgar (Hrsg.): Medien des kollektiven Gedächtnisses: Konstruktivität - Historizität - Kulturspezifität. Berlin: de Gruyter, 2004.

> **Erll, Astrid [2004]**: Medium des kollektiven Gedächtnisses - ein (erinnerungs-) kulturwissenschaftlicher Kompaktbegriff. S. 3–22.
>
> **Assmann, Aleida [2004]**: Zur Mediengeschichte des kulturellen Gedächtnisses. S. 45–60.

Esposito, Elena [2002]: Soziales Vergessen. Formen und Medien des Gedächtnisses der Gesellschaft. Frankfurt am Main: Suhrkamp, 2002.

Esser, Harmut [2000]: Soziologie: Spezielle Grundlagen; Band 5 Institutionen. Frankfurt am Main: Campus-Verlag, 2000.

Estermann, Monika (Hrsg.): Buchkulturen: Beiträger zur Geschichte der Literaturvermittlung ; Festschrift für Reinhard Wittmann. Wiesbaden: Harrassowitz, 2005.

Jäger, Georg [2005]: Keine Kulturtheorie ohne Geldtheorie. Grundlegung einer Theorie des Buchverlags. S. 59–78.

Ewert, Gisela [1997]: Lehrbuch der Bibliotheksverwaltung. Begründet von Wilhelm Krabbe und Wilhelm Martin Luther. Stuttgart: Hiersemann Verlag, 1997.

Finger, Heinz (Hrsg.): Analecta Coloniensia: Jahrbuch der Diözesan- und Dombibliothek Köln. Köln: Erzbischöfliche Diözesan- und Dombibliothek, 2003.

Schmidt, Siegfried [2002]: Kulturgutbibliotheken - wissenschaftliche Bibliotheken im Spannungsfeld zwischen Benutzung und Bewahrung des kulturellen Erbes. S. 35–65.

Foucault, Michel: Die Heterotopien: der utopische Körper/zwei Radiovorträge. Frankfurt am Main: Suhrkamp, 2005.

Frankenberger, Rudolf [2004] (Hrsg.): Die moderne Bibliothek: Ein Kompendium der Bibliotheksverwaltung. München: Saur, 2004.

Franzmann, Bodo (Hrsg.): Handbuch Lesen. Stiftung Lesen der Deutschen Literaturkonferenz. München: Saur, 1999.

Ruppelt, Georg [1999]: Bibliotheken. S. 394–431.

Fried, Johannes (Hrsg.): Schulen und Studium im sozialen Wandel des hohen und späten Mittelalters. Sigmaringen: Thorbecke, 1986.

Johanek, Peter [1986]: Klosterstudien im 12. Jahrhundert. S. 35–68.

Fuchs-Heinritz, Werner [2007]: Lexikon zur Soziologie. Wiesbaden: Verlag für Sozialswissenschaften, 2007.

Gente, Peter (Hrsg.): Foucault und die Künste. Frankfurt am Main: Suhrkamp, 2004.

Schneider, Johannes Ulrich [2004]: Ordnung als Schema und als Operation: Die Bibliothek Herzog Augusts. S. 315–338.

Gesner, Conrad [1966]: Bibliotheca universalis. Osnabrück: Zeller, 1966.

Giesecke, Michael [1998]: Der Buchdruck in der frühen Neuzeit: Eine historische Fallstudie über die Durchsetzung neuer Informations- und Kommunikationstechnologien. Frankfurt am Main: Suhrkamp, 1998.

Giesecke, Michael [2002]: Von den Mythen der Buchkultur zu den Visionen der Informationsgesellschaft. Frankfurt am Main: Suhrkamp, 2002.

Gumbrecht, Hans Ulrich; Pfeiffer, K. Ludwig (Hrsg.): Schrift. München: Fink, 1993.

Luhmann, Niklas [1993]: Die Form der Schrift. S. 349–366.

Haferkamp, Hans; Schmid, Michael (Hrsg.): Sinn, Kommunikation und soziale Differenzierung: Beiträge zu Luhmanns Theorie sozialer Systeme. Frankfurt am Main: Suhrkamp, 1987.

Willke, Helmut [1987]: Differenzierung und Integration in Luhmanns Theorie sozialer Systeme. S. 247–274.

Halbwachs, Maurice [1966]: Das Gedächtnis und seine sozialen Bedingungen. Berlin Neuwied: Luchterhand, 1966.

Halbwachs, Maurice [1985]: Das kollektive Gedächtnis. Frankfurt am Main: Fischer Taschenbuch Verlag, 1985.

Hanuschek, Sven (Hrsg.): Die Struktur medialer Revolutionen: Festschrift für Georg Jäger. Frankfurt am Main: Lang, 2000.

Ort, Nina [2000]: Organisation und Programm - ein Modell zweiter Ordnung. S. 145–157.

Haug, Christine [2004]: Die Geschichte des Versandbuchhandels. Wiesbaden: Harrassowitz, 2004.

Havelock, Eric A. (Hrsg.): Schriftlichkeit: Das griechische Alphabet als kulturelle Revolution. Weinheim: VCH, 1990.

Assmann, Aleida; Assmann, Jan [1990]: Schrift - Kognition - Evolution. S. 1-35.

Heidtmann, Frank: Zur Soziologie von Bibliothek und Bibliothekar. Betriebs- und organisationssoziologische Aspekte. Berlin: DBV, 1973.

Hemken, Kai-Uwe (Hrsg.): Gedächtnisbilder: Vergessen und Erinnern in der Gegenwartskunst. Leipzig: Reclam, 1996.

Lachmann, Renate [1996]: Kultursemiotischer Prospekt. S. 47–64.

Burke, Peter [1996]: Geschichte als Gedächtnis. S. 92–112.

Höfer, Candida [2005]: Bibliotheken. Mit einem Essay von Umberto Ecco. München: Schirmer/Mosel, 2005.

Hofmann, Walter [1932]: Das Gedächtnis der Nation: Ein Wort zur Schrifttumspflege in Deutschland. Jena: Diederichs, 1932.

Holl, Mirjam-Kerstin [2003]: Semantik und soziales Gedächtnis: Die Systemtheorie Niklas Luhmanns und die Gedächtnistheorie von Aleida und Jan Assmann. Würzburg: Königshausen und Neumann, 2003.

Holländer, Hans (Hrsg.): Erkenntnis, Erfindung, Konstruktion: Studien zur Bildgeschichte von Naturwissenschaften und Technik vom 16. bis zum 19. Jahrhundert. Berlin: Mann, 2000.

Schneider, Carola [2000]: Bibliotheken als Ordnung des Wissens (16.–18. Jahrhundert). S. 143–161.

Hübscher, Arthur [1949]: Arthur Schopenhauer: Ein Lebensbild. Wiesbaden: Brockhaus, 1949.

Hume, David [2004]: Traktat über die menschliche Natur. Berlin: Xenomos, 2004.

Jäckel, Michael (Hrsg.): Mediensoziologie. Grundfragen und Forschungsfelder. Wiesbaden, 2005.

Münch, Richard und **Schmidt, Jan [2005]:** Medien und sozialer Wandel. S. 201–219.

Jäger, Georg (Hrsg.): Die Leihbibliothek als Institution des literarischen Lebens im 18. und 19. Jahrhundert. Hamburg: Hauswedell, 1980.

Vodosek, Peter [1980]: Öffentliche Bibliotheken und kommerzielle Leihbibliotheken: Zur Geschichte ihres Verhältnisses vom Ende des 18. Jahrhunderts bis zur Gegenwart. S. 327–348.

Jahraus, Oliver (Hrsg.): Niklas Luhmann: Aufsätze und Reden. Stuttgart: Reclam, 2004.

Jahraus, Oliver [2004]: Zur Systemtheorie Niklas Luhmanns. S. 299–333.

Jochum, Uwe [1991]: Bibliotheken und Bibliothekare: 1800–1900. Würzburg: Königshausen und Neumann, 1991.

Jochum, Uwe [1999]: Kleine Bibliotheksgeschichte. Stuttgart: Reclam, 1999.

Karstedt, Peter: Studien zur Soziologie der Bibliothek. Wiesbaden: Harrassowitz, 1965.

Kayser, Albrecht Christoph [1790]: Ueber die Manipulation bey der Einrichtung einer Bibliothek und der Verfertigung der Bücherverzeichnisse nebst einem alphabetischen Kataloge aller von Johann Jakob Moser einzeln herausgekommener Werke...Bayreuth: Verl. d. Zeitungsdruckerei, 1790.

Kluth, Rolf: Grundriß der Bibliothekslehre. Wiesbaden: Harrassowitz, 1970.

Kneer, Georg [2000]: Niklas Luhmanns Theorie sozialer Systeme: eine Einführung. München: Fink, 2000.

Köttelwesch, Clemens [1978]: Das wissenschaftliche Bibliothekswesen in der Bundesrepublik Deutschland. 1. Die Bibliotheken: Aufgaben und Strukturen. Frankfurt am Main: Klostermann, 1978.

Köttelwesch, Clemens [1980]: Das wissenschaftliche Bibliothekswesen in der Bundesrepublik Deutschland. 2. Die Bibliotheken in ihrer Umwelt. Frankfurt am Main: Klostermann, 1980.

KGST Kommunale Gemeinschaftsstelle für Verwaltungsvereinfachung [1973] (Hrsg.): Öffentliche Bibliothek: Gutachten der Kommunalen Gemeinschaftsstelle für Verwaltungsvereinfachung (KGSt). Köln: Der Bundesminister für Bildung und Wissenschaft, 1973.

Kramm, Heinrich [1938]: Deutsche Bibliotheken unter dem Einfluß von Humanismus und Reformation. Ein Beitrag zur deutschen Bildungsgeschichte. Leipzig: Harrassowitz, 1938.

Krämer, Sybille (Hrsg): Medien, Computer, Realität: Wirklichkeitsvorstellungen und neue Medien. Frankfurt am Main: Suhrkamp, 1998.

> **Krämer, Sybille [1998]**: Was haben die Medien, der Computer und die Realität miteinander zu tun? S. 9–26.

> **Krämer, Sybille [1998a]**: Das Medium als Spur und als Apparat. S. 73–94.

Krause, Detlef [2005]: Luhmann-Lexikon: Eine Einführung in das Gesamtwerk von Niklas Luhmann. Stuttgart: Lucius und Lucius, 2005.

Kunze, Horst [1974]: Lexikon des Bibliothekswesens. Leipzig: Verlag für Buch- und Bibliothekswesen, 1974.

Küpper, Willi; Ortmann, Günther (Hrsg.): Mikropolitik. Rationalität, Macht und Spiele in Organisationen. Opladen: Westdeutscher Verlag, 1992.

Luhmann, Niklas [1992]: Organisation. S. 165–185.

Leibniz, Gottfried W. [1927]: Sämtliche Schriften und Briefe. Band 1. Berlin: Akademie Verlag, 1927.

Lewin, Kurt [1963]: Feldtheorie in den Sozialwissenschaften. Bern: Huber, 1963.

Leyh Georg (Hrsg.): Handbuch der Bibliothekswissenschaft: Geschichte der Bibliotheken ; Dritter Band. Wiesbaden: Harrassowitz, 1955.

Wendel, Carl [1955]: Das griechisch-römische Altertum. S. 18–69.

Löffler, Klemens [1918]: Deutsche Klosterbibliotheken. Köln: Bachem, 1918.

Luhmann, Niklas [1980]: Gesellschaftsstruktur und Semantik: Studien zur Wissenssoziologie der modernen Gesellschaft. Band 1. Frankfurt am Main: Suhrkamp, 1980.

Luhmann, Niklas [1984]: Soziale Systeme: Grundriß einer allgemeinen Theorie. Frankfurt am Main: Suhrkamp, 1984.

Luhmann, Niklas [1988]: Die Wirtschaft der Gesellschaft. Frankfurt am Main: Suhrkamp, 1988.

Luhmann, Niklas [1989]: Gesellschaftsstruktur und Semantik: Studien zur Wissenssoziologie der modernen Gesellschaft. Band 3. Frankfurt am Main: Suhrkamp, 1989.

Luhmann, Niklas [1990]: Die Wissenschaft der Gesellschaft. Frankfurt am Main: Suhrkamp, 1990.

Luhmann, Niklas [1992]: Beobachtungen der Moderne. Opladen: Westdeutscher Verlag, 1992.

Luhmann, Niklas [1993]: Das Recht der Gesellschaft. Frankfurt am Main: Suhrkamp, 1993.

Luhmann, Niklas [1995]: Soziologische Aufklärung. 6. Die Soziologie und der Mensch. Opladen: Westdeutscher Verlag, 1995.

Luhmann, Niklas [1995a]: Die Kunst der Gesellschaft. Frankfurt am Main: Suhrkamp, 1995.

Luhmann, Niklas [1995b]: Gesellschaftsstruktur und Semantik: Studien zur Wissenssoziologie der modernen Gesellschaft. Band 4. Frankfurt am Main: Suhrkamp, 1995.

Luhmann, Niklas [1996]: Die Realität der Massenmedien. Opladen: Westdeutscher Verlag, 1996.

Luhmann, Niklas [1998]: Die Gesellschaft der Gesellschaft. Frankfurt am Main: Suhrkamp, 1998.

Luhmann, Niklas [2000]: Organisation und Entscheidung. Opladen: Westdeutscher Verlag, 2000.

Luhmann, Niklas [2002]: Das Erziehungssystem der Gesellschaft. Hg. von Dieter Lenzen. Frankfurt am Main: Suhrkamp, 2002.

Luhmann, Niklas [2006]: Einführung in die Systemtheorie. Hg. von Dirk Baecker. Heidelberg: Carl-Auer Verlag, 2006.

Markowitsch, Hans-Joachim [2002]: Dem Gedächtnis auf der Spur: Vom Erinnern und Vergessen. Darmstadt: Primus, 2002.

Marquard, Odo (Hrsg.): Identität. München: Fink, 1996.

> **Luhmann, Niklas [1996a]**: Identitätsgebrauch in selbstsubstitutiven Ordnungen, besondern Gesellschaften. S. 315–345.

Maturana, Humberto R. [1982]: Erkennen: Die Organisation und Verkörperung von Wirklichkeit. Braunschweig: Vieweg, 1982.

Merten, Klaus; Schmidt, Siegfried J.; Weischenberg, Siegfried (Hrsg.): Die Wirklichkeit der Medien: Eine Einführung in die Kommunikationswissenschaft. Opladen: Westdeutscher Verlag, 1994.

> **Assmann, Aleida/Assmann, Jan [1994]:** Das Gestern im Heute. Medien und soziales Gedächtnis. S. 114–141.

Merton, Robert King [1985]: Entwicklung und Wandel von Forschungsinteressen,. Frankfurt am Main: Suhrkamp 1985.

Musner, Lutz; Wunberg, Gotthart (Hrsg.): Kulturwissenschaften: Forschung - Praxis - Positionen. Wien: WUV, 2002.

Assmann, Aleida [2002]: Gedächtnis als Leitbegriff der Kulturwissenschaften. S. 27–45.

Nietzsche, Friedrich [1924]: Vom Nutzen und Nachteil der Historie für das Leben. Leipzig: Körner, 1924.

Nitze, Andreas. [1967]: Die Rechtsstellung der wissenschaftlichen Bibliotheken. Berlin: Duncker und Humbolt, 1967.

Öffentliche Bibliotheken [1973]. Gutachten der Kommunalen Gemeinschaftsstelle für Verwaltungsvereinfachung. Berlin, Deutscher Bibliotheks-Verband, 1973.

Oesterle, Günter (Hrsg.): Erinnerung, Gedächtnis, Wissen: Studien zur kulturwissenschaftlichen Gedächtnisforschung. Göttingen: Vandenhoeck und Ruprecht, 2005.

Dickhaut, Kirsten [2005]: Das Paradox der Bibliothek: Metapher, Gedächtnisort, Heterotopie. S. 297–333.

Plassmann, Engelbert [2006]: Bibliotheken und Informationsgesellschaft in Deutschland: Eine Einführung. Wiesbaden: Harrassowitz, 2006.

Porath, Erik (Hrsg.): Aufzeichnung und Analyse: Theorien und Techniken des Gedächtnisses. Würzburg: Königshausen und Neumann, 1995.

Porath, Erik [1995]: Erinnerung: Bewußtstein, Kommunikation, Gedächtnis: Die systemtheoretische Sicht auf das Gedächtnis und Ansätze zu einer Kritik. S. 73–102.

Preusker, Karl [1839]: Ueber öffentliche, Vereins- und Privat-Bibliotheken, so wie andere Sammlungen, Lesezirkel und verwandte Gegenstände, mit Rücksicht auf den Bürgerstand. Leipzig: Verlag der Hinrichsschen Buchhandlung, 1839.

Reinhold, Gerd [1992] (Hrsg.): Soziologie-Lexikon. München: Oldenbourg Verlag, 1992.

Ricoeur, Paul [2004]: Gedächtnis, Geschichte, Vergessen. Hg. von Wolfgang Eßbach. München: Wilhelm Fink Verlag, 2004.

Samurin, Evgenij I. [1964]: Geschichte der bibliothekarisch-bibliographischen Klassifikation. Bd. 2. Leipzig: Bibliogr. Inst., 1964.

Schatz, Oskar (Hrsg.): Die elektronische Revolution. Graz: Styria, 1975.

Luhmann, Niklas [1975]: Veränderungen im System gesellschaftlicher Kommunikation und die Massenmedien. S. 13–30.

Schimank, Uwe; Giegel, Hans-Joachim (Hrsg.): Beobachter der Moderne: Beiträge zu Niklas Luhmanns »die Gesellschaft der Gesellschaft«. Frankfurt am Main: Suhrkamp, 2003.

Martens, Will [2003]: Struktur, Semantik und Gedächtnis: Vorbemerkungen zur Evolutionstheorie. S. 167–203.

Schmidt, Siegfried J. [1991]: Gedächtnis: Probleme und Perspektiven der interdisziplinären Gedächtnisforschung. Frankfurt am Main: Suhrkamp, 1991.

Schmidt, Siegfried J. [1994]: Kognitive Autonomie und soziale Orientierung: konstruktivistische Bemerkungen zum Zusammenhang von Kognition, Kommunikation, Medien und Kultur. Frankfurt am Main: Suhrkamp, 1994.

Schmitz, Wolfgang [1984]: Deutsche Bibliotheksgeschichte. Bern: Lang, 1984.

Schneider, Wolfgang Ludwig [2002]: Grundlagen der soziologischen Theorie: Band 2 Garfinkel-RC-Habermas-Luhmann. Wiesbaden: Westdeutscher Verlag, 2002.

Sick, Franziska (Hrsg.): Medium und Gedächtnis: Von der Überbietung der Grenze(n). Frankfurt am Main: Europäischer Verlag der Wissenschaften, 2004.

Halle, Axel [2004]: Medium und Gedächtnis aus bibliothekarischer Sicht. S. 31–42.

Smith, David: Systems thinking in library and information management. New York: Saur Clive Bingley, 1980.

Stephani, Heinrich [1805]: System der öffentlichen Erziehung. Berlin: Heinrich Frölich, 1805.

Stocker, Günther [1997]: Schrift, Wissen und Gedächtnis. Würzburg: Königshausen und Neumann, 1997.

Strauch, Dietmar [2007] (Hrsg.): Lexikon Buch, Bibliothek, Neue Medien. München: Saur, 2007.

Tacke, Veronika (Hrsg.): Organisation und gesellschaftliche Differenzierung. Wiesbaden: Westdeutscher Verlag, 2001.

Lieckweg, Tania; Wehrsig, Christof [2001]: Zur komplementären Ausdifferenzierung von Organisationen und Funktionssystemen: Perspektiven einer Gesellschaftstheorie der Organisation. S. 39–60.

Tacke, Veronika [2001]: Funktionale Differenzierung als Schema der Beobachtung von Organisationen. Zum theoretischen Problem und empirischen Wert von Organisationstypologien. S. 141–169.

Japp, Klaus P. [2001]: Negationen in Funktionssystemen und Organisationen. Gedächtnisfunktionen im Kontext politischer Kommunikation. S. 192–214.

Thauer, Wolfgang; Vodosek, Peter [1990] (Hrsg.): Geschichte der öffentlichen Bücherei in Deutschland. Wiesbaden: Harrassowitz, 1990.

Treibel, Annette [2006]: Einführung in soziologische Theorien der Gegenwart. Wiesbaden: Verlag für Sozialwissenschaften, 2006.

UNESCO-Handbuch [1996]: Deutsche UNESCO-Kommission. Hrsg.: Klaus Hüfner; Wolfgang Reuther. Berlin Neuwied: Luchterhand, 1996.

Vodosek, Peter [1985]: Auf dem Weg zur öffentlichen Literaturversorgung: Quellen und Texte zur Geschichte der Volksbibliotheken in der 2. Hälfte des 19. Jahrhunderts. Wiesbaden: Harrassowitz, 1985.

Vogt, Hannelore [2003]: Besucherorientierung in Öffentlichen Bibliotheken: Perspektiven für das 21. Jahrhundert. Ludwigsburg: Pädagog. Hochsch., 2003.

Wang, Jingjing [1990]: Das Strukturkonzept einschichtiger Bibliothekssysteme: Idee und Entwicklung neuerer wissenschaftlicher Hochschulbibliotheken in der Bundesrepublik Deutschland. München: Saur, 1990.

Wang, Weigo [1989]: Bibliotheken als soziale Systeme in ihrer Umwelt. Köln: Greven, 1989.

Wersig, Gernot [1971]: Information, Kommunikation, Dokumentation: ein Beitrag zur Orientierung der Informations- und Dokumentationswissenschaften. München: Verlag Dokumentation, 1971.

Wittmann, Reinhard [1999]: Geschichte des deutschen Buchhandels im Überblick. München: Beck, 1999.

Yates, Frances [1990]: Gedächtnis und Erinnern: Mnemonik von Aristoteles bis Shakespeare. Weinheim: VCH, 1990.

Zedelmaier, Helmut [1992]: Bibliotheca universalis und bibliotheca selecta. Köln: Böhlau, 1992.

Zeitschriften

Bibliothek 4 (1980) 3

Hagelweide, Gert [1980]: Die Bibliothek als Forschungsgegenstand kommunikationswissenschaftlicher Forschung. S. 215–224.

Bibliothek: Forschung und Praxis 17 (1993)

Knoche, Michael [1993]: Die Forschungsbibliothek: Umrisse eines in Deutschland neuen Bibliothekstyps. S. 291–300.

Bibliotheksdienst 33 (1999) 6

Ewert, Gisela [1999], Umstätter, Walther: Die Definition der Bibliothek. Der Mangel an Wissen über das unzulängliche Wissen ist bekanntlich auch ein Nichtwissen. S. 957–971.

Biblos - Österreichische Zeitschrift für Buch- und Bibliothekswesen Dokumentation Bibliographie und Bibliophilie 29 (1980) 4

Mayerhöfer, Josef [1980]: Die wissenschaftliche Bibliothek als kybernetisches System. S. 249–260.

B.I.T.online 7 (2004) 2

Rösch, Hermann: Wissenschaftliche Kommunikation und Bibliotheken im Wandel. S. 113–124.

Buch und Bibliothek

38 (1986) 10

Henning, Wolfram [1986]: Bibliothek und kommunikativer Wandel. Anmerkungen zu einem populär werdenden Thema. S. 830–836.

49 (1997) 11

Umlauf, Konrad [1997]: Zehn Thesen zur Volksbespaßungsdebatte. S. 749–752.

50 (1998) 1

Neißer, Horst [1998]: Das darf doch nicht wahr sein! Konrad Umlauf wärmt den Richtungsstreit auf. S. 15–16.

Rabe, Roman [1998]: Volksbespaßung oder Bürgerintegration? S. 17.

54 (2002)

Ball, Rafael [2002]: Zukunft der Spezialbibliotheken oder die Spezialbibliothek der Zukunft. S. 633–639.

Libri

24 (1974)

Graberg, Maria-Luise von [1974]: Neueste deutsche Forschung zur Geschichte der Bibliotheken Alexandreia's (1955–1971). S. 277–301.

Mitteilungsblatt, Verband der Bibliotheken des Landes Nordrhein-Westfalen e.V., 45

(1995) 4

Jochum, Uwe [1995]: Das tote Gedächtnis der Bibliothek. S. 347–359.

Mitteilungsblatt, Verband der Bibliotheken des Landes Nordrhein-Westfalen e.V.

27 (1977)

Limburg, Hans [1977]: Die Bibliothekswissenschaft kam auf leisen Sohlen. Ist sie nun wirklich da? S. 126–137.

28 (1978)

Plassmann, Engelbert [1978]: Kam die Bibliothekswissenschaft auf leisen Sohlen? S. 315–319.

29 (1979)

Limburg, Hans [1979]: Was ist Bibliothekswissenschaft, läßt sie sich nicht definieren? S. 12–20.

Sociological Theory 17 (1999) 3

Olick, Jeffrey K. [1999]: Collective Memory: The Two Cultures. S. 333–348.

Soziale Systeme 2 (1996) 2

Luhmann, Niklas [1996a]: Zeit und Gedächtnis. S. 307–330.

Zeitschrift für Buch- und Bibliothekswesen 44 (1997) 4

Strohschneider, Peter: Über das Gedächtnis der Bibliothek. S. 346–357.

Zeitschrift für Bibliothek 85 (1971) S. 596.

Empfehlungen [1971]: Empfehlung zur internationalen Vereinheitlichung der Bibliotheksstatistik.

Zeitschrift für Bibliothekswesen und Bibliographie

16 (1969)

Pflug, Günther [1969]: Die Stellung der Hochschulbibliothek in den Gesetzen, Entwürfen und Empfehlungen zur Hochschulreform. S. 245–262.

20 (1973)

Kaegbein, Paul [1973]: Bibliotheken als spezielle Informationssysteme. S. 425–442.

23 (1976)

Koch, Hans-Albrecht [1976]: Die Bibliotheksforschung in der Bundesrepublik Deutschland. Ein Forschungsbericht. S. 273–300.

55 (2008)

Kleiner, Matthias [2008]: „Leuchttürme des Wissens - Bibliotheken in der Informationsgesellschaft", Rede anlässlich des 450-jährigen Jubiläums der Bayerischen Staatsbibliothek in München. S. 202–207.

Zeitschrift für Soziologie 16 (1987) 5

Künzler, Jan [1987]: Grundlagenprobleme der Theorie symbolisch generalisierter Kommunikationsmedien bei Niklas Luhmann. S. 317–333.

Internetquellen

www.spiegel.de (7.3.07)

Seidler, Christoph [2007]: Buch-Digitalisierung: Google kooperiert mit Bayerischer Staatsbibliothek.

www.ekz.de **(14.4.08)**

www.welt.de/print-welt/article581184/Das_Ziel_ist_das_Vergessen.html (12.7.08)

Schmelcher, Antje [1999]: Das Ziel ist das Vergessen.

www.bmbf.de/de/90.php (11.8.08)

www.d-nb.de/wir/ueber_dnb/geschichte.htm vom 21.8.1999 (28.7.08)

www.vascoda.de (1.8.08)

www.michael-giesecke.de/theorie/dokumente/06_systeme/exzerpt/06_exc_grundlagen_systemtheorie.htm#f. (22.5.2008)

www.wissenschaftsrat.de/Aufgaben/aufg_org.htm (13.8.08)

Zeitfracht Medien GmbH
Ferdinand-Jühlke-Straße 7
99095 Erfurt, Deutschland
produktsicherheit@kolibri360.de